한국어로 내려온
New Bible

새로운
성 경

제99권

7부 | 총10부

하얀마음

하나님 말씀 중에서

1. 사랑의 하나님

- 세상을 창조하신 하나님은 모두를 사랑하신다. 인간만 특별히 더 사랑하지 않고, 우주 만물을 다 똑같이 사랑하신다. 그러니 하나님이 창조하신 천지 만물과 화친하고, 미물까지도 소중히 대하라.

- 하나님은 특정 종파나 민족만을 더 사랑하지 않으신다. 자기 자신만 구원받겠다는 욕심을 버리고, 자기 종파만 구원받는다는 편협한 교리에서 벗어나야 한다. 종파를 초월해서, 모두를 사랑하라.

- 원수까지 사랑하라 했으니, 이 세상에 사랑하지 못할 자가 누가 있겠는가? 종파가 다르다고 해서 부모 형제와 원수처럼 지내는 자는 인간의 근본을 모르는 자다. 가장 가까운 가족부터 사랑할 때 남도 진심으로 사랑할 수 있다.

- 한 사람을 원수같이 생각하던 마음에서 사랑하는 마음으로 돌리면, 자기 자신의 마음이 가장 기쁘고 행복하다. 하나님께서는 인간의 마음속에 무거움이 없이 기쁘고 행복한 삶을 살기를 바라신다.

- 이웃을 "내 몸처럼" 사랑하라 했으니, 마지막 한 장 남은 천국의 티켓도 이웃에게 양보하라. 자기 중심적인 신앙에서 벗어나서 남을 위해 살아야 한다.

- 독초도, 약초도, 이단도 사탄도 천사도 다 필요하기에 존재한다. 독초일지라도 극소량을 사용해서 생명을 살릴 수 있고, 약초라 하더라도 남용하면 생명을 잃을 수 있다.

- 세상 모든 것을 명약으로 활용하는 것은 인간의 지혜에 달렸다. 어떤 것이든 어떤 사람이든 적재적소에 꼭 필요한 명약으로 승화시키라.

- 사탄도 이단도 천사도 모두 하나님의 주관하에 존재한다. 진정한 하나님의 백성은 사탄과 마귀까지도 감화시켜서 천사로 거듭나게 한다.

2. 기도

- 하나님은 인간의 생각까지 모두를 다 알고 계신다. 우리의 소원도 이미 알고 계시기에, 소원의 기도를 할 필요가 없다. 우리가 받을 자격이 되면 내려 주신다.

- 죄를 짓고 아무리 회개를 해도 용서받지 못한다. 도둑질한 자는 용서해 달라고 기도하고, 도둑맞은 자는 도둑을 잡게 해 달라고 기도하면, 공의의 하나님은 누구의 편에 서시겠는가?

- 자기가 잘못한 것은 그 사람에게 직접 갚고 용서를 구하라. 그가 용서하면 하나님도 용서하신다. 땅에서 매면 하늘에서도 매이고, 땅에서 풀리면 하늘에서도 풀리는 이치다.

- "회당에서 기도하지 말고 골방에서 기도하라" 했다. 눈에 보이는 골방이 아니라, 골방과 같이 고요한 마음이다. 잡념을 버리고 하나님을 향해 마음을 집중하며, 사랑하고 용서하는 아름다운 생각만 나오도록 하라.

- "두드리면 열릴 것이다." 하는 것은 육의 소원을 위해 두드리라는 것이 아니라, 진리의 깨달음을 얻기 위해 두드리라는 것이다.

- 기도하는 방법: 생활 속에서 수시로 기도하는 삶을 살아야 한다.

- "저의 죄를 용서하여 주옵소서." 하는 회개의 기도를 하라.
- 범사에 "하나님! 감사합니다." 하라. 현재 가진 것에 감사하며, 과욕하지 말라. 자기 노력 이상의 것을 더 갖고자 기도하는 것은 도둑놈심보다. 공의의 하나님은 각자 노력한 만큼 주신다.
- "하나님 뜻대로 살아가겠나이다." 하며 마음의 각오를 다지라.

- 기도는 하나님의 말씀을 받아서 "행하는 것"이다. 하나님이 계심을 굳건히 믿고, 하늘을 향하여 한 점 부끄럼 없이 사는 삶 자체가 가장 위대한 기도이며, 삶이 곧 예배다.

3. 지도자

- 똑같이 사랑한다는 말을 해도, 순수하게 하는 말은 천사의 말이지만, 사기 쳐서 재산을 가로채려고 하는 말은 사탄의 말이다.

- 종교 지도자가 아무리 훌륭한 설교를 해도, 신도의 재물을 거둬서 더 큰 교회를 짓고 자기의 부귀영화를 바라며 설교하면 사탄의 가르침이 된다.

▪ "저희 교회는 만원사례요, 믿음은 다 같으니 이웃의 개척 교회에 가서 예배를 드리시오." 하며, 이웃 교회의 부흥을 먼저 생각하여 제 신도를 보내는 종교 지도자가 있다면 그를 따르라. 그가 하나님의 사랑을 실천하는 자다.

▪ "부자가 천국에 들어가는 것은 낙타가 바늘구멍을 통과하는 것보다 더 힘들다" 하였거늘, 지금의 교회에서는 부자가 되기만을 기도하고 소원하니, 이는 곧 천국을 포기하고 지옥 행 열차의 티켓을 사는 것과 같다.

▪ 예수는 빈손이었다. 종교 지도자가 예수보다 더 호화롭고 편안하게 살아간다면 잘못된 것이다. 부귀영화와 명예를 바라는 자는 절대로 갈 수 없는 좁고 협착한 길이 종교 지도자의 길이다.

▪ 종교 지도자는 유리로 비춰 봐 한 점의 부끄러움이 없이 살아야 한다. 의식주도 직접 일해서 해결하고, 예수의 가르침과 행함을 그대로 따라야 한다.

▪ 종말은 없다. 지금의 잘못 가는 종교 집단에게만 종말이 있다. 보이지 않는 하나님은 보이는 육의 종말은 관여하지 않으신다. 환경 파괴로 인간이 스스로 멸망을 자초하는 것이다. 종파끼리 싸우기 전에, 무너진 인성을 바로잡고 지구의 몸살을 해결하는 데 뜻을 모으는 게 급선무다.

4. 성전이란

▪ 이 세상 자체가 하나님께서 만드신 성전이다. 자연보다 더 아름다운 성전이 있는가? 보이는 건물이 성전이 아니라, 성스러운 마음가짐이 성전이다.

▪ 반석 위에 교회를 지으라 했다. 지상의 단단한 돌은 인간이 쪼갤 수 있으나, 마음속의 굳은 결의는 세상 무엇으로도 쪼갤 수 없다. 바르고 굳건한 믿음으로 성경의 가르침을 실천하는 것이 마음의 반석 위에 교회를 짓는 것이다.

▪ 손으로 지은 건물의 교회에 모여서 복음을 전하는 것이 아니라, 교회를 개인과 가정에 심어 주어야 한다. 무너지고 부서지는 건물을 짓지 말고, 마음속에 영원히 불변하는 참진리의 교회를 지으라.

5. 십계명

- 십계명은 인간이 죽어서 반드시 통과해야만 하는 열 개의 관문이다.

- 부모를 공경하지 아니한 자는 "네 부모를 공경하라." 하는 제5계명의 관문이 열리지 않으니 구원받을 수 없다.
- 살인, 간음, 거짓, 우상 등의 나머지 계명도 마찬가지다.

- 십계명은 하나님의 친필이다. 모기소리만 한 하나님의 음성이라도 들어 보겠다고 여기저기 찾아 헤매지 말고, 십계명부터 암송하고 지키라.

- 십계명은 영혼을 구원하는 양식이며, 십계명을 지키는 것이 구원을 받는 길이다. 인간이기에 지키고자 노력하고 또 노력한다면 지킬 수 있다.

- 십계명을 지키고 천사처럼 아름답게 살아가는 그 마음 하나면 세상에 이루어지지 않는 것이 없다.

6. 보물

- 하나님은 재물이 아니라 우리의 마음을 받으신다. 사랑을 실천하며 천사처럼 변하는 마음이 하나님께 바치는 보물이다.

- 보이지 않는 하나님께 재물을 바치려 하지 말고, 너희를 길러 준 부모에게 용돈 드리고, 찾아뵙고, 효성을 다하라. 그것이 하나님께 효도하는 것이다.

- 하늘에는 선과 악의 창고가 있다. 자기 창고에 선이 많으면 천국으로 구원을 받고, 악이 많으면 심판받아 지옥으로 간다. 그것이 바로 "선한 일을 행한 자는 생명의 부활로, 악한 일을 행한 자는 심판의 부활로" 나오는 것이다.

- "선악과를 따먹지 말라"는 것은 양심을 지키라는 것이다. 선과 악을 구분할 수 있는 양심을 최초에 인간에게 주셨다. 선한 열매는 취하고, 악한 열매는 버리며, 양심에 비추어 부끄럼 없는 삶을 살아가라.

- 가장 작은 거짓말을 하지 않고, 가장 작은 죄를 짓지 않으며, 가장 작은 선행을 하고, 가장 작은 악행을 멀리하는 것이 율법의 일점 일획도 빠뜨리지 말고 다 지키는 삶을 사는 것이다.

7. 우상

- 박물관에 있는 불상은 하나의 예술품이다. 그 조각품에 대고 제 소원을 빌 때 우상숭배가 된다. 십자가라 하여도 그 앞에서 소원을 빈다면 우상숭배하는 것이며, 하나님께 소원을 빈다면 하나님을 우상으로 전락시키는 것이다.

- 지금 기복신앙에 젖어 있는 모든 사람이 우상 앞에 절을 하고 있다. 조각품을 우상이라며 파괴하지 말고, 네 마음속에 있는 욕심의 우상을 무너트리라.

- 생수를 약초가 먹으면 약을 만들고 독사가 먹으면 독을 만든다. 같은 성경을 봐도 선한 지도자는 신도를 천사로 만드는 데 활용한다. 그러나 욕심이 가득한 지도자는 재물을 거두어들여 제가 부귀영화를 누리는 데 악용한다. 그가 바로 성경을 우상숭배의 도구로 전락시키는 거짓 선지자다.

- 성경을 한 획도 빼거나 더하지 말라는 것은, 그 가르침을 빠트리지 말고 온전히 지키라는 것이다. 성경 속에서 자기에게 유리한 구절만 보는 것은, 자기에게 불리한 구절들을 빼 버리는 것이다. 믿음이 제일이요, 행함은 구원과는 관계없다는 것은 자신에게 유리한 쪽으로 성경을 악용하는 것이다.

- 진정한 종교 지도자는 종파에 관계없이 어떤 종파든 어떤 책이든 접하고 보고 깨우쳐 견문을 넓히도록 인도한다. 참진리를 모르고 자신이 없는 자가 남을 이단이라며 배척하고, 신도들의 눈과 귀를 가린다.

8. 예수

- 예수의 재림은 없다. 예수가 다시 온다 해도, 과연 누가 그를 예수라고 믿겠는가? 예수와 같은 삶의 행함이 곧 예수의 재림이다. 각자 모두가 “재림 예수”가 되는, 차원 높은 믿음으로 가야 한다.

- 예수는 “주여 주여 하지 말고, 아버지의 뜻대로 행하라”고 했다. 예수가 전한 하나님의 뜻이 곧 “길이요, 진리요, 생명”이며, 그 가르침이 예수의 보혈처럼 소중한 것이다. 예수를 믿는 것은, 예수의 가르침을 믿고 따르는 것이다.

- 예수는 낮은 자로서 만백성을 섬기고자 했다. 만나는 모든 사람을 다 하나님이라 생각하라. 돈을 벌수록 겸손하고, 높은 지위를 얻을수록 낮아지라.

▪ 예수는 종파를 만들지 않았다. 인간이 만든 종교와 인간의 교리를 따르지 말고, 예수를 통해 전한 하나님의 참진리를 연구하고 따르라.

▪ 예수가 2천 년 전에 만백성을 위해 죽었으니, 지금 이 땅에는 예수의 가르침대로 사는 천사만 존재해야 한다. 예수가 죽어 가면서 바란 것은 만백성이 천사가 되어 예수의 자리를 채워 주는 것이지, 지금과 같이 재물을 바치면서 중언부언 제 소원만을 비는 백성들을 바란 것이 아니다.

9. 구원

▪ 천사가 사는 천국에는 천사만 갈 수 있으니, 천사 같은 마음을 길러야 한다.

- "천국 열쇠를 네게 주리니 땅에서 무엇이든지 매면 하늘에서도 매일 것이라" 했다. 땅에서 천사같이 사는 자가 하늘에서도 천사가 되어 천국에 들어간다. 모든 사람에게 천사같다는 말을 듣는 삶을 살아야 한다.

▪ 천사의 곱고 아름다운 마음은 부모를 공경하고 어른을 어른으로 대접하는 데에서 출발한다. 효도하는 자는 형제와 화목하게 지내기에 가정이 화목해지고, 이웃과 화목해지고, 국가가 화목해지고, 온 인류가 화목해진다.

- 그러므로 지상의 아름다운 소왕국은 가정에서부터 이루어야 한다.

▪ 선택된 14만 명만 구원받는 것이 아니라, 천사처럼 변하고자 하는 14만 명을 기초로 온 인류가 천사처럼 거듭나는 영적인 개혁이 시작되는 것이다.

▪ 천 년에 걸쳐서 하늘에서 이루어진 것같이 이 세상을 낙원으로 만들어, 만백성이 지상의 천국에서 살다가 죽어서 그대로 하늘의 천국으로 들어가는, 영원한 지상 낙원을 건설하는 것이 하나님의 계획이다.

- **이것이 구약과 신약에 이어 "새로운 성경"으로 역사하시는 하나님의 창조의 완성이다.**

▪ 지금의 믿음으로 구원받을 수 있다면 그 길을 가라. 그러나 자신이 없다면 하나님께서 직접 내리신 160권의 "새로운 성경"을 읽고 구원의 길을 보라!

하나님 머리말씀

이 새로운 성경을 읽는 너희 모두는
이 율법에 따라 행하면 영원히 구원받을 것이니라.

너희 인간이 수년, 수십 년, 평생
성서를 공부하고 기도하는 것은
하늘나라 나의 곁으로 오고 싶은 소망일진대,

몇천 년 전의 너희 인성과 생각이
지금의 너희와는 판이하게 다르니,

꺾여 가고 병들어 가는 너희를 고칠 수 있는 길은,
오늘 내가 선지자에게 내리는 새로운 성경과 같이
너희가 변화되는 것뿐이니라.

나의 예수가 태어난 것처럼
내가 아들 선지자를 선택하여
나의 새로운 성경을 온 세계에 전하고자 하니,

묵은 것은 버리고 새로운 것은 취하여,
너희 모두는
'여호와 하나님! 저의 죄를 용서하여 주옵소서.'
하는 기도문으로 기도하고, 죄를 뉘우치라.

이 새로운 성경은
수천 년간 내려온 성서를 요약한 것이니,
너희는 이 책을 정독하여 쉽게 깨달음을 얻고,
이대로 실천하여 하늘에 오르라.

대역자 머리말

■ 하나님의 율법을 지키는 선지자로 선택을 받도다.

저는 남들처럼 그저 열심히 살아온 평범한 사람이었습니다. 그러나 50대 중반에 사업에 실패하여 많은 부채에 시달렸으며, 건강도 악화되어 눈이 잘 안 보이고, 걷기도 어렵고, 두통이 심해서 잠을 이룰 수 없는 고통의 나날을 보냈습니다. 그때 제가 선택할 수 있는 것은 육의 삶을 끝내는 길뿐이었습니다.

죽기 직전에 그동안에 죄를 지은 이들에게 용서를 빌고 인생을 끝내기로 작정하였습니다. 어려서부터 지은 죄를 빌고 빌다 보니 끝이 없었고, 죽음으로도 그 많은 죄를 용서받을 길이 없다는 생각에 하염없이 눈물이 흘렀습니다. 그 순간 '재래식 화장실의 구더기는 죄를 짓지 않는데, 나는 인간으로서 구더기만도 못한 삶을 살았구나.' 하는 생각이 들면서 괴로움에 몸부림칠 때, 갑자기 하나님의 음성이 들렸습니다.

"나는 여호와 하나님이니라. 너는 십계명을 암송하고 내가 내려 주는 메시지를 받아 책으로 만들어 만백성을 구하라." 하시며, 제 눈을 손으로 문지르게 하시고, 아픈 머리와 다리를 손으로 두드리게 하셨습니다. 그러고 나니 눈도 잘 보이고 걸을 수 있었으며 머리의 통증도 말끔히 낫게 되었습니다. 그때부터 십계명을 암송하고 나면 들려주시는 말씀을 기록하였고, 1999년 8월부터 2004년 7월까지 권당 288쪽, 총 160권을 받아서 "새로운 성경"이라는 책으로 펴내게 되었습니다.

그러한 저에게 죽기보다도 힘든 길이 시작되었습니다. 모든 교인들이 저에게 사탄이요, 이단이요, 악마요, 마지막 시대에 온 거짓 선지자라 하면서 공격하였고, 저를 짐승을 보듯이 대하는가 하면, 편협한 종교 지도자들의 선동으로 신도들이 이 책을 직접 읽어 보고 평가할 기회마저 막아 버렸습니다. 그래서 하나님의 말씀을 세상에 내는 데 많은 어려움을 겪으며, 피를 토하는 심정으로 책을 전하고 있습니다.

그러나 아무리 인간의 힘으로 막으려 해도, 하나님의 뜻이 세상에 전해지는 위대한 역사는 계속될 것입니다. 책으로 전해지는 "하나님의 말씀"은 세상 끝날까지 항상 우리와 함께하실 것입니다. 사람은 죽어도, 책에 기록된 말씀은 영원히 남으니까요.

■ 따뜻한 실천

하나님께서는 어려운 사람들에게 삶의 터전을 마련해 주고, 미래를 열어 주는 것을 기뻐하십니다. 어려운 이웃이 스스로 자립할 수 있도록 이끌어 주는 것이 진정으로 이웃을 돕는 것이라고 말씀하셨습니다. 그래서 일자리가 없는 제자들에게 작은 사업장을 만들어 주는 "달란트 사업"을 하고 있습니다. 식당, 반찬 가게 등을 차려 주고, 기존의 어려운 사업장이 자립할 수 있도록 돕고 있습니다(커피숍, 미용실, 의상실 등).

하나님께서는 교회에 나와서 모든 시간과 재물을 쏟기를 원하지 않으시고, 그 시간과 재물을 교육에 투자하여 스스로 미래를 열어 가기를 원하십니다. 그래서 제때 공부하지 못한 제자들에게 학업을 이어 가도록 하였습니다. 중화요리 주방장을 하며 초등학교 검정고시부터 공부하여 2012년에 방통대를 졸업한 36세 남성, 만학도들의 2년제 중학교에 입학해서 2007년에 명지대학을 졸업한 38세 여성, 중학교 검정고시를 시작으로 숭의여자대학을 졸업한 47세 여성 등이 있습니다. 그밖에도 많은 제자들에게 나이를 초월하여 배우고 깨우쳐서 사회 속의 당당한 일원이 되도록 인도하고 있습니다.

학자금 대출로 힘겨워하는 젊은이들을 위해 "따뜻한 바람 장학회"를 발족하여(2016년 12월) 대출받은 학자금 전액을 매월 갚아 주고 있습니다. 또한, 다문화 가정을 위해 "다문화 가족 랜드"를 조성하여, 각종 시설을 무료로 활용하도록 하고 있습니다.

이러한 따뜻한 실천이 아직은 미약합니다. 그러나 책의 수입이 늘고, 저와 뜻을 같이하는 분들이 늘어나면 계속 확대할 것입니다. 지도자로서 신도의 재물을 헌금으로 거둬들여 착복하는 것이 아니라, 하나님께서 기뻐하시는 일에 사용하도록 중매 역할만 하며 살아가고자 합니다. 이런 제가 과연 사탄이고 이단인가요? 하나님께서 기뻐하시는 일이라면, 저에게 사탄이라 하든 거짓 선지자라 하든 굽히지 않고 실천해 나갈 것입니다.

끝으로, 일상의 삶 속에서 "지금 내가 하는 행동이 과연 하나님께서 기뻐하실까, 슬퍼하실까?" 생각하고, 매사에 하나님께서 기뻐하시는 길을 택하기 바랍니다. 교회에 모여서 집단적으로 예배 드리는 것이 아니라, 개인이나 가정 단위로 새로운 성경을 읽어 스스로 깨우치고 그대로 행하면 충분합니다. 그것이 마음속에 성전을 짓고, 신령과 진정으로 예배 드리는 길입니다. 그러면 천국의 문에 들어서게 됩니다.

2017.2.1.

하나님 말씀 대역자 김용철

차 례

십 계 명

이 책은 십계명을 암송하고 나면 내려 주시는 "하나님의 음성"을 듣고 그대로 받아쓴 기록입니다. 하나님께서 십계명을 모세에게 내려 주셨지만, 그것은 만백성에게 내려 주신 것입니다. 마찬가지로 이 책의 모든 말씀도 저에게 내려 주셨지만, 만백성 각자에게 들려주시는 말씀입니다. 여러분도 이 책을 접할 때마다 십계명을 암송하고 나서 정독해 주시기 바랍니다.

제일은, 너는 나 외에는 다른 신들을 네게 있게 말지니라.

제이는, 너를 위하여 새긴 우상을 만들지 말고, 또 위로 하늘에 있는 것이나, 아래로 땅에 있는 것이나, 땅 아래 물 속에 있는 것의 아무 형상이든지 만들지 말며, 그것들에게 절하지 말며, 그것들을 섬기지 말라.

제삼은, 너는 너의 하나님 여호와의 이름을 망령되이 일컫지 말라.

제사는, 안식일을 기억하여 거룩히 지키라.

제오는, 네 부모를 공경하라.

제육은, 살인하지 말지니라.

제칠은, 간음하지 말지니라.

제팔은, 도적질하지 말지니라.

제구는, 네 이웃에 대하여 거짓 증거하지 말지니라.

제십은, 네 이웃의 집을 탐내지 말지니라.

나 여호와가 존재함을 믿는 그 자체가 구원의 길에 들어서는 기본이요, 근본이며, 나의 새로운 성경을 가슴에 안고 정독하는 자, 반석 위에 서서 하늘에 오르는 찬란한 빛을 보게 되는 영광을 얻게 됨이니라. 진정 나를 따르고 믿는 자는 감히 사탄이나 마귀도 근접하지 못하느니라.

〈하나님 말씀〉

2003년 8월

7,132 번째 하나님 말씀

2003년 8월 14일 08시 58분

1 사랑하는 나의 아들아!
2 "네, 아버님! 말씀하옵소서."
3 부모를 공경하는 자식이 그 형제와 화
목이 있음이니, 좋은 가정은 하늘의
축소판이요, 나 여호와가 존재하는 하
늘의 이 모든 우주공간은 큰 것이라
내가 그리 말하지 아니하였던가?
4 나의 피조물 만백성 너희가 성령으로
써 나를 경배하며 나를 찾는 그 마음
으로 모두 하나가 되었을 때, 너희는
시기 질투나 불화가 없으며 서로 언
쟁하고 살아갈 이유가 하나도 없는 것
이니라.
5 부모를 공경하는 형제들의 가정은 화
목하며 화기애애하며 모두를 이루는
가정이 되듯이,
6 나 여호와를 경배하는 백성이요, 정녕
나를 따르고자 하는 백성이라면, 정녕
화기애애한 백성으로서 너와 내가 형
제처럼 아름다운 모습으로 살아가는
것이 진정한 믿음의 길을 가는 길이
요, 하늘을 향하여 나를 경배하고 나
를 믿으며 나를 찾는 자식이라 그리하
였음이니라.
7 서로 화목하지 못하며 반목하는 것은
부모를 공경하지 않는 그 형제들이 반
목하듯이, 하늘의 뜻이요, 나 여호와
를 경배하지 않는 백성이기 때문에
너희가 그와 같은 역사가 이루어진다
그리하였음이니라.
8 그것이 차이점이며 그것이 잘못된 것
이라 그리 말하였음이니라.
9 이제 그와 같은 뜻을 새겨들어, 나의
아들을 따르는 제자요, 나의 법전을
읽고 깨우친 백성 너희는 부모에게
효도하는 자식과 같은 삶을 살아야 할
것이며, 반드시 부모에게 효도하는 그
와 같은 마음의 자세로써 변해야 할
것이니라.
10 그 마음으로써 나를 경배하며 나를 믿
는 마음으로 갈 때, 너희는 하나가 되
지 말라 해도 하나가 될 것이니 그리
알라.
11 이제는 또한 너희가 깨달아야 할 것
이 있음을 알라.
12 일반 백성들이 잘못하는 것은 모르기
때문에 잘못함이요, 그들은 알지 못하
기 때문에 잘못하고 실수를 할 수도
있는 것이니라.
13 그러나 나의 아들을 통하여 강론을 듣
고 나의 법전을 읽고 깨우친 백성, 너
희는 나로부터 선택된 자요, 하늘의
뜻이요, 너희가 역사하는 것이 무엇인
가를 다 알고 있음이니라.
14 너희가 알면서 짓는 죄는 모든 백성
에게 얼마만큼 독소가 되는 것인가를
알아야 할 것이니,
15 모르고 짓는 백성은 그저 하나의 그
죄로써 그걸 받으나, 너희는 열배 백
배 더 무거운 죄를 짓는 것이며, 그와
같은 책임을 져야 한다는 것을 절대

잊어서는 아니 됨을 알라.
16 너희가 모르고 짓는 죄, 알지 못하고
짓는 죄야 어찌하겠는가?
17 그러나 모두를 알면서 그를 행하지 않
는 것은 왜 열배 백배 천배의 죄의 대
가를 치러야 하는지 아는가?
18 아는 백성이 잘못 가르침으로 인하여
다른 백성까지 그와 같이 잘못된 길
을 갈 수 있기 때문이니, 이것이 너희
가 일반 백성들과 다름이니라.
19 또한, 너희는 나로부터 성령을 듣고
법전을 읽고 깨우쳐 악습을 하나하나
버려 나에게 올 수 있는 은혜를 받을
수 있는 상이요, 그와 같은 길을 가는
것처럼 그 영광이 있는 반면에,
20 너희가 지키고 행하지 아니하였을 때
그 죄가 가중되고 무겁다는 것을 잊어
서는 아니 될 것이니 그리 알라.
21 그것이 너희가 가야 할 길이며 선택
된 백성이니라.
22 그렇지 아니하면 나 여호와는 공의의
하나님이 아니요, 공평하지 아니하다
는 것을 알아야 할 것이니라.
23 그리하여 나로부터 선택된 백성이 살
아가는 그 모습이 소중하고 귀하며,
너희가 함부로 해서는 아니 된다는 것
이 여기에 있음을 절대 잊지 말라.
24 모르고 짓는 자들과 알면서 짓는 그
죄의 차이는 하늘과 땅보다도 더 무서
운 차이가 있다는 것을 잊어서는 아니
될 것이니 그리 알라.
25 모든 너의 제자들에게 이 뜻을 전해야
할 것이며, 이와 같은 뜻을 알고 가야
할 것이라 그리 전하라.
26 그러나 너희가 믿는 것이 잘못된 것
이며 믿는 것이 더 억울하며 믿는 것
이 불합리하다 생각하지 말라.
27 어쨌든 너희는 죄를 짓지 아니하고
살아야 하며 양심을 버리지 아니하고
살아가야 하며,
28 너희가 정도의 길을 가면 그와 같은
것은 너희와 아무런 관계가 없으며,
또한 인간은 정도의 길을 가야만 되기
때문이니,
29 너희가 일찍이 그 길을 행하는 것으로
써 너의 모두를 다스려 나가는 그와
같은 변화를 하도록 해야 할 것이니
그리 알라.

7,133 번째 하나님 말씀

2003년 8월 14일 09시 06분

1 사랑하는 나의 아들아!
2 "네, 아버님! 말씀하옵소서."
3 나의 피조물 만백성 너희가 나 여호
와를 영원히 아버지라 부르는 것은,
4 너희가 죽어 심판을 받아 나에게 오르
는 그와 같은 삶을 살아 그 삶에서 나
로부터 구원을 받는 백성이 나를 아버
지라 부를 수 있는 것이며, 내가 너희
를 자식이라 그리 말할 수 있다 하지
아니하였던가?
5 너희가 나에게 오르지 못하며 지옥으
로 간다면 정녕 너희는 나를 아버지
라 부를 수 없는 것이라 내가 너에게
일찍이 깨우쳐 주었음이니라.
6 그리하여 너희는 감히 구원을 받았다
는 말을 하지 말며 구원을 받은 자라
는 오만한 행위를 하지 말라 너희에게
그리 깨우쳐 주었으나,

7 모든 믿음의 길을 가는 백성은 무조건 저희가 구원을 받았다고 그리 말하느니라.

8 그러니 저 자신이 어디 있는지 저 자신이 지금 어떠한 상황에 있는 것이며, 죄가 더 많은지 선함이 더 많은지 그 자신도 모르는 자가,

9 어찌하여 저 자신이 죄가 있고 없는 것을 심판하며 제가 천국에 오고 못 오는 것을 마음대로 심판할 수 있던 말인가?

10 너희는 심판할 수도 없으며 심판할 자격도 없는 것이니라.

11 그러니 얼마나 오만하고 교만한 행위를 하는 자들인지를 지금 종교 집단이요, 믿음의 길을 가는 백성 너희가 알아야 할 것이니라.

12 너희가 죽어 나에게 와서 심판을 받을 때, 너희가 오늘 구원을 받았다 하는 것, 그리고 구원을 받은 자라는 그 오만함이 얼마나 너희에게 고통을 주고 실망을 주며, 그로 인하여 얼마나 무서운 죄의 대가를 치르는 것인가 그때 가서 알게 될 것이니라.

13 그때 너희가 좌절하고 실망함은 상상할 수 없음을 알아야 할 것이니라.

14 그러니 구원을 받고 못 받는다 너희 자신이 평가해서는 아니 되며, 오로지 아름다운 삶을 사는 것이 최선을 다하는 길이라 그리 생각하고 살아가야 할 것이니라.

15 너희는 또한 뭐라 하느냐?

16 의인은 이 세상에 한 사람도 없다고 너희 마음대로 평가하며 의인은 있을 수 없다고 말하느니라.

17 그러나 이 세상에 의인이 있고 없는 것을 너희가 평가하고 그리 따져서는 아니 될 것이니라.

18 너희가 죽어 나에게 와 심판을 받았을 때, 의인인지 의인이 아닌지는 그때 알게 되며 그때 모두 결정되는 것이지,

19 너희가 이 세상에 살면서 의인이요, 아니요, 이와 같은 것을 평할 수가 없으며 의인이 세상에 한 명도 있다 없다는 그와 같은 말을 해서는 아니 됨이니라.

20 너희가 나 여호와의 고유 권한에까지 도전하며 너희 마음대로 하는 것처럼 그 말 한마디요, 행동이 얼마나 오만방자한 행동이요, 잘못된 망언을 하고 있는지 알아야 할 것이니라.

21 의인 또한 심판을 받아 그때 나 여호와로부터 그 모두를 알게 됨이니,

22 너희는 지금 인간 세상에서 의인이 있다 없다 말할 수도 없으며,

23 또한 남을 마음대로 평가하며 저 자신을 마음대로 평가하여 구원을 받은 자라 그리 말하는 행위를 함으로 인하여,

24 그와 같은 말을 듣고 지금 구원을 받은 것처럼 착각하는 백성이 바른길이요, 바른 삶을 살아 정녕 나의 뜻에 따라 하늘에 오를 수 있는 삶을 살아갈 수 있는 백성마저도 그들의 삶을 무너지게 하며,

25 그들이 나에게 오는 것을 못 오게 막는 자며, 그들까지 지옥으로 이끌어 가는 그와 같은 사악한 행위를 하는 것이 너희라는 것을 알아야 할 것이니라.

26 지금의 모든 종교 집단이요, 지도자가

그와 같은 형국에서 벗어나지 못하고
있음을 전하라.

7,134 번째 하나님 말씀

2003년 8월 14일 21시 26분

1 사랑하는 나의 아들아!
2 "네, 아버님! 말씀하옵소서."
3 '네 부모를 공경하라. 살인하지 말지
니라. 간음하지 말지니라. 도적질하지
말지니라. 네 이웃의 것을 탐내지 말
라.' 너희가 그를 수없이 암송하며, 또
한 나의 십계명을 직접 써 놓고 그를
보고 읽고 그리하느니라.
4 그러나 너희가 아무리 그를 암송하고
외운다 해도 너희가 그를 행하지 아
니한다면 그는 아무런 가치가 없으며
무의미함이니라.
5 네 부모를 공경하라 하였음이니, 너희
가 네 부모를 공경하지 아니한다면
그것을 아무리 암송하고 써 놓고 천
번 만번을 읽고 외운다 해도 아무런
의미가 없음이니라.
6 그러니 믿음이라는 것, 그리고 구원의
길에 오르는 것은 모두 행함에 있으
며, 지키는 것에 있음이니라.
7 지키지 아니하며 행하지 아니하는 것
은 나와는 아무런 관계가 없음을 알
아야 할 것이니라.
8 그건 얻어지는 결과가 없으며 이루어
지는 결과가 아무것도 없기 때문이니
라.
9 그러니 믿음이라는 것은 행함이 중요
한 것이며, 그 행함에 따라 너희가 나
에게 오르고 못 오르는 것이 거기에서
모두 결정 난다는 것을 잊어서는 절대
아니 됨을 알아야 할 것이니라.
10 내가 너희에게 뭐라 말하였느냐?
11 이 우주를 운영하는 나 여호와가 있으
며 우주를 운영하는 네 아버지가 있으
며, 또한 인간 세상의 가정에 아버지
가 있으며 어머니가 있다 하였음이니
라.
12 그러니 작게는 그것이 하늘의 우주의
이치와 같기 때문에 부모를 공경하는
자는 모든 가족이 화목하며 그와 같은
자가 나 여호와를 경배할 수 있다 일
찍이 나의 법전에 수차 기록하여 전했
듯이,
13 바로 그 모든 행함이 기초서부터 다져
나가야 할 것임을 잊어서는 아니 될
것이니라.
14 너희는 이 세상에 나올 때 나 여호와
로부터 천사와 같은 곱고 아름다운 마
음을 가지고 세상에 태어남이니라.
15 그러나 성장하는 과정에서 어찌 변하
느냐에 따라서 천태만상의 차이가 생
기며 그와 같이 변화되는 생활을 살아
가게 되는 것이니라.
16 그것은 또 무엇을 의미하는가?
17 너희가 나로부터 천사와 같은 아름답
고 고운 마음이요, 심성을 가지고 세
상에 나왔으나,
18 살아가는 속에서 거칠어지고 변화되
어 천태만상으로 바뀌었다 해도 원심
으로 돌아갈 수 있는 것이 너희가 나
로부터 선택받은 백성의 은혜임을 알
아야 할 것이니라.
19 나의 아들딸로서 태어난 백성 너희는
지금 잘못 살고 잘못 간다 해도 회개

하고 반성함으로써 너희 자신을 다시
뒤로 돌려놓고 또 돌리는 노력을 했을
때 곧 무엇이더냐?
20 내가 너희에게 처음에 주었던 천사와
같은 그 마음의 자세로 돌아갈 수 있
다는 것을 너희는 알아야 할 것이니
라.
21 그러니 너희가 회개하고 깨우쳐 반성
하고 바른 삶을 살고자 할 때, 나에게
구원을 받을 수 있으며 나에게 오를
수 있는 것이 너희라는 것을 알아야
할 것이니라.
22 너희는 생각하는 지혜가 있으며 양심
이 있기에, 거기에 부끄러움을 알며
부끄러운 행위를 하지 아니하며 바로
살고자 노력할 때는 언제고 나로부터
처음 생명을 받아서 나간 천사와 같
은 그 아름다운 모습이요, 아이들의
그 아름다운 모습으로써 거듭날 수 있
다는 것,
23 이것이 모든 동식물과 다른 나로부터
은혜요, 축복을 받아 세상에 나온 나
의 피조물 만백성이라는 것을 잊지
말라.
24 그 위대하고 소중함을 너희 마음속에
간직하고 살아가도록 그리하라.

7,135 번째 하나님 말씀

2003년 8월 14일 21시 34분

1 사랑하는 나의 아들아!
2 "네, 아버님! 말씀하옵소서."
3 너희가 믿음이요, 신앙의 길을 간다
하느니라.
4 과연 신앙생활을 하며 가는 자, 믿음
의 길을 가는 자는 모두 무엇을 위하
여 역사하는가?
5 너희는 나의 아들 예수가 역사한 것
이며 그가 존재함을 믿는 그 마음이
요, 그리고 나 여호와가 존재하며, 나
여호와가 이 세상의 모두를 다 창조하
였으며 나의 주관하에 이루어지며 나
의 계획하에 모두가 운영된다는 것을
믿는 그 마음이 바로 진정한 믿음의
마음이니라.
6 그를 완벽하게 믿지 못하는 자는 그
마음에 믿음이 흔들리는 자요, 뿌리가
없는 백성이 되니 그리 알라.
7 진정 확고한 믿음이 없이 가는 그 믿
음은 항상 무너지며 쓰러지게 되어 있
는 것이 마음의 자세이니라.
8 그러니 너희가 어떠한 마음의 형태로
나의 아들 예수가 역사했던 것을 믿
으며 나 여호와가 존재함을 믿느냐에
따라서 그 믿음의 마음이요, 믿음의
길을 잘 가고 못 가는 것을 평가할 수
있음을 너희는 알아야 할 것이니라.
9 너희는 예수가 대속하여 너희 죄를
안고 모든 역사를 하여 너희를 대신
하여 죽어 갔다고 그리 말하느니라.
10 그러면서 나의 아들 예수가 존재한 그
의미요, 그리고 그가 와서 역사하고자
했던 그 뜻이 무엇인가 그를 깨우쳐
너희 것으로 만들어 변화되는 삶을 살
고자 하는 것이 아니요,
11 그저 나의 아들을 내가 독생자라 하여
세상에 내려보내 너희를 죽음에서 구
원했으며 너희는 죄를 용서를 받았으
며 너희의 모든 것을 다 대속하여 죽
어 간 것이 나의 아들이라 그리하여,

12 너희 손으로 지은 교회에 가서 나의
아들 예수의 죽음에 대한 그 은혜에
감사의 표시를 하고 살면 너희는 반
드시 구원을 받는다고 말하느니라.
13 그러니 너희의 깨우침이 과연 어디서
부터 어디까지 와 있으며, 어디가 바
닥이며 어디가 가장 높은 깨달음인가?
14 너희는 아래위가 없으며 아무런 깨달
음도 변화도 없는 것이 지금의 모든
종교 집단이요, 그 속에 있는 백성임
을 너희는 알아야 할 것이니라.
15 너희가 바닥과 위가 없이 깨우침이 없
다면 너희는 지금까지 잘못 가르쳐
왔으며 잘못된 길을 왔다는 것을 알아
야 할 것이니라.
16 나의 아들의 삶을 어찌 보는가?
17 너희는 모두 그리하느니라.
18 너희는 모두 구원을 받았으며 하늘에
오를 수 있는 자들이라 그리 말하며,
19 너희가 구원을 받고 역사하는 것은 모
두 너희가 노력으로써 이루어지는 것
이 아니요, 나 여호와의 주관하에 모
두 역사하고 이루어진다 그리 가르치
며,
20 그리하여 인간으로서는 어떠한 악습
도 잘못된 것 하나도 바로잡고 고칠
수 없는 것이라 그리 말하느니라.
21 작은 악습 하나도 바로잡지 못하는
것이 인간이요, 오로지 나 여호와가
다스려 주어야만 한다는 자들이니라.
22 그러니 노력해서 구원의 길을 오고자
하는 것이 아니요, 나 여호와가 인도
해 주는 자만 구원을 받으며 내가 구
원해 주는 자만 구원을 받는다는 그
와 같은 생각을 하고 있으며,
23 그리하여 나를 믿는 것이 구원의 길이
라 하여 너희는 다 구원을 받았다고
말하느니라.
24 무조건 구원을 다 받았다 그리 말하느
니라.
25 그리고 나 여호와가 내린 성경이요,
나의 성령이 너희에게 임하는 것만 구
원을 받는 것이요,
26 너희 스스로는 구원의 길을 올 수가
없으며 아무리 노력을 한다 해도 그것
은 구원의 길과 아무런 인연이 없으며
관계가 없다고 말하느니라.
27 오로지 너희가 구원을 받는 것은 나
여호와가 너희에게 임하여 내가 너희
를 인도했을 때 구원을 받는다고 말함
이니라.
28 그러나 너희는 여기서 알아야 할 것
이니라.
29 너희가 나 여호와로부터 구원을 받는
것이요, 내가 구원의 길로 너희를 인
도할 수 있는 것은 너희가 나의 성령
이 너희 자신에게 임할 수 있는 모든
준비가 된 그와 같은 아름다운 삶을
살지 아니하면 아니 된다 말하였음이
니라.
30 너희가 먼저 지키고 행해야 할 것은
나의 성령이 너희에게 임할 수 있도록
비워져 있는 마음 자세요, 너희의 삶
이 소중하다는 것을 절대 잊어서는 아
니 될 것이니 그리 알라.
31 나의 아들의 죽음으로 모든 죄에서 해
방되었다 말하느니라.
32 그러나 해방될 수도 없으며 해방된 것
이 하나도 없다는 것을 너희는 알아
야 할 것이니라.

33 다만, 너희가 해방될 수 있도록 최선
을 다하여 변하고자 노력하는 그와 같
은 삶을 살았을 때, 그 모두는 나로부
터 얻을 수 있는 영광이요, 내가 너희
에게 내려 준 축복이라는 것을 알아
야 할 것이니라.
34 너희는 어찌하여 먼저 역사하면서 나
로부터 은혜를 받는 것이 아니요, 은
혜를 받았다 하여 태만한 자세로써 삶
을 살아가는 그와 같은 행동하고 있
는가?
35 너희 인간 세속에서 하는 말이 무엇이
더냐?
36 '줄 사람은 생각지도 아니하는데, 받
을 사람이 먼저 받은 것처럼 다 받아
서 역사한 것처럼 그와 같은 마음 자
세로 살아가는 백성이 있다' 하였음이
니, 그게 바로 너희를 가리켜 하는 이
야기임을 알라.
37 천국의 문을 열어 주는 구원이요, 지
옥으로 가는 그 심판대의 모두를 관장
하는 나 여호와의 뜻을 알지도 못하며,
38 나에게 와서 어떠한 심판이요, 어떠한
벌을 받는지 그 자체도 모르면서 구
원을 받았다는 백성이 있음이니라.
39 그러니 준비되지 아니한 자에게 모든
것이 다 준비된 것처럼, 주는 사람은
생각지도 아니하거늘, 그 사람은 틀림
없이 너희에게 줄 것이며 너에게 바
칠 것이며,
40 절대로 주지 아니할 일이 없을 것이라
그리 장담하고 살아가는 어리석은 백
성처럼, 모든 종교 집단에 속해 있는
백성 너희가 지금 그와 같은 어리석
은 삶을 사는 것이니라.
41 인간 세상에서는 주고자 하는 사람이
주지 않는다 하며 주는 사람의 마음대
로 행하는 것이요, 주고 싶은 마음이
없다 해도, 너희는 그를 받은 것처럼
이야기해서,
42 또 인간 세상에서 노력해서 얻을 수
있으며 그와 같은 것을 구할 수 있으
며 그로부터 나눠 가질 수 있는 길도
있음이니라.
43 육의 세상에서는 노력하는 만큼 그리
얻어지나, 구원을 받는 것은 그리되지
아니함을 알라.
44 한 번의 실수도 용납되지 아니하며,
한 번 잘못 갔을 때는 영원히 구원의
길에 들어설 수 없는 것이 너희니라.
45 그러니 구원의 길이 그리 무서움을 알
라.
46 육의 세상에서는 모든 섭섭한 마음이
요, 잘못된 것을 바로잡고 용서를 빌
며 또한 잘한 것은 칭찬해 주면서 변
화되는 삶을 살 수 있으나,
47 너희가 나에게 심판을 받아 영원히 죽
고 사는 것은 그리될 수가 없으며 그
와 같은 것이 있을 수 없다는 것을 알
아야 할 것이니,
48 너희가 얼마나 바르고 곱게 삶을 살아
가야 나에게 오르는 길인가를 너희 스
스로 깨우쳐 한 점의 오차도 없이 행
하도록 그리하라.
49 그와 같이 가는 자는 나에게 구원을
얻을 수 있음을 절대 잊지 말라.

7,136 번째 하나님 말씀

2003년 8월 14일 21시 44분

1 사랑하는 나의 아들아!
2 "네, 아버님! 말씀하옵소서."
3 4천 년의 구약 시대에 모세가 역사했던 그 시대에 살았던 백성이 잘못 가고 잘못 다스려졌기에, 너희를 바로 세우려고 나의 아들 예수를 세상에 내려보냈으니,
4 너희가 나의 아들 예수의 뜻대로 살았다면 오늘날 이 지상은 천국의 낙원이 되었을 것이라 내가 그리 말하지 아니하던가?
5 그러나 6천 년의 길고 긴 세월 속에서 나의 아들 예수를 너희에게 던져 그 목숨을 버려 가면서 너희를 바로 세우고자 했으나 모두 실패로 끝났다 하였음이니라.
6 그는 모든 믿는 자들이요, 대제사장이요, 장로요, 그와 같은 자들이 그 사악한 짓을 했음이니,
7 지금 이 세상에 천국을 이루는 기초를 다진 것도 없으며, 하늘나라에서 이룬 것처럼 지상에서 이루어지는 그와 같은 기초를 다진 것도 없으며 역사한 것도 하나 없음이니라.
8 다만, 이 세상이 지금처럼 험악하게 죄로 그득히 차 있는 시대는 여태껏 없었음이니라.
9 오늘의 이 시대가 가장 죄악이 그득히 차 있으며 하루를 지나고 나면 죄악이 더 그득히 차는 그와 같은 형국으로 지금 타락의 길을 치닫는 것이 너희가 사는 이 지상의 삶이라는 것을 알아야 할 것이니라.
10 나를 경배한다면서 나의 뜻을 거역하는 행위만을 골라서 하는 것이 너희니라.
11 진정한 사랑이 무엇이며, 나의 백성이 사랑하는 것이 무엇인지 모르니, 베풀며 사랑하며 나누고 사는 그와 같은 삶을 살아가는 백성을 아무리 찾고자 해도 찾을 수가 없으며 만날 수가 없음이니라. 그러니 그와 같은 백성이 없는 이 지상을 내려다보는 나 여호와의 마음이 얼마나 괴롭겠는가?
12 그리고 너희로 하여금 사랑에 굶주린 것이 나 여호와라면 과연 믿겠는가?
13 너희가 그와 같은 잘못된 삶을 살아가기에, 나 여호와가 사랑에 메말랐으며 사랑의 고통을 겪고 있다면 과연 어찌하겠는가?
14 너희는 나를 경배한다면서 나의 뜻을 거역하는 삶을 사니, 이는 곧 천사가 되어 나의 아들딸로서 나에게 오는 것이 아니요, 사탄의 자식으로서 나로부터 멀어지는 길을 가고 있음이니,
15 그를 바라보는 나 여호와의 마음이 어떻겠는지 너희는 알겠는가?
16 나는 정녕 아끼고 사랑할 만한 백성이 내 곁에 없음이니, 사랑을 베풀지 못하는 나의 외로운 마음이요, 나의 삭막한 마음을 너희는 과연 아는가?
17 이제 나의 아들을 통하여 법전에 기록하는 그 내용을 너희가 읽을 때, 내가 하고자 하는 뜻이 무엇이며 내가 원하는 것이 무엇이며 내가 역사하고자 하는 것이 무엇인가를 깨닫게 될 것이니라.

18 그를 깨달으면 그 길을 향하여 삶을
살아가는 것이 나에게 오는 지름길이
라는 것을 절대 잊어서는 아니 될 것
이니라.
19 지금 너희의 믿음은 형식적이며 진정
한 믿음이 이 세상에 하나도 없다 함
을 너희는 알아야 할 것이니라.
20 그 이유가 무엇인 줄 알겠느냐?
21 너희가 들에서 일하다 쉬는 시간이요,
나 여호와를 스물네 시간 잊어버리지
아니하고 너희 생각에서 지워 버리지
아니하고 사는 그 삶이 진정한 믿음이
요, 나에게 오르는 길임을 알아야 할
것이니라.
22 그러나 지금 모든 종교 집단이요, 지
도자요, 신도 너희는 어찌하는가?
23 지정한 장소에서 지정한 시간에 지정
한 지도자의 가르침에 따라서 특별한
시간에 기도하고 경배하는 그것으로
써 믿음을 바로 가며 진정한 믿음의
길을 간다고 말함이니,
24 너희가 과연 진실한 마음으로 기도하
는 시간이 얼마나 되는가?
25 하루에 기도하는 시간을 따져보면 너
희가 지금과 같은 믿음으로 가고 지금
과 같은 기도를 하고 살 때,
26 10년 동안 과연 얼마만큼 기도 시간
을 할애하고 살며 나를 생각하고 사는
가 너희가 한번 들여다볼 때가 되었
음을 알아야 할 것이니라.
27 너희가 나를 얼마나 생각하고 사는
백성인 줄 아는가?
28 너희 삶에서 나라는 존재요, 나 여호
와는 너희 생활을 그리 많이 차지하
지 못하며, 너희 마음을 갖지 못하고
있음이니라.
29 지정된 장소에서 지정한 지도자의 뜻
에 따라서 형식적인 것으로 기도하고
경배하는 것이 하늘에 오르는 길이라
하여 그곳에 가서 울고불고하나,
30 그 성전이요, 교회라는 곳을 나오면
나를 지워 버리고 잊어버리고 삶이니,
31 너희가 나를 생각하며 나를 믿고 따르
는 마음이 너희 가슴속에 얼마나 있
는가?
32 모든 시간을 잠시도 나를 잊어버리고
지워서는 아니 되는 것이 나에게 오르
는 길이요, 그 삶이라는 것을 알아야
할 것이니라.
33 너희는 기도할 때만 나를 사랑한다
하며, 인간으로서 해결하기 어렵고 힘
들고 부닥치는 그 모든 것을 정리할
수 없을 때 너희는 나에게 기도하며
나를 찾음이니라.
34 그러니 과연 너희가 나를 위하여 기
도를 얼마나 하는가?
35 기도하는 시간이 그나마 너희가 나를
생각하는 것이며 나를 그리워하며 나
를 그리는 시간이 아니더냐?
36 그러니 너희가 하루에 과연 기도를 얼
마나 하며 나를 얼마나 찾는가?
37 스물네 시간 너희 마음속에서 나를
찾으며 나와 같이하지 아니하면 너희
는 무너진다는 나의 뜻을 알아야 할
것이니라.
38 지금의 모든 종교 집단은 말하느니라.
39 나 여호와를 위하여 너희를 대신해서
죽어 간 나의 아들 예수를 보면, 너희
가 따르지 못할 뜻이 어디 있으며 바
치지 못할 것이 무엇이 있으며,

40 우리 부자를 기쁘게 하고자 무엇이든
지 모두 내놓을 수 있는 마음의 준비
가 되지 아니한 자가 어디 있느냐 그
리 말할 것이니라.
41 그러나 막상 너희에게 모두를 다 버
리고 나를 따르라 말하면, 과연 모두
를 버리고 나를 따를 백성이 얼마나
있는가?
42 이것이 오늘의 믿음의 그 한계며 너희
가 가는 형태임을 알아야 할 것이니
라.
43 너희는 어렵고 힘들고 고달플 때 그리
고 너희 스스로 해결하지 못하여 나
여호와가 꼭 필요하며 역사해 주기를
바랄 때, 그때만 나를 찾으며 그 몇 분
의 소원을 비는 것으로써 나와 인연의
모든 하루 생활이 끝나느니라.
44 너희에게 고통과 괴로움이 닥쳤을 때
그때 또 무릎 꿇고 나를 찾으며 나를
부르는 것이 너희가 아니냐?
45 그리하여 기도하고 경배드렸으며 축
복의 기도를 드렸다 함이니, 하루에
과연 몇 시간 동안 나를 생각하고 사
는 백성인가 돌이켜 보아야 할 것이
니라.
46 스물네 시간 나를 생각하는 삶으로 살
지 아니하면 정녕 변하는 역사를 얻을
수 없는 것이 너희들이기 때문이니라.
47 지금의 너희 믿음은 진정한 마음으로
써 나를 경배하는 것이 아니요, 나를
따르는 것이 아님을 알아야 할 것이
니라.
48 하지 말라는 것, 행하지 말라는 그와
같은 사악한 행위를 마음속에 간직하
고 있으며,
49 그를 위하여 세상에 태어난 것처럼 작
은 것에 또한 부닥치는 모든 실수요,
욕되는 행위요, 함부로 하는 언행이
요, 그 모든 것을 그저 생각나는 대로
이 세상에 다 내보내고 행동하고 사는
것이 너희임을 알아야 할 것이니라.
50 이제 내가 나의 법전에 기록하여 너희
에게 전함이니라.
51 항상 기도하는 마음으로써 항상 나를
버리지 말며 나를 떠난 삶을 살아서는
아니 될 것이라는 것을 잊지 말라.
52 '영원히 내 아버지와 같이 가기 위한
삶을 살겠다'는 그 생각만을 가지고
달려와도 너희가 하늘에 오를까 말까
하는 어렵고 힘든 고비가 또 기다리고
있건만,
53 너희가 그와 같이 편안한 방법으로써
구원을 받으며, 고통과 시련이 있을
때만 나에게 은혜로써 다스려 달라 기
도하는 자, 과연 그 기도가 하루에 몇
분이나 차지하고 있는가 이를 한번 돌
이켜 봐야 할 것이니라.
54 나를 생각하지 아니하고 사는 시간은
사탄의 생각이요, 온갖 유혹에 너희
마음이 흔들리고 있으며, 이미 거기에
넘어지기 시작했으며, 그들에게 끌려
가기 시작했음임을 알아야 할 것이니
그리 알라.

7,137 번째 하나님 말씀

2003년 8월 14일 21시 58분

1 사랑하는 나의 아들아!
2 "네, 아버님! 말씀하옵소서."
3 선택된 나의 아들을 따르는 백성이요,

그리고 나의 법전을 읽고 깨우친 백성
너희를 육의 세상에 갓 태어나 아장아
장 걷기 시작하는 자식을 보는 마음보
다도 더 소중히 생각하며,
4 그보다도 더 기쁜 마음으로 나 여호와
가 너희와 항상 같이하고 있다는 것
을 잊지 말라.
5 너희가 나로부터 선택된 것은 만백성
을 구하는 그 대업을 이루기 위함이니,
6 그것은 바로 나의 자식들을 지옥에서
구원의 길로 인도하는 그와 같은 역사
를 하기 위하여 나로부터 선택된 영광
된 백성이라는 것을 잠시도 잊지 말
라.
7 그러니 아무리 고통스럽고 참기 어려
운 길이라 해도 그것은 영광의 길이라
인내하며 좌절하지 말고 가도록 그리
해야 함을 절대 잊어서는 아니 될 것
이니라.
8 너희는 바로 어떠한 길을 가느냐?
9 모든 백성이 수천 년 동안 흘러오면
서 그 백성이요, 종교 집단의 지도자
들이 지킬 수 없다고 말하는 것이 바
로 십계명이 아니더냐?
10 남들이 지킬 수 없다고 말하는 것을
지키고 살아가야 한다고 말하는 것이
너희가 아니더냐?
11 그러니 너희는 사랑을 실천하는 백성
으로서 거듭나야 할 것이며, 모든 백
성이요, 형제들에게 관대하고 너그러
운 백성으로서 살아가는 그와 같은
삶을 살아야 함이니라.
12 나의 법전을 그대로 지키고 나의 십계
명을 그대로 지키고 행하는 어렵고
힘든 그 길을 가는 것이 바로 너희의
대명이며 나에게 오를 수 있는 그 길
이요, 만백성들을 구원하는 길임을 알
아야 할 것이니라.
13 너희는 나 여호와가 존재함을 믿고 나
를 사랑하며 나의 아들딸이 되어 있음
을 알아야 할 것이며,
14 그와 같은 어렵고 힘든 고비를 마다하
지 않고 나의 아들과 더불어 한 역사
를 이루어 갈 때, 너희는 영광의 그 은
혜를 상상할 수 없음을 알아야 할 것
이니라.
15 사랑하는 나의 아들아!
16 "네, 아버님! 말씀하옵소서."
17 너를 따르는 제자들과 나의 법전을 읽
은 만백성 그들에게 깨우쳐 주도록 그
리하라.
18 나 여호와에 대한 극진한 애정이요,
사랑의 증표가 무엇인가?
19 너희가 바로 살아가는 것이라는 것을
절대 잊지 말라 그리 전하라.
20 너희가 바른 삶이요, 고통스럽고 힘들
어 좌절하고 싶은 길, 포기하고 싶은
길, 그리고 돌아서고 싶은 그 마음을
나 여호와가 존재함을 위하여 참고 인
내할 때,
21 그것이 그 누구도 따를 수 없는 극진
한 애정으로써 나를 사랑하는 것이요,
너희가 나를 사랑하는 그 증표이며 그
것이 증거함이니라.
22 그 모두가 너희가 나에게 왔을 때 상
임을 알아야 할 것이니라.
23 너희가 뭐라 말해도 나의 십계명이요,
나의 법전대로 지킬 수 없다고 말하는
자, 사랑이 없는 자, 어렵고 힘들 때마
다 좌절하며 돌아서는 자,

24 그리고 말로써 그 고비를 풀어 달라,
이끌어 달라, 그저 강을 건너게 해 달
라 기도하고 울고불고하는 백성은 진
정 나를 사랑하는 것이 아니요, 나를
애정 어린 마음으로 보지 아니하는 것
이요,
25 너희는 사랑의 증표를 나로부터 받을
수 없는 자들이라는 것을 알아야 할
것이니라.
26 지금 나로부터 선택된 백성이 고통이
요, 힘든 그 길이 무엇이더냐?
27 지금 너희 개인을 위해서 살아가며
오늘의 고통을 인내하고 겪고 가느냐?
28 나의 아들을 따르는 제자들이요, 나의
법전을 읽은 백성은 그것이 아니니라.
29 만백성의 고통을 덜어 주며 그들을 위
하여 너희 자신을 던지고, 어렵고 힘
든 그 길에서 만백성을 구하는 대명을
지키고 이루고자 하는 것이니, 그것이
너희와 믿음의 길을 가는 일반 백성
과 다름을 알라.
30 수천 년 동안 믿음의 길을 온 그 종교
집단이요, 그 지도자에게서 배운 너희
는 나의 아들 예수의 보혈로써 구원을
받았으며, 나 여호와가 성령으로 임했
을 때만 악습을 버릴 수 있다고 말하
며, 너희 자신을 위하여 이루어 달라
얻게 해 달라 기도하며 살아가느니라.
31 지금 나로부터 선택된 백성이 겪는 고
통스럽고 힘든 그 길은 너희 개인을
위해서는 하는 것이 아니요, 만백성의
고통을 덜어 주기 위해 오늘의 고통과
시련의 그 길을 감이니,
32 그 영광을 나로부터 받는다는 것을 절
대 잊지 말도록 하라, 선택된 나의 아
들딸들아!
33 나의 백성 너희는 뭐라 말하느냐?
34 나를 위하여 너희가 가진 것, 역사하
고 있는 것, 그 모두를 나에게 바칠 수
있으며 던지겠다고 그리 말하며,
35 너희가 구원받는 것을 위하여 아낌없
이 아무것도 주저하는 것 없이 나에게
던질 수 있으며 나에게 바칠 수 있다.
36 그리 말하느니라.
37 그러나 막상 그와 같이 닥쳤을 때, 너
희는 다 등을 돌리며 언제 그 말을 했
느냐는 듯 흘러가는 물처럼 빠져나가
는 것이 너희의 오늘의 마음이요, 믿
음의 한계라는 것을 나는 알고 있음을
알아야 할 것이니라.
38 그러니 고통이나 시련을 그저 지워 버
리려 하며, 부닥쳐 이기려 하지 아니
하고 그저 편하게 피해 가려는 것이
너희 마음임을 알아야 할 것이니라.
39 사랑하는 나의 아들아!
40 지금 수천 년 동안 믿음을 온 종교 집
단이요, 그 지도자요, 구원을 받았다
는 많은 나의 백성이 손으로 지은 건
축물이요, 저희 손으로 지은 그 교회
요, 성막이요, 회당이요, 성전이요, 그
속에 지금 나의 백성이 그득히 차 있
으니, 그곳에서 모든 역사가 이루어진
다고 생각하나,
41 내가 하늘에서 내려다보는 그 교회라
는 곳은 텅텅 비어 있으며 성전이라는
곳도 다 텅텅 비었으며 사람이 하나도
없다 함이니, 너희는 과연 이와 같은
나의 의미를 알겠는가?
42 내가 너희 손으로 지은 건축물 속에
나의 사랑하는 백성이 거기에 아무도

없다 말하면 너희는 나를 사탄이요,
이단이라 그리 말할 것이니라.
43 너희가 바로 그와 같은 형국이니라.
44 너희는 욕심을 버리지 못했으며, 개인
을 위해 기도하는 그와 같은 믿음으로
가는 백성이 그곳에 그득히 차 있음
이니라.
45 그 모두가 다 죽은 자요, 영원히 구원
을 받을 수 없는 자들이요, 나에게 오
를 수 없는 백성으로서,
46 구원을 받으며 하늘에 오르는 영광의
그 길은 저희 것이라 그리 자만하는
백성으로 가득 채워져 있느니,
47 그 교회라는 곳이 텅텅 비었으며 그
안에 사람이 없다 함을 너희는 알아
야 할 것이니라.
48 내가 바라보는 교회와 성전은 그와 같
음을 알라.
49 나 여호와의 마음을 과연 알겠는가?
50 내가 너희에게 이와 같은 뜻을 가르
쳐 주고 깨우쳐 주며 나만 볼 수 있는
그 모두를 내가 책에 기록하여 교회가
텅텅 비었다는 그와 같은 사실을 알려
줌이니라.
51 나는 그곳에 사람을 그득히 채우는 것
을 원하느니라.
52 종교 집단이요, 지도자 너희가 가르치
고 이끄는 그 모든 사람이요, 나의 선
택된 백성으로서 그득히 채워지는 그
역사가 이루어지기를 나 여호와는 바
라고 있으며 그를 위하여 아낌없이 모
두를 던짐이니라.
53 내가 모세를 보내어 너희를 구원하고
자 했으며 그다음에 나의 아들을 보
내어 바로잡고 구원하고자 했던 그 모
든 내 마음을 모르는가?
54 지금은 이제 나의 아들을 통하여 160
권의 법전으로 귀하고 귀한 그 보배로
움을 너희에게 전하려고, 나의 아들을
밤과 낮을 가리지 아니하고 이리 몰고
가는 그 역사함을 너희는 알아야 할
것이니라.
55 이를 모르고 사는 백성은 기초요, 기
본의 마음이 되지 아니한 자니, 나에
게 오를 수 없다는 것을 알라.
56 그리하여 사람을 구원해야 할 것이니
라.
57 텅텅 빈 그곳을 지금의 모든 종교 집
단들이 사람이 그득 찬 줄 아나, 그 안
에 사람이 하나도 없음이니,
58 정녕 그 안에 사람을 채울 수 있는 그
와 같은 마음 자세로 거듭나는 지도자
로서 성장해야 함을 절대 잊지 말라.
59 사랑하는 나의 아들딸들아!
60 저희 손으로 지은 그 죄의 온상을 이
제는 내가 다 헐어 버리고자 하며 그
를 다 문을 닫고자 하는 것이 나 여호
와의 뜻이니라.
61 정녕 손으로 지은 그 교회 안에는 인
간이 차 있어야 할 것이니라.
62 그러나 지금 인간이 차 있지 아니하고
텅텅 비어 있는 그와 같은 형국이니,
63 이제는 그곳에 사람이 모여 있는 그와
같은 대변화요, 대좌할 수 있는 장소
로 그곳을 바꾸지 아니하면 나에게 구
원을 받을 수 없다는 것을 절대 잊지
말라.
64 이제는 텅 빈 그 교회요, 성전이요, 그
곳에 나의 백성이 그득히 차는 역사를
내가 원하고 바람이니라.

65 그러나 이제는 그곳에 사람이 존재하
지 못하며 이제는 사람이 존재할 수
없도록 썩어져 있으며 병들어져 있음
이니,
66 그를 바로잡고자 하는 것이 나 여호와
의 뜻임을 너희는 알아야 할 것이니
라.
67 이제 너희가 모이는 곳이 무엇이라
말하였느냐?
68 성령으로 그득 찬 백성이 모이는 곳이
바로 성전이요, 나 여호와가 임하는
곳이 성전이라 하였음이니라.
69 그리하여 너희가 마음의 성전을 이
세상에 짓는 그 역사로써 거듭나며 지
금 가진 모든 것을 다 던지고 놓을 수
있는 거듭나는 마음자세가 아니 되고
는...
70 (녹음 불량으로 기도가 끊겼습니다.)

7,138 번째 하나님 말씀

2003년 8월 14일 23시 23분

1 사랑하는 나의 아들아!
2 "네, 아버님! 말씀하옵소서."
3 너희는 지금 수천 년 동안 흘러오면서
다른 신을 절대 모시지 아니한다 하
며, 오로지 너희만 하늘에 오르는 길
이요, 정통의 길이라 말하느니라.
4 그리고 모든 종교 집단이 가는 것이
잘못되었으며, 너희가 참진리를 들여
다보지 아니하고는 정녕 구원을 받을
수 없다 그리 전한다 해도 절대 그와
같은 것은 용납되지 아니하며 받아들
일 수 없다고 말하느니라.
5 그리고 저희와 같은 뜻을 갖고 같은
길을 가지 않는 모든 백성을 이단이
요, 사탄이라 그리 몰아붙이느니라.
6 그러나 그들의 본 마음의 뜻은 어떠한
줄 알겠는가?
7 모든 종교 집단 속에 있는 신도들이
지금 열 명 중에 여덟 명은 스스로 오
늘의 종교 집단이 이와 같은 방법으로
는 절대 구원을 받을 수 없으며, 모두
가 다 썩어져 있으며 잘못되었다는 것
을 다 알고 있음이니라.
8 그러나 시시비비를 하며 갑론을박을
할 때는 절대 양보하지 아니하며 하나
의 획도 용서하지 아니하려 하며 무섭
게 돌변함이니,
9 오늘날 세뇌교육되며 그들이 다스려
진 것이 그와 같은 형국이니라.
10 그러나 지금 그들의 마음속에는 정녕
장삿속이요, 상업적으로 모두 타락되
어 있으며, 종교 지도자라 하여 단상
에서 강론하고 설교하는 자가 저희만
도 못하다는 걸 알고 있으며,
11 그들이 서로 시시비비하고 서로 싸움
하며 서로 화목하지 못한 그 모든 것
을 보는 그 신도들 마음속에는 그건
결코 아니라는 것을 알고 있음이니라.
12 그들은 하늘에 오르는 길이라 하여 모
두를 다 바쳐 저 자신이 죽음의 길을
선택하며, 육을 가진 인간으로서 거짓
된 것을 진실이라 위장하며 참진리가
아닌 것을 참진리라 위장하며 그를
지키며 가고자 하니,
13 그들은 육의 마음도 다 썩어져 있으며
그들 스스로 지금 병들어 있음을 알
아야 할 것이니라.
14 너희가 믿음의 길을 가는 그 백성을

붙잡고 물을 때, 정녕 너희는 구원을
받으며 지금의 형태로써 과연 구원을
받을 수 있느냐, 그리고 종교 집단의
지도자가 정녕 나 여호와로부터 명받
은 자인가 일대일로 물을 때, 그를 당
당하게 대답하는 자는 없을 것이니라.
15 다만, 저희가 구원을 받았다, 구원을
받은 자라 말하나, 몇 마디 가지 아니
해서 실토할 것이니라.
16 정녕 믿지 못하고 있으며, 믿음이라는
것, 하나님 아버지 앞에 가는 것은 가
장 편안하고 즐겁고 가벼운 마음으로
가는 것이 믿음이나, 이렇게 힘들고
어려운 길로 가는 것은 결코 아니라는
것을 저희가 알고 있으며 깨닫고 있
느니라.
17 그러면서도 그들은 돌아서지 아니하
며, 바른길을 가려 하지 아니함이니라.
18 그 모두는 성서에서 한 획도 빼도 더
해도 안 되며 한 줄도 고쳐서도 아니
된다고 말하며, 그들 마음속에는 성서
는 절대 변할 수 없으며 기록된 것이
잘못된 부분이 없다고 그리 말함이니
라.
19 그러나 그들에게 물어보라.
20 저희가 가는 길이 진정한 구원의 길이
요, 하늘에 오르는 길이요, 참진리요,
그리고 구원을 받았다 하는 자들에게
그 성서를 누가 기록하여 너희에게
전했는가 그리 한 번 물어보라.
21 그들에게 물어볼 때 그들은 예수의 제
자요, 그 제자들을 통하여 그다음의
제자들이 기록하여 이를 전했다는 자
없을 것이니라.
22 무슨 복음이요, 무슨 복음이라면 그
복음을 그 사람이 쓴 것이라고 알고
있을 것이며, 몇십 년 동안 다녔다는
종교 지도자들도 그리 알고 있을 것이
니,
23 그들이 얼마나 수박 겉핥기로 믿음의
길을 가는 자들인가?
24 그리고 나의 아들 예수가 세상에 내려
온 그 의의가 무엇이며 그 뜻이 무엇
인가를 물어볼 때, 그들이 과연 그를
대답 할 수 있단 말인가?
25 그러니 성서에 기록된 것은 한 획도
고쳐서도 안 되며 한 줄도 고쳐서는
아니 된다 하면서, 거기에 기록된 내
용을 알지 못하고 가르치는 것은 무엇
이더냐?
26 그들은 성경 전체를 통틀어 부정하는
것이며, 그를 지키고 살지 못하는 자
들이요, 지키지 않는 삶을 사는 것이
라 그리 말하였음이니라.
27 이제 너를 따르는 제자들에게, 성서
에 기록되어 있는 그 대목을 나의 법
전의 강론을 듣고 하나하나 기록하여,
28 종교 지도자들이요, 그리고 그 밑에
가서 구원을 받았다 말하는 백성, 그
리고 구원을 받았다 하여 오만방자한
그 백성에게 나의 아들을 통하여 내린
강론을 듣고 배운 구절 하나하나를 그
들에게 물어 그 답을 들어 보라 하라.
29 그들이 상식 이하로 얼마나 모르며
얼마나 진리를 모르고 가는 자들인가,
내가 죽은 자라 하는 그 뜻을 알 것이
니라.
30 일대일로 서로 갑론을박하며 너희가
나의 뜻이요, 나에게 배운 그 지식을
가지고 물어볼 때, 그들은 정녕 대답

을 하지 못할 것이니라.
31 결국, 너희는 정녕 이 사람들의 믿음
이 무엇이며 하늘에 오르는 길을 어떠
한 길을 온 것이며, 어디에 기준을 두
고 왔는가 하여 그들의 불쌍함을 알
게 될 것이니라.
32 그와 같이 아무것도 모르며 그저 구원
을 받았다는 것, 재물을 바치면 된다
는 것, 그리고 찬송 부르고 나오면 된
다는 것이 그들의 오늘의 믿음이니라.
33 너희가 나를 생각하는 시간을 얼마나
많은 시간을 보내며 얼마나 기도를
많이 하느냐 하는 것이 나를 생각하는
증표라 내가 그리 말하였으니,
34 모든 종교 집단 너희가 과연 기도하
고 경배하는 그 시간을 빼고 나 여호
와가 존재한다 생각하고 사는 백성이
과연 얼마나 있는가 이를 그들에게 한
번 물어보라.
35 그리고 그들이 답할 때, 너희가 그리
가르쳐 주라.
36 스물네 시간을 쪼개서 만드는 그 시간
에 잠시도 나 여호와를 생각하지 아니
하고 사는 것은 나를 사랑하는 것이
아니요, 진정 내가 존재한다는 것을
믿지 않는 자들이라는 것을 그들에게
또한 깨우쳐 주어야 할 것이니라.
37 너희는 나의 법전에 기록되어 있고 강
론으로 들은 중요한 부분들을 하나하
나 기록하여 가슴에 안고 다니며,
38 남과 대화할 때 그를 보고 질문을 하
며, 그들이 물었을 때 대답할 수 있는,
이제는 유하고 부드러운 그와 같은 교
육 방법으로 깨우치는 그 길을 가도
손색이 없을 것이니, 너의 제자들에게
그리 전하라.

7,139 번째 하나님 말씀

2003년 8월 14시 23시 31분

1 사랑하는 나의 아들아!
2 "네, 아버님! 말씀하옵소서."
3 지금 너희가 살아가는 이 시대처럼
위험 속에서 살아가는 백성이 없었으
며, 지금같이 나약한 백성이 없었음이
니라.
4 오늘의 살아가는 너희의 그 삶이 얼
마나 위험하고 얼마나 나약한 백성으
로서 살아가는지 너희 자신을 돌이켜
봐야 할 것임을 잊어서는 안 될 것이
니라.
5 무엇인가를 보여 주고 역사하는 것처
럼 너희를 수십 년 동안 끌고 온 그 종
교 지도자들이 이제 더 이상 끌고 갈
수 없으며 더 이상 말로써 현혹할 수
없는 끝에 와 있다는 것을 그들 스스
로 너무나도 잘 알고 있음이니라.
6 성서라는 것을 가지고 나의 피조물 만
백성들을 이리 끌고 저리 끌며 이리
붙이고 저리 붙여 그들을 현혹하여 재
물을 거둬들이며,
7 내가 짓지 말라는 교회요, 성당이요,
성전을 짓는 데만 혈안이 되어 끌고
온 자들이,
8 이제는 나의 피조물 만백성들을 더 이
상 이리 끌고 저리 끌고 다닐 그 밑천
이 없으며 장사해 팔아먹을 물건이 없
는 것이 지금의 시대임을 알아야 할
것이니라.
9 너희는 치부가 드러나기 시작할 것이

며, 이제는 나의 백성이 그리 맹종하고 맹신하지 않으며 하나하나 짚고 넘어가는 그와 같은 시대가 열릴 것이니 그는 무엇이던가?

10 참진리요, 나 여호와의 뜻이 이 세상에 전해지고 있으며 그를 읽는 백성이 늘어나게 됨을 너희는 알아야 할 것이니라.

11 너희가 아무리 몇 년씩 가르쳐 종교 지도자를 배출하며 그 종교 지도자들이 세상을 다 덮는 것 같으나, 나의 법전 한 권이 종교 지도자들보다 더 큰 역사를 할 것이니라.

12 내가 배출해 보내는 나의 법전이 종교 지도자가 되어 스스로 그들이 나의 피조물 만백성들에게 길을 열어 줄 것이며,

13 깨우침을 전하는 나의 법전을 너희는 감히 견주어 당할 수 없으며, 그를 이길 수 없으며, 그리 역사할 수 없다는 것을 너희는 알아야 할 것이니라.

14 나의 법전이 세상에 전해지고 그걸 읽은 그 백성 앞에 너희가 지금과 같은 믿음이요, 그와 같은 상식과 지식을 가지고는 그 백성을 이끌어 갈 수가 없기 때문이니라.

15 이 세상의 어떠한 백성도 나의 법전 한 권을 3회 이상 읽는 자는 반드시 눈을 뜨게 되며 귀가 열릴 것이며, 오늘에 어떠한 형태에서 무엇이 잘못되고 무엇이 잘되었는가 그 모두를 다 알게 되어 있음이니라.

16 이 세상 나의 피조물 만백성들이 나의 법전을 접하여 그가 정성을 다해서 한 번을 읽든 두 번을 읽든 세 번을 읽든 그 백성이 수없이 늘어날 것이니 그리 알라.

17 그리하여 내가 일찍이 너희가 정녕 승자라 한 그 말을 잊지 말라.

18 참진리를 이 세상에 내려보내니, 그를 읽고 깨우친 그 백성으로 하여금 지금의 종교 지도자들이 이제는 조롱을 당할 것이며, 그들이 참고 견디기 어려운 모욕을 당하게 될 것이며 저희가 단죄될 날이 서서히 다가오고 있음을 사탄이요, 잘못된 자들이 그를 다 알고 있음이니라.

19 그리하여 그들은 저희의 모든 능력과 힘을 다 동원하여 기존의 틀을 이끌어 가려 할 것이며,

20 그를 파괴하는 자를 이단이요, 사탄이라 하여 너희에게 갖은 고난과 고통을 다 줄 것이며, 모든 힘을 다 동원하여 지금 저희가 가는 그 길에서 조금도 양보하려 하지 아니하려 할 것이니,

21 참진리와 비진리가 서로 부닥치고 부닥치는 그와 같은 무서운 결과를 한번은 겪고 넘어가야 할 것이니라.

22 그리하여 내가 가장 작은 피해요, 가장 작은 마찰로써 깨우쳐 가기 위하여 나의 법전을 서서히 세상에 전함을 너희는 알아야 할 것이니라.

23 그때 결국은 부닥칠 것이며, 부닥쳤을 때의 그 희생은 너희가 감히 생각할 수 없을 것이니 그리 알라.

24 모든 종교 집단이요, 지도자들이 오늘날까지 잘못 이끌어 온 그 모든 대가를 받아야 할 것이며,

25 아무리 버티고 더 견디려 하고 욕심을 버리지 못하고 나의 피조물 만백성들

을 지금처럼 이끌어 가려 해도 버틸 수 없는 그와 같은 형국이 될 것이며,
26 결국 이 세상은 모두 참진리와 비진리를 놓고 한번 터지게 되어 있음이니라.
27 이는 곧 나의 법전이요, 나의 참진리를 많은 백성이 그 마음에 그 뜻을 알게 될 것이며, 그들에게 나의 성령을 직접 심어 주는 그와 같은 대역사의 변화가 이루어지기 때문임을 너희는 알아야 할 것이니라.
28 그러니 지금 어떠한 형태로든 어떻게 터지든 결국 한번은 크게 터지는 그 역사가 있다는 것을 잊지 말라.
29 그리고 나의 백성이 너희 설교를 들은 것으로써 이제는 너희 자신을 지키고 갈 수 있는 그와 같은 형국이 아니 되며, 너희는 너무나 나약하게 무너져 있음을 알아야 할 것이니라.
30 지금의 너희처럼 마음이 흔들리며 나약한 시대가 없었음이니, 그리하여 나약한 그 상태로써는 사탄이요, 악마에게 넘어지기 가장 쉬우며,
31 또한 어렵고 힘든 길을 가기 전에 자신을 포기하며, 참진리요, 비진리를 구분하기 전에 가기 편하고 가기 쉬운 길을 선택하는 나약한 자들이 지금의 너희 형태임을 알아야 할 것이니라.
32 그리하여 내가 나의 법전을 읽고 깨우칠 수 있도록 나로부터 선택된 백성이 지금 너희에게 그를 전하여 너희를 깨우치고자 함이니라.
33 그리하여 내가 그들에게는 어렵고 힘든 그 길을 가라 함이니라.
34 전하는 자의 그 삶을 보고 변화되는 것이 가장 위대한 변화의 근본이기 때문이니라.
35 그러니 나의 법전을 읽고 깨우쳐 공부한 백성 너희는 겸손하고 사랑하는 마음으로써 만백성의 인성을 되찾는데 너희가 어떠한 고통의 대가를 지불한다 해도 중단해서도 안 되며 포기해서도 아니 됨이니라.
36 그러니 그 1초의 시간이 얼마나 소중하고 귀한 것인가?
37 너희는 낭비해서는 아니 됨이니라.
38 나의 법전을 읽고 깨우친 백성이요, 나의 참진리를 읽고 깨우친 백성 너희의 단 1초가 아무것도 모르고 살아가는 일반 백성이 평생을 사는 것보다도 위대함이니라.
39 너희가 몇 초 동안에 나의 법전에 기록된, 정녕 상대방이 듣고 받아들여서 변화될 수 있는, 그 대화요, 그를 전함으로 인하여 너희가 사람을 구하고 구하지 못하는 그와 같은 역사를 이룸이니,
40 평생을 살면서도 변하지 못하는 그 백성에 비하여 너희는 단 몇 초로써 사람들을 구하며 많은 대중을 구할 수 있기 때문이니라.
41 이제 너희는 사랑 어린 마음으로 겸손한 마음으로써 살아가는 그 훈련에 돌입하도록 하라 그리 전하라.

7,140 번째 하나님 말씀

2003년 8월 14일 23시 36분

1 사랑하는 나의 아들아!
2 **"네, 아버님! 말씀하옵소서."**

3 수천 년 동안 흘러오는 그 종교 집단
이요, 그리고 나를 찾지 않는 그 모든
백성이 정녕 이 세속에 살면서 무죄판
결을 받을 수 있는 사람이 단 한 명만
있다 하여도,
4 이와 같이 나의 아들을 고통의 길로
몰면서 160권이라는 대장정의 법전을
세상에 만드는 역사는 없었을 것이니
라.
5 구약 시대요, 신약 시대의 그 세월 속
에 살아오면서 모든 종교 집단에 속해
있는 지도자 그리고 구원을 받았다는
백성이 나로부터 무죄판결을 받을 수
있는 자가 한 명도 없다 함이니, 그리
하여 오늘의 이 역사가 이루어짐을 알
아야 할 것이니라.
6 너희는 유죄판결을 받는 백성으로서,
이 세상에서 가슴 가득히 욕심을 채우
고 그리 살다가, 구원의 길이라 하여
달려간 그 길이 구원의 길이 아니요,
지옥의 길임을 알게 될 것이니라.
7 그러니 지금의 믿음의 길을 가는 집단
이요, 종교 지도자 신도들의 마음 자
세와 그와 같은 믿음의 형국으로써는
절대 구원을 받을 수 없다는 것을 알
아야 할 것이며, 이를 만백성에게 전
해야 할 것이니라.
8 내가 너희에게 무죄판결을 받을 수
있는 백성이 한 명도 없다 했음이니,
9 너희가 정녕 믿음이요, 참진리를 공부
하고 왔다는 그 백성이 무죄판결을
받을 수 없다면, 그들은 비진리의 잘
못된 길을 살아온 자들이라는 것을 너
희는 알아야 할 것이니라.
10 그러니 너희가 진정한 믿음을 구하고
자 하면 나의 십계명을 지켜야 구원을
받는다는 나의 법전이요, 나의 강론의
뜻을 깊이 잘 새겨들어야 할 것이니
라.
11 십계명대로 지키지 아니하고 나의 법
전대로 지키지 아니하면 구원을 받을
수 없다는, 나 여호와가 나의 아들을
통하여 내리는 그 강론이요, 기록되어
있는 그 내용을,
12 이 세상 지구 끝까지 모든 동물에서
미물에게까지 전하고 들려주는 그와
같은 세상을 나 여호와가 원하고 있으
며 만들고자 함이니,
13 너희가 그 대명을 이루어야 한다는
것을 절대 잊어서는 아니 될 것이니라.
14 인간 너희에게 기대하는 나의 마음이
어떠하겠는가?
15 지금 선택된 나의 백성 너희에게 기대
하는 마음이 어떠며, 내가 너희를 바
라보는 그 마음에 얼마나 비중을 가
지고 있는지 정녕 너희는 모를 것이
니라.
16 무죄판결을 받을 수 없는 그 백성을
무죄판결을 받을 수 있는 백성으로 만
드는 그 대명을 받은 것이 너희들이니
17 너희 스스로 깨우쳐 만백성을 구하는
데 너희 자신이 최선을 다해야 함을
잊지 말아야 할 것이니라.
18 나의 법전을 읽는 소리요, 나의 아들
의 강론을 듣는 그것을 식물에서부터
동물까지 미물에게까지, 이 지구 끝까
지 전파되어 모두 들을 수 있도록 하
는 그와 같은 새로운 시대를 열어 가
는 것이 가장 중요함이니라.
19 나의 뜻을 전하여 그를 듣는 미물이

요, 동물이요, 모든 식물이 그 순간부
터 다시 태어나는 영광을 얻는다는 것
을 잊지 말라.
20 너희는 그를 들음으로써 모두를 다
바꿔야 할 것이며 오늘까지 살아왔던
그 삶을 다 정리해야 할 것이니라.
21 사랑하는 나의 피조물 만백성들은 누
구나 다 유죄판결을 받게 되어 있으
며, 무죄판결을 받을 수 없다 내가 그
리 말하였음이니,
22 너희가 과연 어떠한 백성이라는 것을
스스로 알지 않겠는가?
23 이제 내가 나의 아들을 통하여 다시
한 번 말하니, 이 세상에 수천 년 동안
흘러오면서 믿음의 길이라 하여 달려
온 백성 그 모두가 다 내 앞에 와 무죄
판결을 받을 수 있는 백성이 한 명도
없다고 하면,
24 그를 너희는 거부하며 믿지 아니하려
하며 사탄이요, 이단이 하는 이야기라
그리 말할 것이니라.
25 그렇다면 각자 스스로 가슴에 손을 얹
고 정녕 무죄판결을 받을 수 있는가
점수를 매겼을 때,
26 스스로 고개를 들 수 있는 자가 없으
며 구원받은 자라 말할 자격이 없다는
것을 알 것이니라.
27 모든 것은 나 여호와의 권한이기 때문
에, 너희가 심판하고 점수를 매기며
평가할 수 없다는 것을 알 날이 있을
것이니 그리 알라.
28 오로지 나의 법전을 정독하는 자만이
그걸 빨리 깨우쳐 사는 삶을 살 수 있
는 기회가 너희에게 더 많이 주어짐
을 잊지 말라.

7,141 번째 하나님 말씀

2003년 8월 15일 07시 20분

1 사랑하는 나의 아들아!
2 "네, 아버님! 말씀하옵소서."
3 너희 말에 있느니라.
4 '아무리 바빠도 바늘 허리에 실을 매
어 옷을 꿰맬 수 없다'는 말이 있지 않
더냐?
5 그러나 그 의미는 바늘 허리에 실을
매서는 꿰맬 수 없다는 것을 너희에게
가르쳐 주고 깨우쳐 주는 것이 아니니
라.
6 너희가 아무리 성급하고 조급하다 해
도, 여유를 가지고 침착하게 당황하지
말고 질서를 무너트리지 아니하고 순
서에 의해서 모든 것을 행함이 그것이
빠른 길이며, 정도로써 가는 것이 중
요하다 함이니라.
7 너희가 시간이 없다 하여 덜렁대고
시간이 없다 하여 그저 대충 무엇을
이룬다 하면, 그 모두는 거기서 허점
이 나오게 되어 있으며 실수를 연발하
게 되어 있는 것이 인간의 삶이니라.
8 그러니 아무리 시간이 없고 조급하다
해도, 순서를 넘어서 무엇인가를 이루
고자 하는 행위를 하지 말라 함이니라.
9 인간 세상에서 사는 삶도 질서를 어기
고 순서를 어기며 마음만 급하다 해서
무엇이 이루어지는 것이 아니니라.
10 아무리 시간이 없고 조급하며 마음이
급하다 해도 질서를 지키고 순서에 맞
춰서 서서히 다스려 일하는 것이 더
빠르다는 의미의 뜻이 거기 있음이니
라.

11 더욱이 인간 세상에 살아가는 삶도 아
니요, 하늘에 오르는 길이요, 만백성
을 구하는 대역사를 이루는 너희가
성급하게 급히 서둘러 간다 해서 그것
이 이루어지겠느냐?
12 서서히 다스려 감이 너희가 얻을 수
있는 것이며 역사할 수 있는 것이며
승자가 되는 길이니라.
13 지금 나의 법전이요, 나의 성령이 무
엇이더냐?
14 이 세상을 창조한 나 여호와니라.
15 미물이 살아가는 그 질서요, 그들이
살아갈 수 있는 생명체를 유지하는 모
든 방법을 나 여호와가 다 만들어 주
었으며, 바닷물에 사는 그 미물이요,
물고기들이요, 그 모두가 살아갈 수
있는 오묘한 기술을 내가 주었으며 능
력을 다 주었음이니라.
16 그것 하나만 보더라도 전지전능한 창
조주 나 여호와의 두려움을 너희가
과연 모른단 말이던가?
17 보이지 않는 그 식물들은 어떠하더냐?
18 바람에 흔들리면서 살아가는 그 식물
들의 대화를 모르며 그들이 살아가는
형태를 모름이니, 그들이 가진 특성이
요, 그들이 살아가는 모습을 과연 볼
수 있다면 너희는 경탄하지 아니할
수 없을 것이며,
19 지상에 사는 모든 동물이 살아가는
그 규칙이요, 질서요, 겨울의 추운 곳
에 사는 것, 더운 곳에 사는 것, 그들
이 살아가는 그 방법이요, 살아가는
길을 터득해 나가는 그 모든 질서는
다 누가 만들고 역사할 수 있단 말이
더냐?
20 그와 같은 것을 보며 인간 너희가 살
아가는 것, 능력의 계발이요, 연구하
고 나가는 그것은 과연 어디까지 갈
수 있다고 생각하느냐?
21 이 모든 것을 보고도 어찌하여 나 여
호와가 존재하며, 나를 진심으로 믿으
며 생명을 바쳐 나를 믿고 따르는 그
와 같은 마음 자세로써 믿음을 가지
못하더냐?
22 이제 너를 따르는 제자들이요, 나의
법전을 읽고 깨우친 백성 너희는 무엇
보다도 이 세상에 움직이는 자연의 상
태요, 이 지상에 돌아가는 모든 우주
의 움직임을 봐야 할 것이니라.
23 그 속에 세세히 움직이는 것을 보고
돌아가는 것을 보면 나 여호와의 위대
함이요, 나 여호와를 전지전능한 아버
지라 부르며 두려움과 무서움을 알게
될 것이니라.
24 그러니 그 두려움과 무서움을 알 때
너희의 그 믿는 마음이 진실할 것이
며, 위선적인 믿음이요, 헛된 믿음으
로써는 가지 아니할 것이니라.
25 그와 같은 마음을 갖도록 깨달아야 할
것이며 깨우쳐야 할 것이니라.
26 그리고 나의 법전을 만들며 만백성을
구하는 전사로서 선택된 너희는 절대
서둘러서도 안 되며 성급히 가서도 아
니 되느니라.
27 서서히 가라. 느림보처럼 생각하라.
28 다만, 너희의 마음을 그리 먹고 생각
을 그리하라는 것이니, 그와 같은 결
과가 되었을 때는 또한 불과 같이 그
저 홍수가 난 것처럼 밀고 나가고 추
진하는 능력이 너희에게는 필요함이

니라.
29 완벽하게 준비해서 끌고나가는 그와
같은 현명함을 얻으라.
30 너희가 바늘 허리에 매는 것은 급하게
동여매 쓰지 못하는 것은 성급하게 거
두려 하면서, 옷을 꿰매는 것은 게을
리함이니,
31 너희가 완벽하게 바늘귀에 실을 꿰는
것은 가장 침착하게 당황하지 아니하
며 흥분하지 아니하며, 너희 자신이
급하게 생각하지 말며 차분히 실을 잘
꿴 다음에,
32 빨리 역사하여 옷을 꿰매는 데 최선을
다하는 지혜롭고 현명한 마음으로써
살아가야 하니, 그와 같은 뜻의 의미
를 깊이 깨우쳐 행하도록 하라, 사랑
하는 나의 아들딸들아!

7,142 번째 하나님 말씀

2003년 8월 15일 20시 52분

1 사랑하는 나의 아들아!
2 "네, 아버님! 말씀하옵소서."
3 내가 너의 제자들에게 일깨워 말하기
를 너희는 운명이라는 것이 없는 나
의 아들딸들이라 그리 말하였음이니
라.
4 너희는 정해진 운명이 없다는 것은 얼
마나 위대한 것이던가?
5 자유분방하게 모두를 누리며 살아갈
자격이 있다는 것이 아니던가?
6 속박받지 아니하며 구속받지 아니하
고 살아가는 그와 같은 백성이라는 그
의미가 있으니, 너희는 얼마나 행복한
백성이던가?
7 내가 너희에게 일깨워 전했느니라.
8 너희는 육으로써 나에게 생명을 받아
세상에 나감이니, 누구나 두 번의 죽
음을 맞이한다 그리하였음이니라.
9 첫 번째 육으로써 죽음이요, 그리고
나에게 와 심판을 받아 구원을 받고
못 받는 두 번째 죽음이 가장 소중하
다 너희에게 그리 가르쳤음이니라.
10 그러나 모든 백성이 두 번의 죽음을
오게 되나, 너희는 한 번의 죽음밖에
는 남지 않는 자요, 한 번의 죽음을 이
미 넘은 백성이라는 것을 오늘 알아야
할 것이니라.
11 내가 너희에게 명하여 전함이니, 너희
가 육의 세상에서 살아가면서 제일인
자의 아름다운 모습으로써 나의 법전
을 가슴에 안고 정독하며 그 뜻대로
살아가고자 하는 백성 너희는 바로
무엇이더냐?
12 내 뜻을 따라 하늘에 오르는 그 길을
달리고 있음이니, 너희는 지금 지상에
서 생명을 가지고 사나, 그 육의 죽음
에서 이미 그것을 초월한 자라는 것을
알아야 할 것이니라.
13 그러니 두 번의 죽음을 거쳐 오는 그
와 같은 삶에서 너희는 한 번의 죽음
을 이미 벗어난 자들이라는 것이니,
한 번의 심판의 기회밖에 없지 않은가?
14 그러니 바로 무엇이더냐?
15 너희가 육에서 살다가 오는 그것으로
써 심판을 받아 육은 흙으로 돌아가며
너희 영혼은 나에게 와 심판을 받는다
하였음이니라.
16 너희는 바로 나에게 심판을 직접 받는
마지막 그 한 가지밖에 남아 있지 아

니하며,
17 또 그와 같은 마지막 심판에도 그를
대비한 삶을 살기에 육에서 한 번의
죽음을 면제받아 다시 태어난 백성이
라는 것을 너희에게 말하지 아니하였
던가?
18 내가 일찍이 법전에 기록하여 너희에
게 무엇을 깨우쳐 주었더냐?
19 산 밑에서 불을 지르니, 그 산이 훨훨
다 타갈 때 그 안에 있는 짐승들이 멀
리 도망간다 그리하였음이니라.
20 거기서 불을 뚫고 나오는 짐승은 사는
것이요, 그대로 남은 자는 다 죽는다
했음이니,
21 거기서 뚫고 나온 것이 지금 나의 법
전을 읽고 나의 아들을 통하여 내리는
강론을 듣는 너희니라.
22 너희는 한 번의 죽은 목숨을 나에게
바쳤음을 내가 너희에게 일찍이 깨우
쳐 주었음이니, 그게 바로 그 의미였
음을 알아야 할 것이니라.
23 불 속에서 뛰쳐나와 아래로 뛰는 짐승
이 그 생명을 구하는 것처럼,
24 너희는 어렵고 힘든 그곳에서 용단을
내려 나의 법전을 읽고 깨우치며 나의
강론을 듣고 너희 스스로 변화되어 나
에게 순종하는 백성으로 변화되는 그
것이 이미 나에게 한 번의 생명을 바
쳤다 했음이니,
25 바로 한 번의 생명을 바친 것은 한 번
의 죽음의 고비를 무난히 잘 넘겼음이
니라.
26 육의 상태에서 죄지은 자는 죽어서 나
에게 심판을 받지 못하며 심판대에 올
라서지도 못하고 그저 지옥 불로 간다
고 내가 그리하지 않았던가?
27 그러나 너희는 한 번의 심판을 무사히
거친 자들이며 한 번의 죽음의 심판대
를 넘는 자라는 것을 알아야 할 것이
니라.
28 너희는 오로지 마지막 심판대에 나에
게 와 내가 너희를 거둬들이는 그 길
을 오늘과 같은 마음으로써 살아왔을
때,
29 지금 이미 육의 세상에서 한번 거치는
그 시험을 넘었으니, 나에게 달려올
수 있는 마지막 기회만 남았다 함이니
라.
30 그 마지막에도 너희처럼 아름다운 모
습으로 살아가는 백성이 없으며, 일인
자가 되고자 하는 그 삶을 살아오는
것이 바로 너희가 거기를 그저 통과
할 수 있다는 것이라는 것을 어찌 모
르는가?
31 그것이 너희 운명이며 너희가 살아가
는 것이요, 나에게 선택된 것이니라.
32 그리하여 낙오자가 되지 말라 하며
등 돌리고 돌아서지 말라 함이니라.
33 여기서 힘들고 어렵다 하여 돌아섰을
때 너희는 지옥문 앞에 와 들어가지
않으려 발버둥치게 되며,
34 너희의 그 처참한 모습을 바라보는
너희 형제의 가슴이 얼마나 아플 것이
며 들어가는 너희 자신은 얼마나 더
고통스럽고 아프겠는가?
35 그리하여 내가 너희에게 한 번의 죽
음을 나에게 바친 자요, 한 번의 죽음
의 고비를 넘은 자요, 한 번의 심판을
받는 자들이니,
36 너희는 타는 불 속에서 그 불을 뚫고

밑으로 뛰쳐나와 그 생명을 구한 짐승
보다 더 무서우리만큼 나에게 한 번의
목숨을 바쳐야 한다 하였음이니, 한
번의 죽음의 심판을 넘어야 함이니라.
37 그러나 이 세상의 백성은 죽음의 심
판을 받아야 하니 두 번의 고비를 넘
겨야 하거늘, 그중에서 한 번의 고비
를 넘긴 것보다도 더 위대한 영광이
없으며, 너희보다 더 소중한 백성이
없으며 너희보다 높이 와 있는 백성
이 없음을 알아야 할 것이니라.
38 그것을 모르고 오늘에 살아간다면, 너
희는 정녕 더 이상 발전이 없으며 깨
달음이 없을 것이니라.
39 그리하여 내가 오늘 하늘의 뜻이요,
나만 내려 줄 수 있는 천기를 나의 아
들을 통하여 너희에게 내림이니,
40 나의 법전을 읽고 깨우친 백성이요,
그리고 변화된 삶을 사는 너희는 두
번 죽는 모든 백성 중에서 한 번의 죽
음을 고통 없이 넘긴 자들이요,
41 이제 마지막 하나 남았으니, 그 마지
막도 너희가 일인자가 되게 하는 그
길이니, 무사히 내 품에 올 수 있는 선
택된 것이 바로 너희니라.
42 오늘의 고통과 시련으로써 그보다 큰
보상을 받을 수 있으며 그보다 더 큰
영광을 받을 수 있거든,
43 나의 성전을 너희가 떠나도 괜찮으며,
나의 법전을 태워 버리고 찢어 버려도
괜찮으며 나의 아들에게 침을 뱉고 돌
아선다 해도 내가 너희에게 말하지
아니할 것이니, 그보다 더 큰 영광과
은혜가 없음이니라.
44 내가 너희에게 오늘 말함이니, 너희는
두 번 죽는 백성 중에서 한 번의 어렵
고 힘든 시험의 고비를 넘겼으며, 일
차의 고비를 넘긴 자들이니라.
45 인간 세상에서 평가를 받을 때, 일차
평가요, 이차 평가를 받으니, 너희는
일차 평가를 무난히 넘겼으니 이차 평
가만 남은 것이며,
46 그게 바로 나의 법전을 읽고 깨우친
백성이요, 나의 성전에 와 나의 아들
을 통하여 강론을 듣는 너희니라.
47 오늘 너희 자신이 거울에 네 모습을
비춰 보며, 과연 어찌 살아가야 할 것
인가, 어찌 행해야 할 것인가를 너희
스스로 곱게 단장하는 그와 같은 시간
을 갖도록 그리하라, 사랑하는 나의
아들딸들아!

7,143 번째 하나님 말씀

2003년 8월 16일 01시 25분

1 사랑하는 나의 어들아!
2 "네, 아버님! 말씀하옵소서."
3 내가 너희에게 말하기를, 너희는 '다
른 신에게 절하지 말며 그들을 섬기지
말라.' 하였음이니, 이는 육으로 보이
는 그와 같은 행위만 다른 신을 받드
는 것이요, 그에게 절하는 것이 아니
니라.
4 너희가 마음의 자세가 흔들려 있으며
마음을 바로 가지 못함이니, 그것이
바로 다른 신 앞에 고개를 숙이며 그
들에게 경배하는 삶이라는 것을 알아
야 할 것이니라.
5 내가 너희에게 뭐라 전했더냐?
6 육이 행하는 그 행동보다도 정신적으

로 죄를 짓는 것, 정신적으로 잘못된
생각을 하는 그것이 더 무서운 죄라
그리 말하였음이니라.
7 너희가 생각으로 이루어지는 것을 행
동으로써 실천하며 옮겼을 때 파생되
는 문제는 육으로써 실수하는 것보다
도 더 무서운 결과를 초래하는 것이
너희가 생각을 잘못해 나가는 그와 같
은 결론이라 하였음이니라.
8 선한 것을 생각하면 선한 것이 끝이
없으나, 너희가 악한 것으로써 생각하
며 파괴하고자 하는 생각을 계속할 때
는 결국 거기에서 얻어지는 것은 무서
운 결과를 얻게 됨이니라.
9 그걸 정녕 행동으로 옮겼을 때는 말할
수 없는 무서운 결과를 초래한다 내가
그리 말하였음이니라.
10 너희의 마음 자세요, 생각함이 얼마나
소중한 것인가를 알아야 할 것이니라.
11 그것을 내가 기억함이요, 너희가 나에
게 오르는 길이라는 것을 잊어서는
아니 될 것이니라.
12 너희가 어떠한 생각을 하며 어떠한 마
음을 가지고 살아가느냐 하는 것이 얼
마나 중요한지 알아야 할 것이며,
13 너희 스스로 그를 행하고 지켜 가는
그 삶이 과연 어떤 결과인지 죽어 왔
을 때 알 수 있는 것이니라.
14 너희가 마음으로 행동으로 잘못된 것
을 하나씩 하나씩 벗어 나가는 그와
같은 삶이요, 그를 지워 버리는 삶이
요, 그것만이 나에게 오르는 길이라는
것을 절대 잊어서는 아니 될 것이니라.
15 너희가 잘못 살아가는 것은 내가 뭐라
말하였더냐?
16 너희가 죽음의 길이요, 지옥으로 가기
위해 지금 지옥으로 향하는 삶을 삶이
니, 그것이 곧 죽은 삶이요,
17 죽은 자는 내가 관여하지 아니한다 그
리 말하였음이니, 죽은 자는 감히 나
를 아버지라 부를 수 없으며 창조주라
부를 수 없느니라.
18 죽은 삶을 사는 것이 아니요, 살아 있
는 삶을 살아가는 그것이 귀하고 소중
함을 알아야 할 것이니라.
19 너희가 육에서 죽은 삶을 살아서는 절
대 아니 됨이니, 그는 바로 내가 너희
에게 원하는 내 뜻을 거역하는 것, 그
리고 순종치 못하는 그 모두가 그와
같은 역사가 이루어진다는 것을 알아
야 할 것이니라.
20 이제 내가 너희에게 모든 것을 가르
쳐 주고 있으며 모든 것을 너희에게
전하는 그 뜻을 스스로 깨우치고 깨달
아 가야 함을 절대 잊지 말라 그리하
라.
21 나의 피조물 만백성은 너희 스스로 악
습을 하나하나 적으라 하였음이니라.
22 큰 것부터 하나씩 버렸을 때 작은 것
을 실천할 수 있는 그와 같은 마음이
된다 하였음이니라.
23 그러나 나의 아들이요, 나로부터 선택
된 백성 너희는 작은 것부터 하나하
나 버리며 단단하게 다져 가는 그와
같은 방법의 길로 가다 결국 큰 것도
다 버릴 수 있도록 나 여호와가 뽑아
줌이니, 이것이 일반 백성과 너희와의
차별화임을 알아야 할 것이니라.
24 육으로써 보는 백성은 육으로써 보이
고 만지며 얻어지는 것을 중요시하기

때문에 작은 죄가 무엇인가를 모르니
그걸 다스리지 못하며,
25 큰 것만 죄로 보임이니 큰 것부터 고
치는 삶을 살아가게 되며 변화를 그리
가느니라.
26 그러나 나의 법전을 읽고 깨우친 백성
이요, 나의 아들을 따르는 제자들 또
나의 법전을 읽고 깨우쳐 선택된 백성
너희는 작고 큰 죄가 무엇인지 알기
때문에, 스스로 작은 죄를 짓지 않고
자 노력하며 그걸 하나씩 하나씩 털어
버리며, 결국 정녕 버릴 수 없는 그 악
습의 마지막 단계는 나 여호와가 너희
가 옳은 삶의 그 길을 온 것을 느끼고
알고 있기 때문에 그걸 제거해 주며
또 너희에게 버릴 힘과 용기를 줄 수
도 있음을 알아야 할 것이니 그리 알
라.
27 이것이 차별화된 백성임을 알라.
28 너희가 큰 죄를 짓지 아니하기 위해
서는 작은 죄를 행하지 않는 것이 큰
죄를 짓지 않고 살아가는 길이라 내가
너희에게 깨우쳐 주었음이니라.
29 그리고 작은 죄부터 다스려 나가는
것이 큰 죄를 짓지 않는 것이라 하였
으나,
30 일반 백성은 작은 죄가 정녕 작은 죄
인지 그걸 모르기 때문에, 너희도 모
르는 사이에 큰 것부터 고쳐 나가는
변화의 역사를 이루기 위해 노력할
것이며,
31 나로부터 선택된 백성이요, 나의 아들
의 제자, 그리고 법전을 읽는 백성 너
희는 작고 작은 것도 다 죄라는 것을
알고 있으며 그걸 버리는 것을 알기
때문에, 너희는 작고 큰 것 할 것 없이
버려 가며 고쳐 나가게 되어 있음이니
라.
32 그러니 하루에도 수천 가지씩 지울 수
있으며 바로잡을 수 있는 것이 선택된
백성이니라.
33 그리하여 너희가 정녕 변해 왔을 때,
가장 큰 악습을 버리지 못하고 몸부림
칠 때, 나 여호와가 상으로써 그를 다
스려 줄 수 있는 것이 너희요, 그만큼
은혜와 축복과 영광 속에 있는 것이
너희라는 것을 잊지 말라.

7,144 번째 하나님 말씀

2003년 8월 16일 01시 34분

1 사랑하는 나의 아들아!
2 "네, 아버님! 말씀하옵소서."
3 너희가 살아가면서 어렵고 힘든 부닥
침이 있으며 그 고비가 있음이니라.
4 그리고 도저히 이기고 승자가 될 수
없으며 또한 그 고난에서 벗어날 수
없는 환경이요, 그와 같은 여건이요,
희망이 보이지 아니하며 일어설 수 없
어 자신과 모두를 포기하게 됐을 때,
스스로 그대로 무너지는 것이니라.
5 그러나 희망이 보이며 역사할 수 있으
며 그 고난에서 버티고 승자가 될 수
있는 작은 희망이요, 길이 있다면 너
희는 절대로 그걸 놓지 아니하며,
6 그 길을 위하여 열배 백배 용기를 내
며 견디고 인내하는 것이니라.
7 너희가 희망이 없을 때는 단 한 시간
을 버틸 수 없는 것을, 희망이 보이며
자신이 있을 때 또한 갈 수 있고 이기

는 길이 보일 때는 열 시간, 백 시간도 버틸 수 있는 것이 나의 백성이니라.
8 그건 곧 작게는 마음먹기에 달렸으며 생각하기에 달렸으며, 또 그와 같은 역사의 바탕 속에서 미래가 보일 때 인내하며 견디고 가는 그것이 바로 너희의 습성이니라.
9 그러니 나의 법전을 읽고 깨우친 백성은 바로 무엇인 줄 알겠는가?
10 나의 아들의 강론을 들으며 나의 법전을 접하고 살아가는 백성은 어렵고 힘든 그 고난에서 희망의 빛을 보는 백성이요, 그리하여 너희는 힘과 용기와 자신을 갖고 이제는 당당하게 자신을 모두 다스려 가며 그리 변하는 삶을 살 수 있을 것이니라.
11 이것이 희망이 보이는 삶이요, 미래가 보이는 삶이요, 고통과 역경의 시간이 지나면 역사할 수 있는 미래가 보이기 때문이니라.
12 그러나 모든 종교 집단이요, 그들은 지금 미래가 보이지 아니하며 앞이 보이지 아니하며 불투명하니라.
13 그저 허황되게 하늘을 향하여 구원을 받았다 말하며 구원을 받은 백성이라 그리 말하나,
14 '정녕 네가 구원을 받았는가?' 물어볼 때 자신 있게 대답할 수 있는 사람이 하나도 없음이니라.
15 그들은 공허하며 저 자신을 다스릴 수 없는 그와 같은 형국이니라.
16 네가 무엇으로써 나 여호와로부터 축복을 받으며 구원을 받을 수 있는가, 네가 과연 그와 같은 삶을 살았느냐고 물어볼 때, 그들은 절대로 그리 말할 수 없으며 자신 있게 대답할 자가 하나도 없음이니라.
17 다만, 나 여호와를 찾으며 나의 아들 예수를 찾음으로써 구원을 받는다는 그 가르침이요, 그것만으로 저희가 구원을 받았다 하나,
18 막상 삶에 의하여 선과 악을 가려서 볼 때 자신 있게 구원을 받을 수 있다, 구원을 받았다는 백성은 정녕 없을 것이니라.
19 그러면서도 저희가 한쪽에서 구원을 받았다는 것은 바로 무엇이더냐?
20 허풍이라는 것이 있지 않으냐?
21 상대방과 서로 힘을 겨루는 시합을 할 때도 시작하기 전에는 서로 이길 수 있다고 말하지 진다고 말하는 자는 하나도 없느니라.
22 그러나 막상 서로 힘을 겨룰 때 거기에는 승자와 패자가 있으며 이긴 자와 진 자가 있느니라.
23 크게 허풍을 치며 큰소리를 쳤어도, 상대방에게 넘어지면 제가 지는 자가 되는 것이니라.
24 그와 같은 것이 오늘의 종교 집단이요, 지도자요, 구원을 받았다는 백성 그들이니라.
25 앞으로 얼마 안 있어 너희에게 이루어지는 그 역사요, 너희가 겪어야 하는 고통이요, 지옥문 앞에 가서 몸부림치는 것이 얼마나 남았는가를 나는 알고 있으며, 몇 분 후에 몇 시간 후에 너희가 그리되는지를 나 여호와는 알고 있거늘,
26 그걸 모르는 자, 상대방을 모르면서 제가 이길 수 있다고 그저 허풍을 떠

는 백성처럼, 너희는 아무것도 모르면
서 그저 구원을 받았다, 천국에 오를
수 있다고 말하는 자들이니라.
27 상대방에게 바로 패자가 될 수 있는
그와 같은 것에서 힘을 겨루기 전에
소리를 지르며 허풍을 떨며 승자가 될
수 있다고 말하는 자보다도 너희가
더 불쌍하고 가련한 신세라는 것을 잊
어서는 아니 될 것이니라.
28 미래를 한 치 앞도 못 보는 너희가 이
길 수 있다고 말하다 부닥쳐 보니 결
국 상대방에 의해 넘어지며 상대방 앞
에 무릎을 꿇는 패자가 되는 그와 같
은 형국이니라.
29 하늘의 법도가 무엇이며 하늘의 뜻이
무엇이며 하늘에 오르는 길이 무엇이
며 나로부터 선택되는 것이 무엇인지
도 모르는 너희가 그저 구원을 받았
다, 역사했다 그리 말하는 것,
30 그는 정녕 무지에서 하는 소리며 아무
것도 모르며 상대방의 능력을 모르기
때문에 그와 같은 소리를 하느니라.
31 인간 세상에서 상대방을 잘 안다면 거
기에 대처할 수 있음이니라.
32 상대방을 잘 알고 있다면 조금 부족한
병력이요, 조금 부족한 여건을 가지고
도 상대방이 가진 장점을 알기에 거
기에 대응책을 세운다면 아는 자가 승
자가 될 수 있는 것이 인간 세상에 살
아가는 기술이 아니던가?
33 그러나 전혀 아무것도 모르는 상태에
서 이길 수 있다 함이니, 막상 서로 힘
을 겨루어 보면 상대도 되지 않는 자
가 적을 모르기에 제가 이길 수 있다
며 그저 저희 편에서 소리 지르고 허
풍을 떠는 자니,
34 그 허풍을 떠는 기간에도 그가 얼마나
마음속으로 불안하며 초조하겠는가?
35 자신을 모르는 자는 그리 불안할 것이
니라.
36 그러면서도 저희가 허풍을 떨어 보는
것이니라.
37 지금 모든 종교 집단이요, 믿음이요,
천국에 간다는 자, 구원을 받았다 말
하는 백성 너희는 아무것도 모르기에
허풍을 떠는 자와 똑같으니라.
38 그러니 너희가 얼마나 어리석고 불쌍
한 백성인 줄 알겠느냐?
39 이제 나의 법전에 기록하여 너희에게
전함이니, 이제 너희는 영영 구원을
받고 못 받는 그 천국에 오고 못 오는
그 앞에 함부로 허풍을 떨지 말며 쓸
데없는 과욕을 부리지 말라 그리 말하
라.
40 너희가 지금 육의 세상에서 백 년도
못 사는 그 삶에 숨을 거둘 때도 수천
수만 가지 얽히고설킨 그 생활 속에
희비애락이 교차하느니라.
41 그리고 고통스러운 자, 또 그것이 견
디기 어려우며 얼마나 천태만상의 차
이로써 사람이 살아가던가?
42 그러나 지옥이요, 천국이라는 것은 무
엇인 줄 아느냐?
43 영원히 존재하며 영원히 사는 것이니
라.
44 영원히 존재하고 영원히 사는 그 세상
에서 너희가 지옥으로 가는 것이 얼
마나 고통스럽고 어려운 길이며 불행
인지 과연 알겠는가?
45 그와 같이 영원히 지옥으로 가느냐,

천국으로 가느냐 하는 그 길에서 그
모두는 나 여호와가 행하고 역사하는
것을 감히 너희가 갈 수 있다, 간다 하
며 허풍을 떨지 말며, 저 자신을 파악
하도록 하라 전하라.
46 너희 자신을 파악하지 못하고 허풍으
로써 구원을 받았다고 소리 지르다,
47 어느 날 그것이 다 거품이요, 너희에
게 아무것도 존재하지 아니하며 그 죄
의 대가를 치를 것만 남는다는 것을
알 날이 머지않았느니라.
48 상대방을 모르면서 상대방을 이길 수
있다고 허풍을 떨다가 패자가 되는 것
보다 더한 패자가 되는 그 길을 승자
라 부르짖는 그 꿈에서 제발 깨어나라
그리 전하라.
49 너희보다 불쌍하고 가련한 백성이 이
세상에 없음이니 그리 알라.

7,145 번째 하나님 말씀

2003년 8월 16일 01시 43분

1 사랑하는 나의 아들아!
2 "네, 아버님! 말씀하옵소서."
3 깊은 물 속을 들여다보지 아니하며 들
어가 보지도 아니하고 그 물속에 있는
것이 어찌 이루어졌으며 어찌 생겼다
는 설명을 한다면, 그게 얼마나 우스
운 일이며 꼴불견의 현상이더냐?
4 이 세상 방방곡곡 가보지도 아니하고
그 방방곡곡에 이루어진 모든 것을 추
상적으로 너희에게 설명하는 자가 있
다면,
5 과연 그자의 말을 믿을 수 있으며 그
가 어떠한 자라고 그를 따르고 그 말
을 믿겠는가?
6 가 보지도 아니하고 보지도 않는 자가
본 것처럼 가 본 것처럼 그리 말한다
면, 인간 세상에서 살아가는 속에서도
그것이 얼마나 무모한 짓이며 얼마나
허풍을 떠는 것이며 얼마나 불쌍한 백
성이라 그리 말하겠느냐?
7 그와 같은 백성도 불쌍하고 어리석은
백성이라 하거늘,
8 죽어 내 앞에 와 심판을 받아 보지 아
니하고 하늘나라에 와 보지 아니하고
하늘이 어찌 역사하는지 알지도 못하
는 자가, 더욱이 죽어 와서 나에게 심
판을 받아야만 그 모두를 알 수 있으
며,
9 다녀가야만 알 수 있으며 육이 죽어
영혼이 왔을 때만 알 수 있는 하늘의
법도요, 육이 존재하는 한 알 수도 없
는 그 하늘의 오묘함이요, 하늘이 역
사하는 것을 다 안다고 설명하는 자
와 무엇이 다르더냐?
10 그러니 구원을 받았다는 자, 구원을
받게 되었다는 자, 그리고 반드시 구
원을 받았다는 자, 너희에게 당신은
구원을 받았느냐 물어볼 때, 구원을
받지 못했다는 종교 집단에 나가는 백
성은 한 명도 없을 것이니라.
11 무조건 다 구원을 받았다 하느니라.
12 10분 후에 몇 분 후에 그 모든 것이
뒤집히든 모든 것이 탄로가 나든 말
든 너희는 구원을 받았다고 말하니
너희처럼 어리석고 불쌍한 백성이 없
음이니라.
13 너희가 구원을 받고 못 받는 것은 죽
어 나에게 와 심판을 받을 때 모든 것

을 알 수 있는 하늘나라의 구원이요,
구원을 받고 못 받는 것을 와 보지도
아니하고 죽어 보지도 아니한 자가 어
찌 구원을 받았다고 말하느냐?
14 인간 세상에서 물속에 들어가 그 모두
를 보지 않고서 본 것처럼 설명하는
자요, 이 세상 방방곡곡을 가 보지도
아니하고 가 본 것처럼 설명하는 자가
그게 얼마나 불행한 자요, 불쌍한 자
인 줄 알겠느냐?
15 여행을 가서 모두를 보고 온 자 앞에
서 가 보지 아니한 자가 설명할 때 갔
다 온 사람이 그걸 보고 과연 어떻게
느끼며 그 사람을 어찌 보겠는가?
16 하물며 하늘의 뜻이요, 나 여호와가
존재하는 것이요, 육은 죽어 한 줌의
흙으로 돌아가며 영혼만 올 수 있는
그 세상이요, 영혼이 되어 와서만 볼
수 있는 그 세상을,
17 어찌 육을 가지고 있고 영혼이 같이
있는 지금의 세상에서 왔다 갔다고 말
하며, 와서 모든 심판을 받았다 말하
느냐?
18 너희가 얼마나 불쌍한 백성이더냐?
19 너희가 육을 가지고는 올 수 없는 그
세상을 육을 가지고 왔다 간 것처럼
체험한 사람처럼 그리 말함이니,
20 여기서 너희는 알아야 할 것이니라.
21 너희가 하늘나라에 오르며 나에게 와
서 심판을 받는 그 자체는 육이 존재
하는 형국에서는 절대 올 수 없으며,
와서 심판을 받을 수가 없으며 역사
할 수 없는 것이니라.
22 그러니 너희가 죽어 육은 가고 영혼
만 오는 그 세상이요, 영혼만 와서 심
판을 받는 그 세상을 어찌하여 육을
가진 너희가 거기를 왔다 간 것처럼
다녀간 것처럼 모든 종교 집단이요,
지도자들이 그리 가르치며,
23 또한 신도라 하는 백성이 그리 믿으
며 그와 같은 소리를 하고 있는가?
24 이것이 얼마나 우매한 자요, 얼마나
어리석은 것인가?
25 그와 같은 것을 믿고 살아가는 것이
곧 지옥으로 가는 자요, 지옥행 열차
를 타고 가는 자들이라 내가 말하는
그 의미를 알아야 할 것이니라.
26 감히 육으로는 와서 볼 수도 없으며
생각할 수도 없으며 상상할 수도 없으
며 그릴 수도 없는 것이 하늘나라요,
하늘의 법도라 하였거늘,
27 어찌하여 죽지도 않은 육을 가진 자가
육과 구분된 세상이요, 감히 육이 그
릴 수도 없고 생각할 수도 없는 세상
에 왔다 간 것처럼, 그리고 거기 와서
나에게 명을 받은 것처럼, 그리고 천
국의 문을 열어 주는 창조주 나 여호
와에게 승낙을 받은 것처럼 무모한 짓
을 하며 그와 같은 행위를 하는가?
28 그것이 바로 나를 능멸함이요, 나를
욕되게 하는 것이요, 참진리가 아니
요, 그저 구원이라는 제 욕심 때문에
옳고 그른 것을 모르며 세상의 이치를
모르고 살아가는 것이 너희니라.
29 그러니 이제 너의 제자들과 나의 법전
을 읽고 깨우친 백성은 그들에게 물으
라.
30 그들이 정녕 그와 같이 말하거든, 너
희가 천국에 와서 구원을 받고 안 받
는 것은 육이 아닌 영혼만 오는 것이

요,
31 육과 영혼을 가진 이 형태로써는 하
늘나라에 오를 수 없으며 하늘의 뜻을
알 수 없으며 그 세상의 문턱을 넘을
수가 없거늘,
32 문턱을 넘을 자격이 없는 자요, 가서
구경조차도 못한 자가 어찌하여 그와
같이 구원을 받았다고 말하는가?
33 그게 바로 지옥으로 가는 것이니, 너
희가 얼마나 어리석은 백성인가?
34 너희는 열 길이 넘는 물속을 들어가
보지도 아니하고 그 속에 있는 모든
생태계와 거기에 움직이고 돌아가는
것을 다 아는 것처럼 허풍을 떠는 자
들이라 그리 말하라.
35 그리고 가장 불쌍한 백성이라 나 여호
와가 그리하더라 전하라, 사랑하는 나
의 아들딸들아!

7,146 번째 하나님 말씀

2003년 8월 16일 01시 59분

1 사랑하는 나의 아들아!
2 "네, 아버님! 말씀하옵소서."
3 육의 세상과 하늘의 세상은 구분되었
다 내가 그리 말하였느니라.
4 그러나 너희의 삶은 계속 연장되어
간다고 그리 말하였음이니,
5 그리하여 너희는 두 번 죽으며 나에
게 와 정녕 나의 아들이라 명을 받았
을 때 나의 아들딸이요, 나의 자식이
라 그리 말하였음이니라.
6 그러니 인간 세상에서는 그것이 한계
이니라.
7 그리고 심판을 받는 그 순간이 모든
것이 최종적으로 끝나는 것이니라.
8 너희가 인간 세상에서 살아갈 때 어찌
하는가?
9 교육을 받는 그 과정을 들어 생각해
보라.
10 너희가 교육을 받는 소정의 과정을 거
쳤을 때, 그 소정의 과정을 마친 자격
증을 주며, 그 자격증을 가지고 다음
단계로써 또 소정의 과정을 공부하며
깨우치는 그와 같은 자격을 갖지 않는
가?
11 그리하여 단계 단계로 그리 나가, 마
지막에 인간으로서 내려 주는 그 자격
증을 소유하는 것이 아니던가?
12 그러나 너희가 소정의 과정을 밟지 아
니하며 소정의 자격증을 무시하며, 그
저 방탕한 생활을 하며 30이 다 되도
록 젊은 세월을 허송세월하여 살아온
백성과, 소정의 과정을 단계적으로 거
쳐 온 자가 있을 때,
13 마지막 30에서 모든 최종적인 인간
교육의 자격증을 준다 하면, 거기서
호명하는 속에서 너희 이름이 없을 때
과연 그때 누구를 원망할 것이며 누구
를 탓할 것인가?
14 그때는 이미 다시 돌아가 소정의 교육
을 받을 수가 없는 것이 아니던가?
15 그것이 바로 지금 너희가 살아가는
그 형국의 무서움을 알아야 할 것이
니라.
16 너희가 지금 나에게 오르는 그 길이
내가 너희에게 뭐라 말하였느냐?
17 너희는 두 가지의 길을 가지고 온다
하였음이니라.
18 그리하여 그 두 가지의 길로써 나에게

와 심판을 받음이니, 한 손에는 선하
게 살았던 모든 삶의 보따리요, 다른
하나는 악하게 죄를 지으며 살았던 보
따리니라.
19 그를 가지고 와 나에게 심판을 받음이
니,
20 선한 보따리를 가지고 와 선함이 무거
운 자는 소정의 교육을 착실히 받고
지키고 행한 자요,
21 죄가 많은 자는 소정의 교육을 받지
아니하고 마지막 날 호명하는 속에 너
희 명단이 없다고 울고불고 시비를
거는 자들이니라.
22 너희가 오늘에 그와 같음을 알아야
할 것이니라.
23 너희가 마지막 인간 세상에서 교육을
마치고 사회에 진출하기 위하여 자격
증을 받는 그 마당에 네 이름이 없다
하여 울고불고 요란을 떨며, 네 부모
를 원망하고 주변 사람을 원망하며,
24 소정의 교육은 필요 없으며 세월이 지
나면 다 얻고 취할 수 있으니 걱정하
지 말라 그리 말했던 너희를 잘못 인
도한 자를 원망하고 후회한들, 그를
돌로 치고 싶도록 분개한들 무엇이
이루어지겠는가?
25 인간 세상에서 30이라는 그 나이에
사회에 진출하는 그 자격증을 꼭 받아
야 할 그때, 허송세월한 사람은 그 자
격증이 없으며 네 이름을 영원히 호명
하지 아니하며,
26 그 소정의 교육을 열심히 받은 모든
사람은 그 자격증을 받아서 자기들의
갈 길로 웃으며 다 떠나감이니, 너희
만 황량한 벌판에 서 있는 꼴이 되니
그리 알라.
27 그보다 천배 만배 더 두렵고 무서운
것이 너희가 나에게 와 마지막 심판
을 받는 그 순간이니라.
28 너희가 나에게 오는 그 마지막 순간에
선이라는 것이 무엇인 줄 알겠느냐?
29 너희가 하나하나 행하며 소정의 교육
을 단계적으로 받아 하나의 자격증을
따 다음 자격을 공부할 수 있는 것을
받아 그리 또 공부하며 깨우쳐 가는
것과 마찬가지니라.
30 너희가 선을 행하며 하나하나 단계적
으로 이루는 것은 마지막 죽음에서 내
가 너희 이름을 불러 천국의 문을 들
어올 것이요,
31 너희가 악한 짓이요, 사악한 마음으로
살아가는 것은 방탕한 생활을 하는 자
요, 소정의 교육을 받지 아니하여도
무조건 그 소정의 자격증을 세월만 되
면 준다는 자들과 똑같으니라.
32 그리하여 젊은 혈기를 함부로 쓰고,
소정의 교육을 밟을 때 방탕하며 인간
의 향락을 위하여 살아왔음이니,
33 결국 너희는 마지막 나에게 와 영원
히 사는 그 명단에 네 이름이 없을 때
그때 과연 얼마나 무섭고 두려운 줄
알겠는가?
34 그 명단이 없는 자는 그대로 버려두는
것이면 관계없음이니라.
35 그러나 거기에서는 그것이 안 됨이니
라.
36 육의 세상에서 너희가 자격증이 없다
해도 밥 먹고 사는 것, 가정을 끌어가
는 것, 사회라는 조직의 한 일원으로
서 살아가는 그 삶이 불편하고 어렵고

힘든 것은 있으나 그것으로써 죽음으
로 가는 것은 아니니라.
37 그러나 나에게 와 심판을 받는 그 마
지막 자격증 수여식에서 그를 받지 못
하는 자는 거기에 그대로 존재해서 사
는 것이 아니요, 지옥이라는 그 세상
에 감이니라.
38 내가 너희에게 자격증을 따 하늘에
오르라 그리 명하였거늘,
39 그 소정의 교육을 받지 아니하며 자격
증을 취득하기 위해 노력하지 아니하
고 방탕한 생활이요, 인간의 향락과
즐거움을 위해서 살아온 너희는 그 모
든 대가를 치르는 지옥문으로 떨어지
게 됨이니라.
40 이것이 인간 세상에서 이루어지는 것
과 하늘의 마지막 자격증을 받는 것은
엄연히 구분되는 것이며, 그 무서운
차이가 있음을 알아야 할 것이니라.
41 이제 내가 나의 법전에 기록하여 너희
에게 전함이니라.
42 너희는 소정의 과정을 잘 이수하여,
너희가 죽어 나에게 심판을 받을 때
자격증에 너희 명단이 있으며 그 자
격증을 받는 백성이 되도록 그리하라.
43 그때 내가 부르는 명단에 없으며, 자
격증을 받는 그 자리에 네 이름이 없
고 너를 부르지 아니할 때,
44 너희는 바로 지옥으로 가는 그 무섭고
두려움을 알아야 할 것이니라.
45 그러니 오늘을 바로 살라.
46 그것이 무엇인 줄 알겠는가?
47 선을 행하며 사는 것이 바로 십계명을
지키고 사는 것이요,
48 지금 너희를 깨우치고자 내가 내린
법전 '하나님! 말씀하옵소서' 하늘에
오르는 이 책이요, 새로운 성경이니라.
49 이것을 지키고 사는 것이 소정의 교육
과정을 거치는 것이니, 이 법전이요,
십계명 속에 악한 짓 하지 말며 죄짓
지 말라고 다스리는 것이요, 사악하게
살라는 법이 없음이니라.
50 선함을 위한 단계의 교육을 차분히 받
아 가는 자는 너희가 죽어 왔을 때 바
로 너희를 부르는 명단이 거기 있으며
자격증이 거기 있음이니, 그걸 받는
그때의 그 영광이라는 것은 상상할 수
도 없을 것이니라.
51 이제 내가 너희에게 전함이니, 죽어
내 앞에 와 마지막으로 나 여호와로부
터 받는 자격증에 이름이 있으며 자격
증을 받는 백성이 되라.
52 그때 와서 자격증이 없을 때 너희가
지금의 종교 지도자를 원망하며, '나
는 그리 살고자 하지 아니하였으나,
지도자가 잘못했으니, 어찌하여 창조
주께서는 그와 같은 사악한 지도자를
세상에 내보냈는가?' 하고 아무리 통
곡하고 몸부림쳐도 그는 나에게 들리
지 아니하며 내가 그 형체도 볼 수 없
다는 것을 알라.
53 자격증을 받을 수 있는 사람이 되라.
54 자격증이 없는 자가 되지 말라.
55 마지막 나로부터 받는 그 위대한 자격
증에서 그 명단에 이름이 제거되는 그
와 같은 삶을 살지 말라고 나는 나의
법전을 통하여 너희에게 이미 깨우쳐
주고 전했음이니, 그리 알라.

7,147 번째 하나님 말씀

2003년 8월 16일 02시 09분

1 사랑하는 나의 아들아!
2 "네, 아버님! 말씀하옵소서."
3 이 세상의 모두는 다 나 여호와가 창
조하지 아니한 게 없으며, 이 세상에
내가 주관하지 아니한 것은 하나도 존
재할 수 없다고 말하였느니라.
4 그러니 미물에서부터 생명을 가지고
나간 모든 것은 다 나의 영혼이요, 나
의 혼이 그들에게 내려졌다 그리 말하
였음이니라.
5 다만, 내가 그들에게 제한해 놓았으며
한계를 다르게 만들어 놓았다 그리 말
한 뜻을 너희는 알아야 할 것이니라.
6 그것이 제동이 걸려 있지 아니하며 단
계가 없다 하면, 이 세상의 모든 질서
는 파괴될 것이며 너희는 서로 존재
할 수 없음이니라.
7 서로 대장이요, 서로 가장 위대한 사
람이라 하며, 미물에서부터 동물까지
그 모두가 지배자가 되고 제왕이 되고
자 하는 복잡한 세상이 이루어지기에,
8 내가 모든 생명체를 불어넣었다 해도
제동장치와 그 한계를 엄연히 구분하
여, 너희가 해야 할 일과 살아가야 할
그 한계를 구분 지어 놓았음이니라.
9 지혜와 생각하는 것을 높고 낮음으로
모두 다 구분한 그 뜻을 알아야 할 것
이니라.
10 이제 나의 아들을 따르는 제자요, 나
의 법전을 읽고 깨우친 백성 너희는
알아야 할 것이니라.
11 나의 성전에 와 강론을 들으며 나의
아들을 따르는 제자 너희는 각자 다
임무가 있음이니라.
12 너희의 최종적인 가장 큰 의무의 하나
요, 공통적인 의무는 무엇인 줄 알겠
는가?
13 160권의 법전이 세상에 나올 수 있도
록 역사하는 것이 너희의 공통의 대
명이요,
14 그리고는 각자 자기의 소수 책임이
있으며 분담해야 할 것이 다 구분되어
있음이니라.
15 그러니 나의 아들이 160권의 법전을
받아 세상에 전하는 데 너희가 그 버
팀목이 되어, 그 하나의 일익을 담당
하고자 세상에 지금 존재하는 자며,
내가 불러 쓰는 백성으로 와 있음이니
라.
16 그러니 너희가 살아가는 것, 행동하는
것에 대한 것을 스스로 평가하지 말
며 모든 점수를 매기지 말라.
17 그 모두는 나의 주관이요, 나의 뜻에
따라 행하여지는 것이니, 그 모두는
너희가 해야 할 직분이요, 넘어가야
할 그 직분이기에, 너희가 그 길을 가
야만 나의 법전 160권이 세상에 나오
는 그와 같은 역사가 이루어지느니라.
18 너희는 작고 큰 그와 같은 직분을 맡
고 지금 나의 아들과 더불어 가며 나
의 법전을 만들어 가는 백성이니,
19 너희가 행하는 모든 행동은 너희 스스
로 정하지 말며, 너희 스스로 평가하
지 말며, 생각하지 말라 내가 그리했
음이니라.
20 다만, 너희가 살아가는 것은 내가 무
엇이라 말하였더냐?

21 일반 백성이 사는 삶이 아니요, 그들
에게 모범적인 삶이요, 모범을 보이는
삶을 살기 위해서 가니,
22 때로는 모든 백성이 너희를 보고 깨
우치는 것이 선하고 아름다운 것으로
써 보일 수도 있으며, 때로는 실수하
는 것으로써 그들에게 교훈을 줄 수
있는 것이며, 그 방법은 나 여호와만
알며 내가 주관하느니라.
23 그러니 너희가 밥상에 앉아서 바르게
학과 같이 먹는 자가 있는 가하면, 더
러는 그것을 흘려 가면서 분위기를 흐
리며 먹으면 그와 같이 먹었을 때 다
른 사람들이 그리해서는 안 된다는 것
을 깨달을 수 있으며,
24 그 깨닫는 사람을 어떤 방법으로써 깨
우치고 다스려 나가느냐 하는 것은 나
의 주관이요, 너희 것이 아니니, 그를
가지고 평가하며 괴로워하지 말라.
25 내가 너희와 더불어 한 끼의 음식을
먹을 때 그 음식을 흘리며 남들이 봐
서 기분 언짢은 그와 같은 방법으로
먹을 때, 그것이 나에게 죄를 짓는 것
이라 고통스럽게 생각하지 말라.
26 그것으로 깨우칠 백성이 있으며 다스
릴 백성이 있음이니, 모든 것은 너희
가 주관하는 것이 아니요, 나 여호와
가 주관함이니, 그걸 가지고 고통스러
워하고 죄로 생각하지 말라.
27 다만, 오늘 음식을 흘리고 먹은 자는
다음에 학처럼 먹을 수 있는 때가 되
면 내가 또 너희에게 그리 명할 것이
며 그리하게 할 것이니라.
28 이것이 나로부터 선택된 백성이 가는
길이 다르며 행함이 다르니, 너희는
모든 인간 세상에 너희 뜻대로 살아가
는 것이 아니라 나의 주관하에 살아가
는 것이니라.
29 너희는 모든 백성에게 본보기로써 존
재하는 것이니라.
30 너희는 악함으로써 본보기요, 선함으
로써 본보기요, 그 모두가 다 본보기
로써 이루어진다는 것을 잊지 말라.
31 세상사 살아가면서 너희가 선하게 사
는 사람의 모습도 본보기요, 악한 짓
을 하면서 죄의 대가를 치르는 그것도
또한 본보기니,
32 그와 같은 짓을 해서는 아니 되겠다
하여 너희가 깨닫고 정신을 차린다면
그것 또한 희생자요, 거기에서 너희가
얻는 것이 있느니라.
33 다만, 여기서 일반 백성과 너희가 차
별화되는 것은, 너희는 만백성을 위하
여 그 본보기로써 보여 주는 삶을 살
아야만 되는 것이 너희가 가는 길이
요, 나 여호와가 주관함이니, 그것 때
문에 괴로워하지 말며 슬퍼하지 말라.
34 우선 160권의 법전이 세상에 나오는
데 너희는 다 버팀목이니라.
35 그것이 너희가 공통적으로 역사할 대
명이요, 그리고 소수의 책임은 그 자
리를 너희가 지키고 묵묵히 가면 그
것으로써 이루어지느니라.
36 모두는 나의 아들을 통하여 너희에게
내리며 모두는 나의 아들을 통하여 명
함이니,
37 너희가 하나가 되어 가는 그 길이 바
로 직분을 다하는 그와 같은 삶이요,
바른길이라는 것을 잊지 말며, 두려워
하지 말며 겁먹지 말며 좌절하지 말며

너희가 살아가는 백성으로서 거듭나
는 그 삶을 살라.
38 너희는 다 명을 받은 자요, 거듭난 자
이니라.
39 그리하여 너희는 두 번 죽는 것이 아
니라 한 번 죽음이라 그리 말하지 아
니하였더냐?
40 너희는 육의 세상에 살아가면서 한번
은 죽음이니, 너희는 이미 나의 뜻에
따라 하늘에 오르는 그 길을 가는 백
성이기에 1차의 죽음의 단계를 넘었
으며, 2차 두 번째 마지막 죽음의 관
문이 남아 있다는 뜻은 바로 나 여호
와가 여기서 명함이니, 너희가 행하는
모두는 내가 주관하는 것이기 때문이
니라.
41 육의 세상에서 살아가며 너희가 얽히
고설키는 그 모두는 이미 선택된 백성
너희 뜻대로 하는 것이 아니요, 나의
주관하에 내가 역사하는 것이라는 것
을 알며, 너희는 묵묵히 따라가며 행
하면 되는 것이니라.
42 다만, 너희가 변하는 삶이요, 아름다
운 삶으로써 살아가고자 노력하며, 너
희가 가다가 이와 같은 일, 저와 같은
일, 산을 넘고 강을 건너고 평지를 가
는 그와 같은 길을 가면서 만백성을
깨우치고 깨달음의 길로 인도하는 것
이 너희니,
43 내가 쓰고자 하여 너희를 쓰면 되느
니라.
44 휘파람을 불면서 양을 몰 자가 있으
며 회초리를 들면서 양을 몰 사람이
있으며 동물을 이용해서 몰 사람이
있으며,
45 그 모는 것은 다 같되, 나 여호와가 그
때그때 따라서 쓰고자 하며 역사하는
것이니,
46 너희 스스로 자책하지 말며 괴로워하
지 말며 중단하지 말라.
47 너희는 모두 나의 뜻에 따라 160권이
세상에 나오는 데 버팀목이며, 나의
아들과 더불어 같이 역사하는 그 모
든 버팀목으로서 너희는 하나하나 직
분을 맡은 자들이니, 묵묵히 수행하고
따르는 것으로써 직분을 다한다는 이
것을 알라.
48 내가 너희 마음을 다스려 줌이니 그
리 알라, 사랑하는 나의 아들딸들아!

7,148 번째 하나님 말씀

2003년 8월 16일 02시 19분

1 사랑하는 나의 아들아!
2 "네, 아버님! 말씀하옵소서."
3 이 세상에 존재하는 생명을 가진 모든
동식물이요, 미물을 합쳐서 그중에서
가장 지혜가 높고 모든 것을 생각할
수 있는 너희의 그 지혜요, 생각하는
것은 그 끝이 없음이니라.
4 너희가 평생 육이 죽어 갈 때까지 그
리고 영혼이 나에게 와서 심판을 받을
때까지 아름답고 좋은 쪽으로 생각과
마음을 쓰고 또 써도 그것은 닳지 아
니하며 끝이 없는 것이 아름다움을 향
해서 살아가는 삶임을 알아야 할 것이
니라.
5 이 지상에서는 너희보다 높은 지혜요,
너희보다 위대한 생각을 하고 사는
것은 아무것도 없음이니라.

6 그러니 여기서 너희보다 더 나은 것
이 하나도 없다고 말하였음이니, 너희
보다 부족한 모두가 너희보다 바른
삶이요, 곧은 삶을 살아간다면 과연
어찌 되는 백성이냐?
7 말없이 불어 가는 그 바람이요, 세상
사의 모든 동식물이 생명체를 이루어
가면서, 과연 너희에게 무슨 대가를
달라 했으며, 너희에게 그 대가를 지
불하라고 가던 바람이 멈추며 불어오
던 바람이 멈추던가?
8 그리고 씨앗을 날리고 꽃가루를 날리
던 바람이 과연 너희에게 무엇을 주
지 아니하면 여기서 중단하며, 그 생
명체요, 모든 동식물이 살아갈 수 있
는 역사를 하지 아니할 것이라 그리
소리 지르며 무엇을 달라 원하던가?
9 아침에 뜨는 태양이 수천 년 동안 흘
러오면서 생명체를 존재하도록 하면
서 과연 너희에게 무엇을 달라 하며
그 대가를 달라 하던가?
10 밤에 뜨는 달은 너희에게 달라 하더
냐, 대가를 달라 하더냐?
11 '내가 밤에 너희를 비춰 줌이니, 그리
하여 너희가 존재함이니, 그 대가를
달라.' 하며, 더러는 달이 그 모습을
보이지 아니하며, 너희에게 무엇인가
를 이루지 아니하면 제가 너희에게
비추어 주지 아니한다고 그리 말하던
가?
12 밤에 떠서 반짝이는 그 별들은 과연
너희에게 무슨 조건이 있던가, 그리고
너희에게 달라는 것이 있던가?
13 그러나 그들은 아무것도 원하는 것이
없으며 묵묵히 그 자리를 지키며 그와
같이 역사를 하고 있는 것이니, 그들
의 형태를 한번 보도록 하라.
14 과연 가장 높은 지혜요, 가장 높은 생
각을 할 수 있는 나의 백성이요, 육이
존재하는 이 세상에서 모든 것을 지배
하고 관리할 수 있는 제왕이 된 너희
는 어떠한 형태로 살아가는가?
15 너희는 과연 그와 같은 묵묵한 자세로
살아갈 수 없는가, 그와 같은 형국으
로써 살아갈 수 없는가?
16 베풀면서 나누어 주되, 조건을 걸지
아니하며, 거둬들이는 것이 없으며,
그저 무한정 내려 줄 수 있는 것,
17 너희들이 하늘에 오르는 진리요, 아름
다움이요, 선을 깨달아 나에게 오르는
것은 그 끝이 없으며, 그는 담아도 담
아도 담을 그릇이 없다 그리 말하였음
이니라.
18 그와 같은 능력이 있는 백성이요, 그
리 변할 수 있는 백성이 말없이 비치
는 태양만큼 과연 조건 없이 베풀 수
는 없는가?
19 바람이 조건 없이 불어 주는 것처럼
너희의 마음도 조건 없는 과연 삶을
살 수 없는가?
20 너희는 그와 같이 가야 함을 잊지 말
라.
21 이제 나의 법전을 읽고 깨우치는 백성
이요, 나의 아들을 따르는 제자 너희
는 소리 없이 불어 주는 그 바람의 역
사함을 볼 것이며,
22 아무런 조건 없이 비춰 줘 모든 동식
물을 존재하게 하는 그 태양의 묵묵함
이요, 달이요, 별빛을 보고 그와 같이
변화되는 자가 될 것이며,

23 그들보다 더 위대하고 그들보다 한
계단 높은 곳에서 보여 주며 사랑을
베풀며 살아야 하는 것이 너희라는
것을 절대 잊지 말라.
24 그것이 이 육의 세상에서 이루어지는
모든 것을 지배하며 동물의 제왕이라
말함이니, 그 제왕이 무엇이던가?
25 그 제왕보다 더 높은 자가 없지 않더
냐?
26 그러니 이 세상에 더 높은 자가 없는
너희가 어찌하여 그와 같은 마음 하
나 자리를 잡지 못하며, 그와 같은 깨
달음이 없이 살아갈 수 있단 말이더냐?
27 내가 오죽하면 너희에게 뭐라 말하였
더냐?
28 너희의 아름답고 곱던 눈빛이, 너희가
관리하는 짐승의 눈빛만큼도 못하게
사악해졌으며 썩어져 있으며 타락해
졌고 황폐해졌다 그리 말하며,
29 사막에 물이 없는 그와 같은 눈빛으로
변하여졌다 내가 말하지 아니하였더
냐?
30 오죽하면 내가 날짐승의 그 눈처럼,
먹이를 먹고 배가 불러 만족하는 그
짐승들의 순수한 그 눈빛만큼도 못하
다 함이니,
31 과연 너희의 지혜가 그들만도 못하더
냐, 생각하는 것이 그들만큼도 못하더
냐?
32 너희가 선을 생각하고 가면 모두가 다
이루어질 것이며, 선은 아무리 담고
담아도 그 무게가 없으며 그릇이 채워
지지 아니하는 것이 선이라 그리하였
느니라.
33 무한정 담고 담아도 그릇이 넘치고 또
넘쳐도 그릇을 아무리 갖다 대도 넘치
는 것이 너희가 선을 베풀며 사랑하
는 것이라 했느니라.
34 그와 같이 갈 수 있으며 역사할 수 있
는 것이 너희거늘, 어찌하여 제왕이라
는 자들이 너희가 통제하는 자만큼도
마음을 비우지 못하며 아름다운 모습
으로 살아가지 못한단 말이더냐?
35 이 세상에서 가장 대가를 요구하며 그
리고 수고비를 거둬들이는 것이 인간
세상에서 너희가 거래하는 삶이니라.
36 그러나 보통 백성은 그래도 준 만큼
거둬들이며 준 것만큼 받아들이고 노
력한 만큼 거둬들이려 하느니라.
37 그러나 지금 모든 백성을 하늘에 오
르게 하며 가장 나의 뜻을 역사하며
나의 뜻을 위하여 구원을 받았다 하는
그들은, 모두를 인도하는 종교 집단이
요, 지도자들은 주는 것이 없이 그저
받아들이는 자들이며, 얼마나 그들이
사악한 행위를 하는가?
38 모든 자연이 말없이 너희에게 베풀어
주는 것보다도 더 선을 베풀고 생각할
수 있는 것이 너희라 하였음이니라.
39 태양은 생각이 없으며 바람은 생각이
없느니라.
40 그저 내가 명한 대로 그것을 묵묵히
지키나, 거기서 변화시킬 수 있고 생
각할 수 있고 더욱 큰 것으로써 담을
수 있으며 더욱 큰 그림을 그릴 수 있
으며 더 큰 역사를 이룰 수 있는 것이
너희 마음이요, 생각이라 하였음이니
라.
41 너희가 생각함으로써 그 생각을 행동
으로 옮겼을 때 지구를 쪼갤 수 있으

며 지구를 다 덮을 수 있는 것이 생각
의 무서움이라 그리 말하였거늘,
42 그 생각을 아름다운 쪽으로 행하고 쓰
는 삶을 살면 될 것을, 어찌하여 그것
에는 그리 인색한가?
43 모든 인간 세상에서 살아가는 백성은
그래도 기본적인 양심이 있어서 노력
한 것만큼 거둬들이며 베푼 것만큼 그
대가를 거둬들이려 하느니라.
44 그러나 그들을 다 다스리며 하늘에 인
도한다는 종교 집단이요, 지도자들은
주는 것 없이 거둬들이기만 하며 주는
것 없이 그저 갈취만 하니,
45 수고한 것보다 몇십 배 몇백 배를 거
둬들이며 헤아릴 수 없이 수만 배 이
상을 거둬들이는 사악한 자들이니, 그
게 무엇이더냐?
46 말없이 부는 바람 앞에, 말없이 비추
는 태양 앞에 부끄럽고 추한 모습을
들여다보는 백성이 되어야 할 것이니,
절대 잊지 말라.

7,149 번째 하나님 말씀

2003년 8월 16일 02시 33분

1 사랑하는 나의 아들아!
2 **"네, 아버님! 말씀하옵소서."**
3 나의 아들 예수가 세상에 내려와 나의
뜻을 전했을 때, 너희가 그리 따르고
그리 왔더라면 지금 아름다운 이 지상
은 하늘의 천국이 역사함이 이루어졌
을 것이니라.
4 그러나 나의 뜻을 가져간 나의 아들
이 그 뜻을 전하지 못하도록 그 모두
를 막은 자들이 바로 누구던가?
5 지금의 모든 종교 집단이요, 지도자의
그 뿌리요, 조상이 그와 같은 역사를
이루었음이니라.
6 그리하여 너희는 그때부터 잘못 시작
하였으며 잘못 출발하였음이니라.
7 이 세상에 존재할 것이 존재하지 못하
며, 존재하지 말아야 할 것이 존재하
게 되었으며,
8 그 존재해서는 안 되는 그 집단이 이
세상을 다 덮어 감이니,
9 내가 하늘에서 내려다보는 지상의 형
국이 어떤 것인 줄 알겠느냐?
10 치료할 수 있는 약이 없는 전염병이
지금 계속 번져 나가고 있으며, 그것
을 잡을 수 있는 것이 없음이니라.
11 2천 년 동안 흘러오면서 번지는 그 병
균이요, 전염병을 잡지 못하고 그저
번지는 대로 놔둔 그 세월이 바로 오
늘날 이와 같은 형국이 되었음이니라.
12 그리하여 계속 퍼지는 전염병에 의하
여 나의 백성이 죽어 가는 그 모습을
내가 더 이상 볼 수가 없어, 내가 너희
에게 마지막 한 번의 기회를 주어 160
권의 법전을 세상에 내보내 그 전염병
을 다스리고 잡고자 하는 것이 나 여
호와의 뜻임을 너희는 알아야 할 것
이니라.
13 그러니 바로 그것이 무엇이더냐?
14 나의 법전을 읽지 않는 자는 심판을
받을 자격이 없으며 기준이 안 된다고
한 그 무서운 의미를 생각해 봐야 할
것이니라.
15 바로 그것이 무엇이더냐?
16 전염병에 걸려 죽어 가는 나의 백성을
치료하는 의사요, 치료하는 약은 바로

나의 160권의 법전이기 때문이니라.
17 그걸 보고 깨우치는 자는 거듭날 수
있으며 번져 가는 전염병을 막을 수
있음이니라.
18 그리하여 너희가 그 전염병 속에서
구원을 받으며 새 생명을 건질 수 있
으며 병마로부터 이길 수 있는 그 치
료법을 내가 세상에 내려보내거늘, 전
염병은 점점 더 심하게 전해져 가고
있으니,
19 그걸 막는 방법이요, 그 의사요, 약이
요, 모든 처방을 내가 법전에 다 내려
보내거늘, 어찌하여 그를 보지 아니하
고 그를 읽지 아니하는가?
20 그를 공부하지 아니하고는 너희가 죽
어 가는 그 전염병을 막을 수가 없느
니라.
21 그러니 지금 퍼져 가는 그 전염병보다
도 더 무섭게 퍼져 가는 잘못된 종교
집단이요, 지도자의 그 가르침이요,
22 그 속에서 구원을 받았다며 울고불고
축복이요, 영광이라는 그 신도들이 바
로 지금 썩어져 가는 그 병균이요, 걸
리기만 하면 죽는 전염병에 걸려 지금
세상에 번져 가고 또 번져 가는 형국
이니라.
23 그리하여 그 전염병에 걸려 죽어 가는
그 백성이 너무나도 가련하여,
24 내가 너희에게 치료할 수 있는 모든
의사요, 처방이요, 약이요, 그 모두를
다 법전에 기록하여 너희에게 내려보
내는 뜻이 여기 있음이니, 그게 처방
전이니라.
25 그러니 이를 읽고 구원을 받으라 함이
니, 너희는 이를 읽지 아니하면 절대
로 그 전염병에서 벗어날 수가 없음을
알라.
26 지금의 모든 종교 집단이요, 그 방대
한 세력들이 이제는 만연되어 그 병
균이 더 이상 잡을 수 없을 정도로 무
섭게 번져 나감이니,
27 그 속에서 그를 막아 나의 백성의 피
해를 줄이며 죽어 가는 자를 막는 것
은 바로 나의 법전밖에 없음이니, 내
가 지금 이 세상에 내려보내 역사함
을 알라.
28 지금 모든 병든 자요, 그리고 앞으로
또 병든 생명으로 태어나 죽어 갈 너
희의 모든 후손을 건전한 사람으로서
살아가며 병들지 않는 백성으로 살아
갈 수 있도록,
29 나 여호와의 품에 올 수 있는 백성으
로서 거듭나게 하기 위해서는 너희가
나의 법전을 읽고 깨우치며 이 세상을
덮지 아니하면 아니 됨이니라.
30 이미 감염되어 고칠 수 없는 자, 이미
죽은 자야 어찌하겠는가?
31 그러나 바로 너희 후손이요, 앞으로
태어나는 그 생명까지도 전염병에 걸
려 죽는 그와 같은 것을 막을 수 있는
것은 나의 법전이니, 이를 가지고 치
료하는 것은 바로 너희니라.
32 그러니 너희가 얼마만큼 소중하고 나
로부터 소중한 자식이요, 아들딸인지
잊지 말라.
33 지금 전염병에 감염되어 썩어져 가는
그 모두를 다스리고 치료할 수 있는
것은 너희밖에 없다는 것을 깊이 깨우
쳐, 너희는 모두 다 바로 서고 정의로
운 삶을 살도록 그리해야 할 것이니라.

34 아무리 너희가 처방전을 가지고 있다
해도 그 처방전대로 행하지 아니한다
면 아니 될 것이니라.
35 너희가 환자를 치료하고 난 다음에 어
찌 손발을 씻으며 너희 자신을 다스리
라 하는 것을 나의 법전에 기록하여
그 예비지식의 처방을 다 내렸거늘,
36 너희가 그리 행하지 아니하면 바로 어
찌 되는가?
37 너희도 인간이기에 감염되어 바로 쓰
러지며 죽어 가는 것이니,
38 내가 선택한 백성이요, 의사로서 치료
할 자가 작은 것을 따르지 아니하며
작은 것을 행하지 아니하여 그 병균에
감염되어 죽어 가는 자가 되면 정녕
안 됨이니라.
39 그 전염병을 막고 치료할 너희가 그
전염병에 의하여 죽어 가는 것, 작은
실수로써 작은 것을 지키지 아니해서
그리 넘어져서는 아니 됨이니 그리 알
라.
40 너희 스스로 깨우쳐 삶을 어찌해야
하며 어찌 역사할 것이며 작은 것까
지 어찌 다 지키고 살아갈 것인지, 처
방전을 완전히 읽고 깨우쳐 몸소 실천
해야 하는 것을 알아야 할 것이니라.
41 내가 내린 처방대로 살지 않는 자가
전염병이 득실거려 죽어 가는 곳에
치료한다고 덥석 대들었다가는 너희
자신이 그 병마에 시달려 먼저 희생된
다는 것을 잊지 말라.
42 그러니 너희는 내가 내린 그 처방전
대로 그리 행하는 것, 머리를 감으라
했으면 머리를 감는 것이요, 손발을
씻으라면 씻는 것만 그 전염병에 감
염되지 아니하고 의사로서 그 직분을
다함을 알아야 할 것이니라.
43 너희가 그와 같이 완벽하게 하지 아니
할 때 그 전염병균들은 새로운 것이
공급되었으며 새로운 것이 왔기에 너
희에게 먼저 그 병균을 전염시킬 것이
며 너희를 쓰러트리고자 할 것이니라.
44 그 속에서 너희가 견디고 이길 수 있
는 것은 바로 내가 명한 처방전대로
너희 자신부터 먼저 다스려야 함이니
라.
45 처방전대로 너희를 다스리지 아니하
고 전염병 환자 속에 뛰어들면 너희는
그 자리에서 바로 감염된다는 것을
잊지 말라.
46 이것이 내가 너희에게 깨우쳐 주고 가
르쳐 주는 의미임을 알아야 할 것이
니라.
47 그리하여 만백성에게 거울이 되며 만
백성에게 한 점의 부끄럼이 없는 삶을
살라 함이니,
48 그것이 바로 너희가 완벽한 의사로서
작은 것까지도 소홀히 하지 아니하며
너 자신부터 완벽하게 다스리면서 전
염병 환자를 고칠 수 있는 그와 같은
역사를 해야 하며,
49 그렇지 아니하면 너희가 되려 물려
죽는다는 것을 잊지 말라, 사랑하는
나의 아들딸들아!

7,150 번째 하나님 말씀

2003년 8월 16일 02시 44분

1 사랑하는 나의 아들아!
2 "네, 아버님! 말씀하옵소서."

3 내가 너에게 일찍이 깨우쳐 만백성에
게 전하라 그리 가르쳤느니라.
4 너희가 이 세상에 나가는 것은 바로
나로부터 생명의 시간을 받아 나가 살
다 돌아오며,
5 전생에 나로부터 심판을 받아 나가기
전까지 잘못 산 것을 한 번의 기회를
더 달라 애걸복걸하며, 또 너희가 그
한 번의 기회를 받을 자격이 있어 내
가 세상에 내보냈음이니,
6 너희는 나로부터 약속하고 도장을 찍
고 나갔으니, 선하게 살아야 하며 그
만큼 악에서 벗어나는 삶을 살아야 하
며, 육의 세상에 사는 것을 선하고 아
름다움을 더 많이 행하여 나에게 돌아
올 수 있도록 그리하라 하였거늘, 너
희는 과연 지금 어찌 살아가는가?
7 내가 나의 아들을 통해 근간에 너희에
게 이리 가르쳤느니라.
8 너희가 지금 세상에 살아가는 모든 것
은 나로부터 모두 빌려 간 것이며, 나
로부터 대여한 것이라 그리 말하였음
이니라.
9 너희는 나로부터 대여해 갔을 때 그
조건을 제시하였음이니라.
10 인간 세상에서도 없는 자가 가진 자에
게 차용해 갈 때, 그리고 대여해 갈 때
어떻게 하는가?
11 너희가 이걸로 어떠한 사업을 어찌
역사하여 그 은혜를 보답하기 위하여
빌려준 이에게 그만큼 반드시 돌려보
내겠다 하고 모두를 차용하고 대여해
갔다 하자.
12 그러나 대여해 갈 때는 약속을 했으며
어찌 써서 반드시 변제하며, 그리고
그 감사의 표시까지 하겠다는 그 약속
장을 써 놓고 가져가는 자가,
13 돌아서자마자 그것을 계획하고 약속
한 대로 실천해서 그대로 행하는 것이
아니요, 방탕한 길이요, 사악한 짓을
하며 그를 함부로 낭비하며, 남의 것
을 빌려 쓴 두려움을 모르고 함부로
낭비하고 썼을 때,
14 그것을 갚을 날짜에 그 주인이 그걸
갚으라 명하면 과연 너희는 어떠하겠
는가?
15 너희가 잘못 관리하고 잘못한 것을 주
인이 또다시 빌려주며, 처음에 빌려주
었을 때만큼 너희를 사랑하고 믿고
가겠는가?
16 그 주인은 그것을 용납할 수 없으며
용서할 수 없을 것이니라.
17 지금 나의 피조물 만백성들이 어찌 살
아가는가?
18 너희는 모두 다 나로부터 차용한 자며
나로부터 빌려갔음이니라.
19 너희가 나로부터 빌려 갈 때 엄연히
각서를 썼으며, 그 차용증서의 내용을
언제까지 어찌해서 그 대가를 갚으며
은혜까지 보답하겠다 하며 나에게 빌
려 간 자들이라는 것을 잊지 말라.
20 너희가 모두 다 나로부터 차용증을 써
놓으며 나에게 빌려가는 영수증을 써
놓으며 어찌하여 갚겠다고 약속하고
나간 너희가 그 길을 가지 아니하며,
약속장에 기록한 대로 살아가지 아니
하고 행하지 아니하며 육의 향락이요,
욕심이라는 것을 벗어나지 못하여 너
희 임의대로 산다면,
21 결국 내가 너희에게 그걸 회수할 때

그 앞에 와서 과연 뭐라 말할 수 있으며 어찌 바로 설 수 있는가?
22 이것이 바로 너희라는 것을 절대 잊어서는 아니 될 것이니라.
23 너희가 세상에 나갈 때는 내 앞에서 연판장에 도장을 찍고 서명했다 했음이니라.
24 '저는 지금서부터 나가서 아버님께 심판을 받을 때까지 한번 잘못 산 그 죄요, 인생의 그 삶을 세상에 나가서 열 배 백배로 더 아름다운 삶을 살겠다' 하여
25 나로부터 생명을 초로 다투어 가지고 나갔다 그리 말하였으니, 그것을 어찌 사용하고 어찌 살아가는 것인지가 중요하다 하였음이니라.
26 그러니 바로 너희의 모든 것은 다 네 것이 아니요, 나에게 차용한 것이니,
27 너희 육신에 달린 눈, 코, 귀, 입이요, 그 모든 것도 나로부터 차용해 간 자들이니라.
28 그리 차용하여 잘 관리하고 잘 쓰다 나에게 그를 갚음이니, 그것은 바로 무엇이더냐?
29 너희가 나의 품에 오는 것이며, 나의 천국에 오겠다는 그와 같은 약속을 한 것이니라.
30 내가 너희에게 모두를 다 차용해 주었으며 빌려 주었거늘, 어찌하여 갚을 날이 멀지 아니하였는데, 그걸 낭비하고 함부로 쓰고 그걸 갚으려 하지 아니하는가?
31 지금이라도 너희가 약속대로 지킬 수 있는 그와 같은 삶으로 변화되지 아니한다면,
32 너희는 차용한 것을 갚지 못한 것만큼 그리고 너희가 노력하여 부서진 것이 아니요, 그저 방탕함이요, 욕심이요, 인간의 향락 때문에 무너진 자는 절대로 용서하지 아니할 것이니라.
33 너희가 구원을 받겠다 몸부림치는 것도 무엇인 줄 알겠는가? 너희의 욕심이니라.
34 그리고 구원을 받았다고 하는 자는 무엇이더냐? 그 모두가 다 욕심이니라.
35 그리하여 너희가 노력하고 또 노력해서 차용해 준 나 여호와의 그 뜻에 보답하며 그를 바로 변제하고자 하는 그와 같은 삶이 아니라, 말로써 구원을 받은 자요, 말로써 다 역사하였음이니,
36 그와 같은 것은 반드시 다 갚을 수 있으며 그저 세월이 어찌 가든 방탕한 생활을 하든 말든 갚을 날은 갚게 될 것이라는 그와 같은 말을 하면서,
37 너희에게 그걸 나누어 쓰자 하는 자, 그걸 빼어 가는 자, 그리고 같이 쓰자는 자의 그 말에 현혹되어 지금 바로 지옥의 길을 가는 것이요, 잘못된 종교 집단이요, 지도자 앞에 가 그와 같이 사는 자들이니라.
38 나의 법전이요, 나의 아들을 따르는 그 제자들은 무엇이더냐?
39 너희는 나 여호와에게 반드시 갚을 날이 있으며 약속한 것이 있으니,
40 '그분은 창조주요, 그분에게 약속한 것은 반드시 지켜야 하며 그것은 반드시 우리가 돌려 드려야 하기 때문에, 오늘이 어렵고 힘들더라도 그를 위해서 우리는 실수하지 말며, 육의 세상에 욕심을 버리며, 그를 위해 차곡차

곡 쌓아 나가,
41 그분에게 더 많은 것을 바치고 전해
줄 수 있는 그와 같은 삶을 살자'고 강
조하며,
42 실수하지 말라, 타락하지 말라, 욕심
에 빠지지 말라, 인간 세상에 사는 그
향락에 빠지지 말라 하는 것이 나의
법전을 읽고 깨우친 백성이요, 나의
아들을 따르는 제자들은 그리 말함이
니라.
43 그 말은 쓴 약이 되어 그를 듣지 아니
하고 너희는 어찌 가는가?
44 너희는 나로부터 받아 나간 그 재물을
한 보따리 짊어진 것을 알고 그를 흥
청망청 쓰며, '우리가 즐겁게 살아도
나중에 그 대가는 다 얻게 되어 있으
며, 세월은 아직 많이 남았음이니, 그
때 충분히 다 보충할 수 있으니, 그저
쓰자.' 하여
45 여행 가고 그저 음탕한 짓 하며 함부
로 쓰는 것을 좋다 하여 향락을 위해
그와 같이 더불어 쓰고 또 나누어 쓰
는 것이 바로 무엇인 줄 아느냐?
46 구원을 받은 자요, 역사한 자요, 천국
의 문에 들어왔다 하는 자니, 그리하
여 내가 내려 준 빌려준 그 모두를 역
으로 쓰며 그 옆에서 너희를 유도하
며 같이 나눠 쓰자는 자의 말에 현혹
되어,
47 그저 같이 놀고 쓰면 세월이 지나면
그 사람이 채워 줄 것이라 하며, 그가
또 몇 배로 준다 하며 또 방법을 가르
쳐 준다는 그것에 현혹되어, 그 소중
한 나로부터 가져간 그 모두를 흥청망
청 네 마음대로 쓰는 자들이니라.
48 그러나 너희는 죽어 나에게 와 막상
갚을 날이 와도 갚을 길이 없으며 변
제할 길이 없음이니, 그 대가를 치르
는 것은 당연한 것이 아니더냐?
49 그걸 아껴 쓰라, 그는 지켜야 할 것이
라, 그리고 네가 약속한 사업대로 살
라,
50 그리고 그 사업에 성공해서 빌려준 분
에게 보답하는 길을 가라 말하는 것이
나의 법전에 기록되어 있으며,
51 그를 읽고 깨우친 백성이 살아가는
방법이요, 너희가 빌려온 것을 그대로
돌려 드리는 길이 여기 있다 그리 이
야기하니,
52 오늘 힘들고 어렵게 절제하는 그 삶을
살지 아니하며, 그저 옆에서 나눠 쓰
고 흥청망청 살며 세월이 지난 다음
에 갚을 수 있도록 책임을 지겠다, 그
리고 다 도와주겠다는 그 말에 너희가
그와 더불어 유흥비로 다 쓰고 나니,
53 그는 이미 죽어 갔으며 네가 죽어 나
에게 와 심판을 받아 그것을 변제할
때, 그는 옆에 있지도 아니하는 것이
오늘의 믿음이요, 종교 집단이요, 지
도자요, 신도인 너희가 지금 처해 있
는 환경이라는 것을 잊지 말라.
54 나는 하늘의 뜻을 나의 아들을 통하여
아래서부터 위까지 모두를 다 너희에
게 하나하나 전함이니, 이를 읽고 듣
고도 행하지 아니하는 자는 너희 복이
며 너희 한계임을 알라.

7,151 번째 하나님 말씀

2003년 8월 16일 02시 53분

1 사랑하는 나의 아들아!
2 "네, 아버님! 말씀하옵소서."
3 어리고 제대로 가지 못하며 실수를 연
발하며 살아가는 그와 같은 자식들을
부모는 뭐라 말하느냐?
4 '물가에 내놓은 어린아이와 같은 형
국'이라 함이니, 그 부모의 마음이 그
만큼 불안하며 초조하다는 의미의 가
르침이 아니던가?
5 지금 나 여호와가 너희를 바라보는
그 마음이 그보다 열배 백배 천배 더
함을 알아야 할 것이니라.
6 내가 너희를 세상에 내보냈으며, 너희
는 나에게 그 무서운 약속장을 써 놓
고 갔다 그리 말하였음이니라.
7 너희가 세상에 나갈 때 나에게 빌려
간 모든 보따리를 갖고 어찌 살고 어
찌 행하겠다는 약속장을 써 놓고 갔
음이니라.
8 그러나 그와 같은 약속장을 갖고 그
대가를 치르며 그 은혜에 보답하는 삶
을 살지 아니하고, 나의 뜻을 거역하
며 나와는 전혀 관계도 없는 그 길을
달려감이니,
9 너희가 그리 살다 나에게 와 심판을
받을 때 과연 어디로 가느냐?
10 그것을 바라보는 나 여호와의 마음이
어떠한 줄 알겠는가?
11 지금 나 여호와가 너희가 살아가는
그 모습 하나하나를 바라볼 때, 물가
에 내놓은 것이 아니요, 물속에 떨어
져 가는 아이를 보는 심정이 바로 나
여호와며, 너희는 지금 물속으로 떨어
지는 그와 같은 형국으로 가고 있음을
알아야 할 것이니라.
12 어찌하여 너희는 내가 모두를 다 주
었으며 모두를 빌려주었으며, 그리고
너희 스스로 나에게 그를 반드시 돌려
갚겠다는 약속장을 써 놓고 나가서 그
를 잊어버리고 산단 말이던가?
13 너희는 그 약속장을 읽을 줄 알아야
하며 그 약속장을 봐야 할 것이며 그
뜻을 알아야 할 것이니라.
14 그 약속장이 바로 무엇인 줄 알겠느냐?
15 나의 법전이니라.
16 나의 법전이 160권으로써 너희에게
내려보내는 그 속에 나의 피조물 만백
성 너희가 기록한 그 약속장이 거기
에 다 있음이니라.
17 그러니 내가 뭐라 말하였더냐?
18 160권의 법전 속에서 너희가 한 구절
을 읽고 깨우치는 것이 바로 너희가
써 놓은 그 약속장임을 알라.
19 너희가 나의 법전을 읽고 깨우칠 때,
한 페이지에서 깨달음을 얻어 바른길
을 간다는 것은, 너희가 나에게서 떠
나갈 때 나에게 써 놓은 그 약속장이
니라.
20 그 약속장을 들여다보고 그 약속장을
읽어 가면서 그 약속장이 얼마나 무섭
고 두려운 것인가를 알아 그를 지키겠
다고 거듭나는 그와 같은 삶을 사는
것이 나의 법전의 한 구절을 읽고 깨
우치는 자들이니라.
21 그러나 지금 나의 법전에, 너희가 이
세상에 나오기 전에 나 여호와에게 기
록한 그 약속장에 너희가 무슨 약속을

했으며 무슨 약속장을 써 놓았는가,
개개인이 그것을 모르고 있음이니라.
22 그러니 나 여호와가 너희를 얼마나
사랑하며, 나의 법전이 얼마나 위대한
것인 줄 알겠는가?
23 이는 곧 나의 성령이요, 내가 모두를
태워서 내려보내는 것이라 했음이니
라.
24 너희가 나에게 써 놓고 간 그 수많은
약속장을 지금 지상에 내려보내어, 그
약속장을 쓴 너희에게 그를 읽고 깨
우쳐 이와 같이 무서운 약속이 있다
는 것을 너희에게 가르쳐 주니,
25 내가 너희를 얼마나 사랑하는 것이며
나의 법전이 그래서 얼마나 소중한
것이라는 것을 너희는 알겠는가?
26 나의 법전 속에 모든 백성이 써 놓고
간 그 약속장의 내용이 다 거기에 있
음이니라.
27 너희가 읽고 깨우치는 그 대목이 바로
너희가 써 놓은 약속장이니, 너희는
그 약속장의 두려움을 알며, 그 약속
이 무엇인가를 알고 그때 변화되는
삶이요, 그를 갚으려고 노력하는 삶을
사는 것이니라.
28 이제 만백성 너희는 들어야 할 것이
니라.
29 내가 모두를 다 태워 너희에게 보내
는 것은 너희가 나에게 써 놓고 나간
그 모든 약속장을 나의 아들을 통하
여 너희 것을 각자 써 내려보냄이니,
30 각자 그 약속장을 읽어 보고 너희의
약속이 무엇인가를 깨우쳐, 그를 지키
고 나에게 구원을 받는 백성으로서
다시 태어나는 삶을 살도록 하라.
31 내가 나의 법전을 읽지 아니하는 자,
나의 법전을 읽지 못한 자는 나에게
와 심판을 받을 자격이 없으며 심판을
받지 못한다는 그 뜻을 알겠는가?
32 너희가 나에게 약속한 그 약속장의
내용을 모르고 엉뚱한 길을 가며 정반
대의 길을 가고 반대의 삶을 살다 와
보니,
33 너희의 그 약속장에 올라 있는 오늘
의 삶의 그 죄 때문에 정녕 벗어날 수
없으며 헤어날 수 없는 지옥으로 간다
는 것을 잊지 말라.
34 내가 너희를 사랑하기에, 너희가 나에
게 써 놓고 간 그 약속장을 하늘에서
지상으로 내려보냄이니라.
35 이것이 나의 법전임을 알라.
36 내가 너희에게 마지막 기회라 함이 무
엇이더냐?
37 너희가 나에게 약속을 해 놓고 그 연
판장에 도장을 찍어 하늘에서 받은 것
을 내가 지상으로 내려보냄이니, 이게
얼마나 위대한 것이요, 얼마나 소중한
것이며,
38 너희가 살아가는 이 세상에 나의 하늘
의 뜻이 내려지는 것이며, 너희의 약
속장을 내가 수없이 지금 내려보내고
있으니,
39 오늘 밤, 내가 나의 아들을 통하여 기
도하여 기록하는 이 법전의 한 구절도
어떠한 백성이요, 그 많은 백성이 써
놓고 간 그 약속장의 한 장임을 너희
는 알라, 사랑하는 나의 아들딸들아!

7,152 번째 하나님 말씀

2003년 8월 16일 08시 43분

1 사랑하는 나의 아들아!
2 "네, 아버님! 말씀하옵소서."
3 나로부터 선택받은 백성이요, 나로부터 부름을 받은 너희는 과연 너희가 하나가 되며 하나가 되어야 한다는 것, 그리고 하나로써 모두가 뭉쳐져야 한다는 그 의미를 모르고 있음이니라.
4 너희는 나에게 부름을 받은 각자의 개인이 볼 때 완벽한 백성이요, 개성이 있는 백성이요, 모든 것이 갖춰진 자라 그리 말할 것이니라.
5 학문을 할 만큼 했으며 세상의 이치를 깨닫고 깨달았으며, 이목구비요, 손발이 바로 섰으며, 남들 앞에 뒤지지 않는 모든 외형을 가진 자니, 너희는 하나의 물방울처럼 각자 개인이 부족함이 없는 자라 생각하고 살 것이니라.
6 그러나 나의 아들을 따르는 제자요, 나로부터 부름을 받은 너희는 진정 너희 자신이 너희 자신이 아님을 알아야 할 것이니라.
7 너희가 살아가면서 행동하는 모든 것은 너희 자신을 위해서 하는 것이 아니요,
8 남에게 모범을 보이며 남에게 진리가 무엇이며 진리의 길을 가는 백성이요, 참진리를 가며 나 여호와로부터 선택된 백성이 살아가는 모습을 보여 주기 위하여 행동하는 것이지,
9 너희 자신을 위해서 존재한다 생각하지 말며, 너희 자신을 위해서 살아간다 하지 말라 하지 아니하였더냐?
10 너희 자신의 개인이 아무리 완벽하게 모두를 다 갖춘 자요, 권력을 가진 자요, 재물을 가진 자요, 남에게 부끄럽지 않은 모든 것을 가진 그와 같은 백성이 나의 제자요, 나의 아들의 제자로 들어오며, 나로부터 선택되어 부름을 받았을 때,
11 그것은 네가 아님을 알아야 할 것이며 너희 자신이 아님이니라.
12 너희는 160권의 법전이 세상에 나오는 것이요, 그 160권이 세상에 완벽하게 나오는 것이 너희 자신임을 알아야 할 것이니라.
13 그와 같은 뜻은 무엇이던가?
14 160권을 만들어 세상에 내보내기 위해 너희를 하나로 뭉쳐 내가 쓰고자 함이니, 너희는 각자 부속에 불과함이니라.
15 너희 자신이 인간 육의 세상에서 보는 자신이 완벽한 사람이며 손색이 없는 자라 해도, 다른 백성이 그를 보고 완벽한 사람이요, 부족함이 없는 사람이라 그리 말을 해도 너희는 부족한 자들이니라.
16 너희는 나의 법전 160권을 만들어 내려고 하나의 설 자리가 있으며 맞춰 주어야 할 그 자리가 있음이니, 너희는 아주 부족하며 미완성인 자들이라는 것을 알고 살아가야 할 것이니라.
17 그러니 너희 자신이 바로 무엇이더냐?
18 160권이라는 법전을 만드는 데 필요한 하나의 형체요, 160권을 만들어 내는 그 형체의 모습이 완벽해졌을 때 너희는 완벽한 자라는 것을 알라.
19 너희가 다리 역할을 하는 자, 눈의 역

할을 하는 자, 귀의 역할을 하는 자,
그 모두를 하나씩 맡아 그 기능을 제
대로 했을 때, 정녕 그때 이루어진 사
람의 모습이요, 그 형태가 완벽한 자
이니라.
20 너희는 일반 세상의 백성과 다른 점
이 여기 있음을 알라.
21 너희는 완벽한 것이 아니요, 그저 남
들이 보기에 흉한 모습이요, 남들이
볼 때 인간의 형체를 찾을 수 없는 부
분적인 역할을 하고 있으며, 부분적인
것을 맡아서 가는 것이 너희임을 알
아야 할 것이니라.
22 그것이 너희의 오늘의 삶이요, 너희가
오늘날 존재하는 의미요, 역사하는 것
임을 잊어서는 아니 될 것이니라.
23 그러니 너희가 완벽한 사람이요, 완벽
한 백성이라는 그 생각을 버려야 할
것이며, 너희는 160권의 법전을 만들
기 위한 새로운 한 사람을 세상에 만
듦이니,
24 새로운 세상의 사람의 형태를 만드는
데 거기에 부분적으로 쓰이고자 하여
맡은 직분이 있음이니,
25 160권을 세상에 만들어 내는 그 순간
에 너희는 완벽한 사람이 되는 것이
요, 지금은 완벽한 사람의 모습이 아
님을 알라.
26 너희는 일부분의 그림이 됨이니라.
27 하나의 큰 사람의 형체를 그려 놓고
그 부분을 수없이 잘라 냈을 때, 그것
이 하나하나 모여서 이루어지는 그것
처럼 너희를 그리 갈라 놓은 그 형태
이니라.
28 그러니 바로 그와 같은 너희 자신이
라는 것을 알아야 할 것이니, 완벽한
사람이요, 완벽한 백성이라 생각해서
는 아니 됨이니라.
29 너희는 아주 일부분을 만드는 것이요,
160권을 만들어 내는 그때 그려지는
사람이 바로 내가 너희에게 만드는 그
사람이니, 그때 너희는 완성품이 되는
것이니라.
30 그러니 완성품이 되지 아니한 너희가
시기하며 질투하며 시시비비를 가릴
수 있겠는가?
31 너희와 더불어 같이 나의 법전을 만드
는 형제가 일부분이며, 그가 서로 뭉
쳐져야만 160권이 만들었을 때 서로
완벽한 사람의 그림이 그려짐이니, 너
희가 완벽한 사람으로서 이루어지는
것이니라.
32 거기서 한 부분을 맡은 자가 그 자리
를 채우지 못할 때, 그는 완벽한 사람
이 될 수 없으며,
33 그가 한쪽을 채우지 못함으로 너희는
기운 모습이요, 제대로 활동하지 못하
는 모습이요, 병든 모습이니,
34 160권을 만들어서 내가 그리고자 하
는 그 사람을 그리지 못하게 하는 것
이 너희니라.
35 그러니 너희는 한 사람의 형체를 그
려 놓고 그중에서 일부분이요, 약간의
부분을 맡은 자들이니,
36 너희는 여기서 시시비비를 하지 말며
남을 평하지 말며, 네가 똑똑하며 네
가 완벽한 사람이라 행동을 하지 말라.
37 아직 부족한 자들이 가고 있음이니,
그 부족한 자를 하나하나 끌어 거기에
맞도록 조정하며 다스리고 가는 것이

지금 나의 아들이니,
38 완벽한 사람을 그리고 만들고 맞추는 것은 나의 아들임을 너희는 알아야 할 것이니라.
39 그러니 나의 아들이 불러다 쓰며 나의 아들이 너희가 들어갈 자리며 설 자리며 너희가 부분이 되는 것을 잘 알고 있음이니, 그를 위하여 지금 너희가 가고 있으며 쓰임을 알라.
40 그러한 너희가 지금 얼마나 겸손하며 조심스럽게 살아가야 하는가?
41 너희가 일반 백성처럼 사악한 마음이요, 용서받지 못할 마음을 가지고 살 때, 나의 아들이 그 부분에 들어갈 자를 맞출 수가 없음이니라.
42 이미 그는 썩어져 있고 제 형태를 갖추지 못하기 때문이니, 160권을 만들었을 때, 나의 아들이 하나의 사람의 형체를 만들려고 그 부분을 위하여 너희가 지금 가고 있으며 그 삶을 위해 살아가는 너희라고 생각하면 무엇을 생각해야 하겠는가?
43 나의 아들을 통하여 내리는 강론이요, 그 법전대로 너희가 잘 관리하고 지켜 와야 할 것이니,
44 너희가 세상 것에 젖어들며 세상 것에 물들어 가서는 절대 아니 됨이니, 너희는 일부분이라는 것을 잊지 말라.
45 그 부품이 잘못되었을 때 그 자리로 가지 못하는 것은 당연한 것이 아니더냐?
46 너희는 지금 부품으로서 와서 그 부품이 하나가 되었을 때 160권을 만든 그게 완벽한 사람이 되니, 그때 너희는 부귀와 영화요, 그 형체가 내 앞에 올 수 있음이니라.
47 내가 내려보낸 모든 형체 그대로 나의 아들딸을 그 형태로 만들지 아니하고 절름발이요, 바보요, 부족한 사람이요, 그리고 한쪽이 없는 사람이요, 그와 같은 형태로 나에게 오르고자 한다면 아니 됨이니라.
48 다른 백성은 육신에 어떤 변화가 있든 부족하든 그것은 상관이 없음이니라.
49 그러나 너희는 다시 만드는 그림이요, 다시 만드는 사람 속에서 내가 완벽하게 만들고자 하는 그 사람의 형태만이 나에게 올 수 있음이니,
50 거기서 너희가 제자리를 지키지 못했을 때 그 모두는 올 수 없으며, 너희가 하나가 되고 안 되는 것은 오늘의 나의 법전을 읽고 각자가 깨우쳐 네가 설 자리가 어디인가 하는 것을 알며,
51 네가 언젠가 반드시 불러 쓰임이 있으니 네 자리를 위하여 준비하는 삶을 살아가는 백성으로서 낮은 자요, 가장 준비된 자가 되어야 하며, 가장 완벽하지 못한 것이 너희라는 것을 알라, 사랑하는 나의 아들딸들아!

7,153 번째 하나님 말씀

2003년 8월 16일 08시 58분

1 사랑하는 나의 아들아!
2 "네, 아버님! 말씀하옵소서."
3 나의 아들 너를 따르는 제자들이요, 그리고 나의 법전을 읽고 깨우친 만백성 너희는 서로 알아야 할 것이니라.
4 나의 아들을 따르는 모든 제자 너희

는 서로 부족함이니, 그 부족함 속에
서 하나의 역사를 이루어 간다는 것을
너희는 알아야 할 것이니라.
5 다 부족하니, 서로 부족한 점을 보완
하면서 나의 법전을 만들어 세상에 전
하는 데 모두를 다 경주해야 하는 것
이 너희임을 알아야 할 것이니라.
6 너희가 하나가 되어 서로 부족한 것을
보완하는 그와 같은 역사를 이루었을
때, 그 효과의 결과는 너희가 거둬들
이지 못하는 그 모든 역사를 다 이룰
것이며,
7 감히 누구도 생각하지 못하는 대변화
의 역사를 이룰 것이며, 나의 뜻이 이
세상에 이루어진다는 것을 알아야 할
것이니라.
8 너희는 효과적으로 하나가 되어 서로
의 부족함을 보완하여서 한 공동체로
이루어지며 하나의 결과로써 이루어
지는 그 과정을 가는 것이 너희며, 반
드시 그와 같이 보완하여 하나가 되
어야 함을 절대 잊지 말라.
9 예수의 제자들 또한 어찌 되었는가?
10 그들 또한 그리되어 선택을 받았음을
알라.
11 그들은 다 부족한 자요, 가진 것이 없
으며 능력이 없는 그와 같은 사람들
속에서 그들을 불러 썼음이니, 그게
바로 무엇이더냐?
12 서로 부족함을 보완하여 그들이 대역
사를 이룰 수 있도록 나 여호와가 그
들을 선택하며, 그리하여 나의 아들
예수의 제자로 그들을 따르게 하였음
이니라.
13 그러한 제자들이 나의 명에 의하여 이
루지 못함이 없으며 내 역사를 이루
지 못할 것이 없거늘, 어찌하여 그들
이 그같이 나약한 마음으로써 나의 아
들 예수가 고통스럽고 어려울 때 등을
돌릴 수 있었던가?
14 그것은 바로 저희가 부족함을 보완하
여 하나로써 이루어지지 아니하였기
때문이니라.
15 하나로 보완하는 것으로써 서로 부족
함을 채워서 하나가 되었다면, 절대
나의 아들 예수가 어렵고 힘들 때, 그
들은 등을 돌리지 아니하였을 것이니
라.
16 그와 같은 역사를 이루지 못하였기 때
문임을 알아야 할 것이며, 오늘의 나
의 아들을 따르는 제자요, 선택된 백
성 너희는 그를 교훈 삼아 오늘의 마
음을 다스려 나가야 할 것이니라.
17 그들은 하나가 되지 못한 백성이기에
나의 명에 의하여 그 모든 것을 다 역
사할 수 있는 나의 아들이 그 뜻을 이
루지 못하게 하였으며 그를 버렸음이
니라.
18 나의 아들 예수를 통하여 내가 너희에
게 모든 기적의 역사요, 이루지 못할
것이 없으며 내가 역사하지 못할 것이
없음이니,
19 나의 아들은 나의 명에 의하여 이 세
상에 아무것도 이루지 못할 것이 없는
그와 같은 나의 아들을 세상에 내려보
냈거늘,
20 너희가 하나가 되지 못하여 그와 같은
나의 아들을 버렸으며 등을 돌렸으며,
그를 팔았으며 그와 같은 역사가 이루
어졌음을 알라.

21 이제 나의 아들을 따르는 선택된 백성
너희는 나의 손길이 너희와 항상 같
이하며 내가 항상 바라보고 있다는 그
무서움을 잊어서는 아니 될 것이며,
22 내가 너희 마음을 다시 다스리고 있
으며 같이 가고 있다는 것을 절대 잊
지 말라.
23 너희가 그와 같은 굳은 결의를 가지고
갈 때, 너희가 어디에 쓰일 것이며 무
엇이 부족하여 상대방의 무엇이 부족
하기에 어떤 것을 보충하고 보완해
주기 위해 나로부터 선택된 백성이라
는 것을 스스로 알 것이니라.
24 그리하여 부족한 자에게 너희가 가진
것을 서로 보완해 주는 그와 같은 마
음으로 살아갈 때, 너희는 하나가 될
수 있음을 알라.
25 그렇지 아니하면 하나의 형체로써 이
루어질 수 없는 것이 너희임을 알아
야 할 것이니라.
26 다만, 나의 모든 손길이 직접 내가 너
희와 같이하고 있다는 것을 잊지 말
라.
27 그것이 나로부터 선택된 백성이요, 마
지막 시대에 역사하는 너희니 그리
알라.
28 예수의 제자들처럼 어렵고 힘들 때 등
을 돌려서는 아니 되는 것이 너희임을
알라.
29 서로의 부족함을 보완하며 하나의 공
동체를 이루어 하나가 되었을 때, 그
강한 힘을 만백성에게 보여 주는 그와
같은 역사를 이루어야 할 것임을 알
아야 할 것이니라.
30 지금 모두 다 하나가 될 수 있는 그 길
을 가지 못함이니, 오로지 너희는 하
나의 물방울이 모여 내를 이루며, 그
물방울이 또 모여서 강을 이루고 바다
를 이루는 것처럼,
31 나의 아들을 따르는 선택된 제자들이
하나가 되어 그 강한 힘을 만백성에게
보여 주는 그 역사를 이루는 것은 너
희가 하나가 되느냐, 하나가 되지 못
하느냐에 달렸음이니라.
32 너희가 서로 부족한 것을 채워 주고
보완해 주는 것으로써 그것이 완벽한
하나의 공동체 인간이 태어남이니,
33 그 인간으로서 보여 주는 그 강한 힘
은 그 누구도 감히 그 앞에 대적할 수
없으며 그를 막을 수가 없을 것이니라.
34 지금 모든 백성이요, 믿음의 길을 가
는 그 백성이 하나의 공동체요, 하나
의 인간으로서 형성된 것이 아니요,
35 그저 백사장의 모래알처럼 그저 물방
울이 사막에 흐트러져 있는 것처럼,
그리고 물방울이 산과 들에 떨어져서
그 자리에 있는 것, 풀에 있는 것, 나
뭇잎에 있는 것, 나무줄기에 붙은 것,
바위에 있는 그와 같은 물방울의 형국
이 되어 있음이니,
36 그것이 하나로 뭉쳐서 내를 이루며 강
을 이루며 바다를 이루었을 때 그 힘
을 누가 당하겠느냐?
37 그게 바로 너희가 역사하는 것이니,
그와 같이 하나가 되어 강한 힘으로써
나의 법전을 세상에 전하며 만백성들
이 너희에게 감히 대적하지 못하며
너희가 가는 그 참진리의 길을 그들
이 볼 수 있도록 하나가 되는 길을 절
대 잊지 말라.

38 부족함을 보완하여 하나가 되는 것만
이 너희가 쓰러지지 아니함이니라.
39 나의 아들 예수를 따랐던 그 선택된
자들, 그리고 그 많은 역사를 본 자들
이 이루지 못하는 것이 없이 그 모두
를 받아서 내려간 나의 아들을 버리
고 죽게 하였음이니,
40 오늘의 너의 제자들이 그와 같은 역사
를 반복해서는 아니 됨이니 그리 알라.
41 하나가 되는 길만이 너희가 그와 같
은 역사를 되풀이하지 않는다는 가장
중요한 것을 알라.
42 모든 너의 제자들은 부족한 것을 보완
하기 위해 상대방의 부족하고 어려운
점을 들여다봐 보충하고 도와주는 그
와 같은 아름다운 마음으로 살아갈
때, 너희 스스로 하나가 될 수 있음을
알라.
43 부족함을 많이 가진 자는 마음을 열
지 못하며, 부족한 덩어리가 큰 자는
너희 앞에 나타나지 못하며, 그 부족
한 마음에 그가 설 자리가 없음이니,
너희는 여기서 알아야 할 것이니라.
44 부족함이 많은 그 덩어리가 더 중요히
쓰인다는 것을 알아야 할 것이니, 그
를 보살피고 도와주는 것이 너희 도
리이니라.
45 지금 부족함이 없는 백성이 나에게
더 중요히 쓰이며 깊이 쓰이는 것처럼
생각하지 말라.
46 많은 부족함을 가진 나의 아들을 따
르는 제자가 부족함이 많은 것만큼 그
덩어리가 큼이니, 그 덩어리가 차지하
는 비중이 얼마나 큰 것인가를 알라.
47 그러니 그들을 보완해 주어서 그 중
요한 자리를 지켰을 때, 부족함이 없
는 작은 자리를 지키는 너희가 기능
을 발휘할 수 있으며 역사할 수 있음
을 알라.
48 이제 나의 아들을 따르는 그 제자들이
부족한 점이 많은 자가 더 중요한 자
리에 더 큰 덩어리로서 나에게 역사하
며,
49 내가 완벽한 사람을 만드는 그 결과로
쓸 때 더 큰 중요한 자리를 차지한다
는 것을 알라.
50 그 심장부에 쓰일 중요한 덩어리를 가
진 그를 너희가 제자리에 맞추지 못
하며 제자리에 오도록 하지 못한다면,
51 너희는 하나의 인간의 형체가 이루어
질 수 없을 것이며, 또한 나의 아들은
완벽한 사람을 만들 수 없는 것이니
그를 알라.
52 이제 나의 아들을 따르는 제자 너희는
부족한 것이 많고 많을수록 그 백성이
나에게 중요한 자리에 쓰일 것이며,
더 큰 덩어리로 쓰일 것이며, 모든 몸
체를 운영하는 하나의 기둥 역할을 할
수 있는 자들이라는 것을 알라.
53 지금의 부족한 자를 부족하다 보지 말
라.
54 그가 바로 섰을 때 그 위대함은 너희
가 감히 따르지 못할 것이니, 부족한
자가 위대함을 알라, 사랑하는 나의
아들딸들아!
55 부족함을 많이 가지는 자, 부족한 것
이 넘치는 자, 그와 같은 자를 원망하
지 말며 욕하지 말라.
56 그는 덩어리가 크기 때문에 부족한 것
이 더 많이 크게 보이며, 그는 중요한

자리에 쓰이기 때문에 부족한 것이 더
많은 것 같으니라.
57 너희보다 더 어렵고 힘든 훈련을 거쳐
서 그 자리를 가야 하기 때문이니라.
58 너희가 살점 한자리를 맞추는 자라면
그것은 간단하게 붙일 수 있으나,
59 심장부요, 모든 골격을 갖추는 임무를
갖고 나온 형제라면 그는 그 길을 가
기 위해 너희보다 열배 백배 천배 만
배 더 고통스럽고 어려운 그 길로 가
심장부의 자리를 들어갈 수 있으니,
60 함부로 들어갈 수 없는 그 자리를 가
려고 그는 지금 나로부터 많은 고통과
시련을 받고 있음이니, 부족한 자가
위대하게 쓰이며 소중한 자라는 것을
절대 너희는 잊지 말라.
61 그것이 바로 부족함이 적고 쓰임이 적
은 너희가 살아갈 수 있는 자리며, 너
희가 그 자리를 들어갈 수 있다는 것
이며,
62 지금 부족함이 큰 그 제자가 자리를
잡아야 너희가 그 작은 자리를 채우
는 것이니, 오늘 부족함이 없는 백성
으로 선택된 자들은 그를 거꾸로 보도
록 그리하라.
63 사랑하는 나의 아들딸들아! 너희는
현명한 나의 백성이니 나의 이 뜻을
알 것이니라.
64 그러나 다 소중함이니라. 그렇다 하여
실망하지 말며 돌아서지 말라.
65 작은 것도 그 자리를 지켰을 때 완벽
해짐이니라. 큰 성곽을 쌓을 때 큰 돌
이 있으면 작은 돌이 있는 것과 마찬
가지니라.
66 성곽을 쌓으며 중심부의 가장 큰 돌은
옮기기가 힘들며 그 자리에 갖다 놓고
만드는 역사가 힘들고 고달픔이니, 그
이치를 안다면 너희가 알게 될 것이
니라.
67 고이는 돌의 쓰임도 소중함이니, 너희
는 그 소중함을 각자 인식하도록 그
리하라.
68 또한, 큰 덩어리라 하여 작은 것이 그
자리에 섰을 때 그들을 소홀히 해서는
안 되는 것이니, 하나가 되는 것은 크
고 작음이 없으며 높고 낮음이 없음이
니라.
69 다만, 너희가 인간을 오늘의 부족함을
보고 평가하여 하나의 사람을 만드는
그 공동체에서 실수할까 봐, 너희가
만드는 데 지장을 가져올까 봐, 만드
는 데 너희가 방해꾼이 되어서는 아
니 되기에, 너희에게 일깨워 주는 가
르침임을 알라, 사랑하는 나의 아들딸
들아!

7,154 번째 하나님 말씀

2003년 8월 16일 09시 09분

1 사랑하는 나의 아들아!
2 **"네, 아버님! 말씀하옵소서."**
3 나에게 오르는 길이요, 너희가 그리
갈망하는 구원의 길을 가는 백성은 그
뜻을 이루는 나에게 달려오는 그 길
이요, 너희의 소망인 그 구원을 받는
그 모두는,
4 조용한 가운데, 그리고 고요한 평안
속에서 모든 것이 이루어지며 역사한
다 그리 생각하지 말라.
5 그와 같이 조용하고 평안하며 고요한

가운데서 진정 나에게 오를 수 있는
그 길이요, 구원의 소망이 이루어지는
것이 아님이니라.
6 그와 같은 속에서는 진정한 믿음이요,
진정한 변함이 없음이니, 너희가 얻는
것도 잃은 것도 없는 그와 같은 것이
니라.
7 그러니 그 속에서 너희가 얻는 믿음
은 진정한 믿음이 아니니라.
8 폭풍이 몰아치며 폭우가 쏟아지며 그
리고 태풍이 불어오며 이 세상이 다
무너질 것 같은 소용돌이 속에서 묵
묵히 제자리를 지키는 그것이 진정한
믿음이요, 진정 평안한 믿음이요, 고
요한 믿음이라는 것을 알아야 할 것
이니라.
9 비바람이 몰아치며 천둥번개가 치며
폭우가 쏟아지는 속에서 너희가 흔들
리지 않고 조용히 갈 수 있는 것, 그것
이 진정 고요한 믿음이요, 진정 나에
게 올 수 있는 믿음이니라.
10 그렇지 아니하고 평안함 속에서 편안
함 속에서 가는 길이요, 그곳에서 이
루어지는 것은 진정한 조용한 믿음이
아니요, 역사의 믿음이 아님을 너희는
알아야 할 것이니라.
11 험난하고 험난한 그 속에서 지키는
것, 하나의 배에 탄 너희를 바다가 삼
키려는 그곳에서 흔들리지 않는 믿음
이요, 거기서 동요되지 않는 그 믿음
이요,
12 그 믿음이 가장 평온한 믿음이요, 가
장 편안한 믿음이요, 가장 진실한 믿
음이 거기에 있음이니라.
13 그와 같은 역경 속에서 흔들리지 않는
그 믿음이야말로 진실한 믿음이요, 평
안한 믿음이니라.
14 흔들리고 부닥치는 그 속에서 흔들리
며 견디지 못하는 것은 진정한 믿음이
아니요, 그 속에서 평온을 찾지 못하
며 편안함을 찾지 못하는 것은 진정한
믿음의 길을 가는 것이 아니니라.
15 어떠한 상황에서도 흔들리지 않는 믿
음이요, 쓰러지지 않는 믿음이요, 굳
건히 한 길을 갈 수 있는 그와 같은 마
음 자세가 다져진 백성이 편안한 믿음
이요, 조용한 믿음이요, 너희가 하늘
에 오를 수 있는 그 믿음의 길을 가는
것이라는 것을 알아야 할 것이니라.
16 진정한 믿음의 길은 정녕 평온한 믿음
의 길을 가는 것이 아니요, 어렵고 힘
든 그 모든 고통을 이기고 나가는 그
믿음 속에서 너희가 고요를 찾으며
마음의 흔들림이 없으며 동요가 없는
그와 같은 믿음을 갈 때,
17 너희는 구원의 길을 볼 수 있으며 나
를 등 돌리지 아니하며 나의 아들을
파는 자가 없을 것이며 나의 아들로부
터 등 돌리는 자가 없을 것이니라.
18 태풍이 몰아치며 그 폭풍우가 쏟아지
는 그 무서움 속에서, 세상이 다 갈라
지는 것 같은 그 무서운 변화요, 소용
돌이 속에서도 너희가 고요를 찾는
것, 그리고 평안을 찾는 그 믿음이 진
정한 평안한 믿음이요, 진실한 믿음이
요, 등 돌리지 않는 믿음이요, 배신하
지 않는 믿음의 싹이 거기에 있음이니
라.
19 그 속에서 흔들리지 않는 것이 너희가
정녕 평온한 믿음이요, 진실한 믿음의

길을 가게 되는 것이니라.
20 너희가 평안한 길에서 평온한 길에서
엎어지며 그 길을 가면서 그리도 어렵
고 힘든 구원의 길이요, 너희의 소망
이 이루어지는 것이 아님을 알라.
21 그 길은 구원의 길이 아님이니라.
22 너희가 진정한 구원의 길을 볼 수 있
는 것은 험난하고 힘든 거기서 흔들리
지 않는 믿음이요, 오로지 한길을 갈
수 있는 그와 같은 믿음이요, 나를 믿
는 그 속에서 모든 것이 흔들리지 아
니하며 들리지 아니하며 네 눈에 보이
지 않는 경지에 오른 자가,
23 그것이 평온한 믿음이요, 정녕 조용한
믿음이요, 가장 아름다운 믿음의 길이
라는 것을 절대 잊지 말라.
24 그러니 어떠한 형태에든 흔들리지 않
는 것이 나 여호와가 너희에게 내린
평온한 믿음이요, 나에게 오를 수 있
는 믿음에 너희가 돌입하고 있다는
것을 알라.
25 바람이 부는 것에 흔들리며 비바람이
몰아칠 때, 그리고 태풍이 몰려올 때,
그때마다 변하는 마음은 진정한 평온
한 마음이요, 평온한 믿음을 가지 못
하는 자들임을 알라.
26 지금의 모든 백성은 조용한 가운데 모
든 구원의 역사를 하고자 하는 것이
며, 모든 것을 이루고자 하며, 어렵고
힘든 것을 피해 가고자 하며, 물이 위
에서 낮은 곳을 찾아 흐르듯이 그와
같이 찾아가는 오늘의 믿음이니라.
27 어렵고 힘든 그 속에서 태풍이 몰아치
며 지구가 쪼개질 것 같으며, 모든 식
물이 다 제자리를 잃고 흔들려 가는
그와 같은 무서움 속에서 고요를 찾으
며 평온을 찾으며 믿음의 길을 가는
것이 정녕 진정한 믿음의 길에 들어서
는 자요,
28 그때마다 흔들려 가는 것은 진정한 믿
음이 아님을 알라.
29 너희가 지난 역사의 그 흐름을 돌이켜
보라.
30 모세 시대의 백성은 어떠했는가?
31 그 모든 기적 속에서 그들은 폭풍이
불어오는 험악한 그 속에서 고난을 견
디지 못하며 평온을 찾지 못한 자들이
니라.
32 그 어렵고 힘든 곳에서 평온을 찾으며
조용히 나를 믿고 갈망하는 그 소원의
길이 거기 있음을 묵묵히 견디고 버텨
왔더라면 그 후손이 오늘과 같이 되지
는 아니하였을 것이니라.
33 예수의 시대는 과연 어떠한 시대였더
냐?
34 예수도 고난의 길이요, 그 어렵고 힘
든 그 험난한 속에서 모든 것을 이루
고자 하였음이니라.
35 그러나 그 제자들이요, 그를 따르는
백성이 거기에서 자신의 고요함을 모
르며 진정한 평온한 마음을 찾지 못했
으며 평온한 믿음을 가지 못했기 때문
에,
36 이 험악한 세상의 역사가 흘러 오늘에
인간이 인간을 두려워하며 만나기가
두려우며 가장 믿고 사랑하고 믿어야
할 인간을 믿지 못하며 사랑하지 못하
는 이와 같은 세상이 되어 있지 않으
냐?
37 이제 나로부터 선택된 백성이요, 나에

게 부름을 받은 너희는 평온한 믿음
으로 갈 것이며 조용한 믿음으로 갈
것이며 진정한 믿음을 너희 가슴속에
심도록 그리하라.
38 어떠한 환란이 닥쳐와도 흔들리지 않
는 그것이 진정 평안한 마음이요, 평
온한 마음의 믿음이라는 것을 잊지 말
라, 사랑하는 나의 아들딸들아!

7,155 번째 하나님 말씀

2003년 8월 16일 09시 23분

1 사랑하는 나의 아들아!
2 "네, 아버님! 말씀하옵소서."
3 수천 년 동안 믿음의 길을 가는 그 종
교 집단의 가르치는 그 방법이 너희에
게 가장 소중한 구원의 그 길에 오는
역사요, 너희가 나에게 와 심판을 받
는 그 모든 기준을 무너트리는 행위를
하는 것이 무엇인 줄 알겠느냐?
4 인간의 노력으로써는 절대 구원받을
수 없으며, 인간의 노력으로써는 고통
과 시련에서 벗어날 수 없으며, 인간
의 노력으로써는 하나의 악습도 버릴
수 없다 그리 말하느니라.
5 그와 같이 가르치는 자들이 있으며,
오로지 나의 성령이 임하는 것만 너
희가 모든 악습을 버릴 수 있으며 모
두를 고칠 수 있다 그리 가르치니,
6 그 성령을 얻기 위해 너희 손으로 지
은 교회에 와서 평생 재물을 바치며
맹종하고 맹신하는 그 백성으로서 이
끌어 감이니라.
7 그것이 얼마나 사악하고 잘못된 것인
가?
8 그와 같은 종교 집단의 그 가르침을,
지금 나의 법전을 나의 아들을 통하여
내렸듯이, 너희 스스로 악습을 버리는
데 목숨을 바쳐야 할 것이며, 너희 스
스로 그 모두를 지워 버리는 그와 같
은 노력을 해야 하는 것이니라.
9 너희 자신보다 너희 자신을 더 잘 아
는 사람이 없으며, 너희 자신의 몸의
체질이 변화되는 것 또한 너보다 더
잘 아는 자가 없음이니, 너 스스로 모
두를 고치고 살아가는 것이 나에게 오
르는 길이요,
10 그와 같이 고치고 변화되는 삶을 살
때, 나 여호와가 너희가 수고한 만큼
고생한 만큼 내가 상을 내려 너희에게
용기와 희망을 준다고 가르쳤더라면,
오늘 이와 같이 험악한 세상은 없었
을 것이니라.
11 그러나 너희는 어찌 가르치느냐?
12 '전지전능하신 하나님 아버지시여!
저희에게 고통과 시련에서 그리고 어
려움에서 견디고 이길 힘과 용기를 주
옵소서. 그리고 제가 무엇을 이루고자
하며 제 뜻이 무엇이니 그 소원을 들
어주옵소서. 그 역사함에 기적을 이루
어 주옵소서.' 그리 기도하느니라.
13 그리 기도하며 나의 성령이 너희에게
임하는 것만 너희가 변화될 수 있는
삶을 산다고 가르침이니,
14 이제 여기서 반드시 하나의 획을 긋고
넘어가야 함을 잊지 말라.
15 그와 같은 기도는 다 무익하니, 나에
게 하지 말라, 그 소리는 내가 듣지도
아니한다 하였음이니라.
16 오로지 너희가 고치려고 노력하는 것

만 필요함이니라.
17 말이 필요 없음이니라. 악습을 고치는 것도 너희가 행동으로써 다 고침이니라.
18 너희 스스로 바로 서야 할 것이니라.
19 걸어가고 잠자고 일어나는 것도, 자고 싶을 때 자고, 먹고 싶을 때 먹는 것도 너희 스스로 모두 결정하면서, 어찌하여 악습이나 못되고 추하며 더러운 그와 같은 행위는 버릴 수 없다고 말하는가?
20 오로지 나의 성령이 임해야만 버릴 수 있다 하며, '성령을 주옵소서, 성령이 임해 주옵소서.' 그리 매달리며, 너희 자신을 다스려 가는 좁고 힘든 길을 가지 아니하며,
21 종교 지도자가 성령이 임하여 너희가 거듭나고 다시 태어나는 것은 손으로 지은 그 죄의 온상에 와서 온갖 이름을 붙여 대며 바치는 그 헌금을 열심히 내며, 남들보다 더 먼저 내며, 많이 내는 자, 그리고 맹종하는 자가 성령이 임한다고 말함이니, 이것이 과연 있을 수 있는 일이며 성령이 임할 수 있단 말이더냐?
22 재물을 많이 바치는 것이 하늘에 오르는 길이요, 내가 기억하는 길이요, 구원을 받는다고 가르치니, 이것이 정녕 나의 뜻이더냐?
23 나의 뜻이란 무엇이더냐?
24 너희가 믿음이 확고한 자, 그리고 나를 향하여 믿는 자, 그리고 믿음 속에서 나의 성경이요, 나의 십계명이요, 나의 법전대로 살아가는 그것이 구원의 길이요, 나에게 오를 수 있는 것이지,
25 재물을 많이 바치며 재물을 1번으로 바치는 자가 나에게 오를 수 있다 했더냐?
26 이 세상에서 최고의 백성이 되는 것, 나에게 일등이 되는 백성은 무엇이더냐?
27 재물을 많이 벌어서 그걸 갖다 많이 바치는 것이라 하였더냐?
28 너희가 믿음이요, 한 점의 부끄럼이 없이 살아가는 삶으로 변하는 것이 제일 위대한 백성이요, 최고의 백성이라는 것을 듣기를 수없이 들었거늘,
29 어찌하여 재물을 많이 바치는 자가 최고의 백성이 된다 그리 가르치며,
30 그리하여 성령이 임해서 너희의 모든 악습이요, 잘못된 것을 버릴 수 있으며 지워질 수 있다고 말하는가?
31 그리 가르치고 세뇌시키니, 모든 백성이 '전지전능한 아버지, 어머니' 하며 눈물 흘리고 콧물 흘리며 '아버지, 저에게 용기를 주옵시고, 고통과 시련에서 이길 수 있는 성령이 임하여 저를 구원해 주소서.' 하며 그것을 기대하고 기대하나,
32 너희가 죽을 때까지 평생 그와 같이 매달려도 하나도 얻어지는 것은 없느니라.
33 오늘 당장 이 순간부터 너희 스스로 악습이요, 추한 것을 버리며 선한 마음을 가슴에 심도록 하여 십 년 백 년을 한번 살아 보라. 그리했을 때 얻어지는 것이니라.
34 학업을 하는 백성이요, 공부를 하는 백성이요, 기능을 배우기 위한 백성이

요, 그들이 손발과 머리를 쓰고 잠자
지 아니하고 노력할 때, 그 모두는 너
희에게 하나하나 정복당하며, 그들은
네 앞에 머리 숙이며 네 머릿속에 모
두가 기억됨이니라.
35 그리고 너희 손발이 빨리 놀려지며
손발의 기능을 훈련했을 때 더 빨라지
며, 더 많은 것을 단시간 내에 역사할
수 있으며 그와 같이 이루어지지 않느
냐?
36 그것이 바로 너희가 죄를 덜어 가는
것이며, 너희가 나에게 오르는 것이
며, 악습을 버리는 길이거늘,
37 너희는 그와 같이 노력은 하지 아니하
고, 그저 지울 수 있는 것, 그리고 잊
어버릴 수 있는 그 용기와 힘과 그 열
쇠를 달라 나에게 매달리고 울고불고
하면, 과연 그것이 이루어지는 것이
무엇이며 역사하는 것이 무엇이 있겠
느냐?
38 아무것도 이루어지는 것이 없으며 역
사함이 없음을 알라.
39 나 여호와는 모두를 다 세상에 내려보
냈음이니라.
40 내가 60점이라는 그 점수 속에 너희
가 모든 역사를 할 수 있도록 내려보
냈음이니,
41 너희가 나에게 오르는 것, 고통과 시
련을 이기는 것, 그리고 어떠한 악에
도 빠지지 아니하며 그 악을 제거하는
힘을 모두 너희에게 다 주었으며 깨
우쳐 주었다 하였음이니라.
42 내가 나의 법전에 너희가 사탄과 싸
울 동등한 힘과 능력과 자격을 주고
싸워 이겨 나에게 오라 했음이니,
43 그것이 공의의 하나님이요, 나 여호와
가 역사하는 것이라 하였음이니라.
44 그러나 너희는 어찌하는가? 나 여호
와가 역사해야만 모든 것이 이루어지
며, 어떠한 고통에서도 벗어날 수 있
다 그리 가르치고 그리 기도하고 가
는 너희의 마음의 형태가 무엇이던가?
45 너희가 자신이 그리 지키고 가지 아니
하는 속에서 짧은 순간에 기대 심리를
갖도록 하여, 육의 세상에서 잠시 위
안을 얻기 위한 사악한 자들의 그 간
교한 설교에 속지 말라.
46 그들의 말에 기대 속에서 살아가면서
그 기대 심리가 너희 가슴속에 너무
나 깊이 뿌리박고 차지하고 있기 때문
에, 너희는 죄가 무서운 것을 모르고
가느니라.
47 그리고 지금 그와 같은 위안 속에서
가는 것이 잠시는 위안이 될 수 있으
나, 머지않아 그 모두가 허상이요, 잘
못되었다는 것을 알게 될 것이니라.
48 그러니 너희는 언행을 바르게 하는
삶을 살아야 할 것이며,
49 나의 성령이 임해야 모든 것이 변하는
삶이요, 성령이 임하지 아니하면 절대
로 변할 수 없는 것이 인간이요, 너희
의 형태요, 한계라 그리하여 짓는 죄
의 두려움을 모르며,
50 거기에서 너희가 죄를 짓고도 인간이
기 때문에 인간은 넘을 수 없는 선이
있기 때문에 큰 죄가 되지 아니할 것
이며 고통이 적을 것이라는 그와 같은
얄팍한 기대 심리를 버려야 할 것이
니라.
51 그 기대 심리가 있는 너희는 죄가 무

서운 줄 모르며 그 쌓이는 죄를 다 감
당할 길이 없음이니라.
52 잠시 위안이 될 수 있는 그 길을 위하
여 살아가지 말라.
53 이는 곧 무너지며 지옥으로 감이니,
그 모두는 사악한 종교 집단이 너희를
고리에 매어 끌고 다니며 가진 재물
이요, 그 모두를 다 거둬들이고자 하
는 그들의 수법이니라.
54 육의 세상에 괴로운 일에 부닥칠 때마
다 인간 세상에 그러한 사람이 있지
않으냐?
55 힘들고 어렵고 참기 어려웠을 때 너희
는 알코올이라는 것을 그저 네 몸에
부어 하루를 잊어버리며 하루를 고통
속에서 벗어나고자 정신을 잃게 알코
올을 부어 넣는 사람이 있음이니라.
56 그러나 그 알코올을 몸에 부어 넣었다
해서 그 사람이 그다음에 깨어났을
때 그 고통과 어려운 것이 해결되는가?
57 아무것도 없음이니라.
58 그 순간은 잠시 모면했을지 모르나,
그는 다음에 일할 수 있는 그 몸이요,
육신까지 무너지며,
59 그가 알코올에 젖었다 해서 다음에 깨
어났을 때 어렵고 힘든 그 모든 것이
해결되며 지워지는 것이 아니니라.
60 그와 같은 수법을 가지고 나약한 기대
심리로 가는 종교 집단이요, 지도자
요, 만백성 너희가 인간 세상에서 고
통스러울 때 알코올로써 하루를 지워
버리듯이 그 얄팍하고 어리석은 행위
를 하는 것이 오늘의 믿음의 길을 가
는 대표적인 자들이니 그리 알라.
61 나에게 모든 성령이 임하여 고통을 덜
어 주고 내가 너희를 이끌어 주는 순
간에 모두를 벗어난다는 그와 같은 얄
팍한 심리로써 잠시 마음에 위안을 얻
고자 하지 말라.
62 너희가 노력해야 함이니라.
63 노력하여 한 계단 한 계단 쌓아가는
속에서 그 결과가 얻어짐이니,
64 이제는 학업을 쌓아 지식을 쌓듯이 그
반대로 하나의 악습이요, 추한 모습이
요, 너희가 도저히 지울 수 없는 죄의
근성을 하나하나 그 학업을 쌓아 가듯
이 뽑아내고 뽑아내면 그 고통 속에서
벗어날 것이며, 용기를 가질 것이며,
65 너희 스스로 해결할 수 있을 때 너희
가 최선을 다했을 때, 마지막에 내가
손들어 줌이니 그리 알라.

7,156 번째 하나님 말씀

2003년 8월 16일 09시 36분

1 사랑하는 나의 아들아!
2 "네, 아버님! 말씀하옵소서."
3 너를 따르는 제자들과 나의 법전을 읽
고 깨우친 선택된 그 백성에게 너는
이 뜻을 꼭 전하도록 하라.
4 나 여호와의 가장 큰 기쁨이요, 가장
큰 행복함이 무엇인가?
5 이 세상의 모든 것을 창조한 그때보다
기쁨을 얻는 것은 바로 너를 따르는
제자들이요, 나의 법전을 읽은 백성이
지금 나의 아들보다도 앞에 가는 것,
그리고 더 많고 높이 깨닫는 것, 만백
성이 나의 아들을 능가하는 그와 같은
깨달음을 얻는 것,
6 너의 제자요, 나의 법전을 읽는 백성

이 지금 나의 아들의 깨달음보다 앞에
가는 것, 그를 더 능가하는 깨달음을
얻는 것, 행동하는 것, 그리고 그와 같
이 생활하는 것, 그것이 내가 가장 기
쁨이요, 영광이요, 이 세상을 창조한
것보다도 더 기쁨을 얻는다면, 너희는
과연 알겠느냐?
7 나 여호와가 이 세상을 모두 창조했을
때 그 기쁨 또한 이루 말할 수 없으나,
그것을 그대로 관리하여 지키지 못하
고 그 속에서 사악한 자들이요, 사탄
이 다 썩게 한 그와 같은 형국이 되었
음이니,
8 내가 창조했던 그 모든 것에 대한 기
쁨이요, 즐거움을 잊어 가는 그와 같
은 생활이며, 더 이상 바라보지 못하
며 생각하고 싶지 않은 마음이었다면
너희는 알겠는가?
9 그 마음속에서 너희가 나의 뜻을 받
아 바른 세상이요, 그리고 하늘에서
이루어진 것같이 이 세상에서 이루기
위하여 내가 마지막 모두를 다 던져
나의 아들을 통하여 역사하는 데 선택
되어 같이 가는 너의 제자요, 나로부
터 선택된 백성,
10 너희가 바로 나의 아들보다도 먼저 깨
달으며 나의 아들을 능가하는 아름다
운 모습의 삶을 사는 것은 바로 무엇
이더냐?
11 내가 이 세상을 창조했을 때 그 기쁨
에서 내가 손을 놓고자 하며 그를 지
워 버리고자 하는 나의 마음에 너희가
그 모두를 새로 만들어 역사하며,
12 내가 이루었던 하늘에서 이루어진 것
같이 이 지상에 낙원을 이루려고 달
려가는 변화되는 그 모습이 있기에,
13 내가 다시 이 세상을 창조하는 그와
같은 기쁨이 바로 너희가 나의 아들
을 능가하는 그와 같은 삶이요, 행동
이요, 말이요, 변화되는 백성이요, 나
의 아들을 따르는 제자들이 이 세상에
서 나오는 그것이 나에게 가장 큰 기
쁨이요, 영광이요, 행복이라는 것을
너의 제자들에게 그리 전해 주라.
14 제자를 가르치는 스승이 진정한 스승
이라면 그 제자가 스승을 능가하는 실
력으로 향상될 때 그 변화되는 모습을
보고 스승의 기쁨이 있지 않은가? 그
와 마찬가지이니라.
15 부모도 또한 자식이 부모보다 나은 삶
을 살며 그 부모보다 나은 처신을 하
면서 살아가는 것, 그리고 낫게 변화
되는 모습을 보면서 그를 질투하고 시
기하는 부모가 있겠는가? 그 기쁨은
이루 말할 수 없을 것이니라.
16 내가 나의 아들을 달구어 그가 바로
설 수 있도록 그리고 이 세상에 단 한
사람인 나의 아들이 역사할 것이며,
그는 정해진 길이며 그는 당연히 가는
길이니라.
17 그러나 부족함이 많으며 감히 나로부
터 성령을 듣지 못하며 나를 보지 못
하며, 오로지 내가 내리는 나의 법전
이요, 나의 아들을 통하여 내리는 그
강론을 듣고 가는 그 백성이 부족한
속에서 나의 아들을 능가하는 깨달음
이요, 나의 아들을 능가하는 언행을
하는 사랑하는 아들딸이 나왔을 때,
나의 기쁨은 이루 말할 수 없으며 그
기쁨이야말로 세상을 다 얻은 것과 같

음이니라.
18 바로 그와 같은 너희가 있음으로 내
가 역사하고자 하는 그 뜻이 이루어짐
이요, 내가 이 세상을 창조한 그 뜻을
역사하는 기초요, 기틀이 됨이니,
19 나의 아들은 당연히 그 길을 갈 것이
며 그리 변해 갈 것이니,
20 그 아들을 능가하는 제자들이 나오는
그 기쁨이 나의 가장 큰 기쁨이요,
21 그러니 나에게 가장 큰 기쁨과 가장
큰 마음의 위안을 주는 그 길을 갈 수
있는 너의 제자들은 과연 없는가?
22 너희가 바로 그와 같은 삶을 살아가라
그리하라.
23 나의 아들을 능가하는 모습이요, 너희
의 삶의 그 변화만이 나에게 거듭 기
쁨을 주는 것이며, 스스로 거듭나는
길을 택하게 되는 것이며, 또한 너희
가 나에게 올 수 있는 것은 두말할 것
이 없지 않으냐?
24 그러니 너희가 나의 가장 큰 기쁨이
요, 행복을 위해서 그 길을 살아가도
록 노력할 수는 없는가?
25 그 삶을 위하여 너희 모두를 다 바치
는 그와 같은 위대한 삶으로써 살아가
는 나의 백성이 되어 주기를 바라느
니라.
26 지금 내려보낸 나의 아들보다도 더 위
대하고 더 많은 깨달음을 능가하는 그
를 따르는 제자들이 나오는 것이 나의
가장 큰 기쁨임을 잊지 말라.

7,157 번째 하나님 말씀

2003년 8월 16일 22시 43분

1 사랑하는 나의 아들아!
2 "네, 아버님! 말씀하옵소서."
3 주인으로부터 부림을 받는 종이 남에
게 베푸는 것은, 주인이 있으므로 그
가 베풀 수 있는 것은 한계가 있으며,
4 어떠한 것이든 주인이 베푸는 것만큼
베풀 수 없는 것이 바로 종의 입장이
며 그의 행동 범위이니라.
5 그러나 주인이 베풀고자 하였을 때 그
주인은 종보다 많은 것을 베풀 수 있
으며 많은 것을 남에게 역사할 수 있
는 것이 아니던가?
6 그와 같이 가진 자, 권력 있는 자, 힘
있는 자가 베풀고 사랑을 나누는 것이
없고 어려운 백성이 나누는 것보다 그
범위가 넓으며 그 역사함이 크지 않던
가?
7 여기서 종교 집단이요, 지도자들이 과
연 어찌 살아가야 하는지 아는가?
8 종교 집단 지도자는 자신을 생각해서
는 아니 되며, 자기를 먼저 생각하는
삶을 살아서는 아니 됨이니라.
9 그것이 종교 지도자가 가는 길이니라.
10 자기를 먼저 생각하고 자기를 위하여
모든 계획을 하고 생각한다면 이는 정
녕 종교 지도자가 아니요, 진정한 나
의 목자로서 선택된 백성이 아님을
알아야 할 것이니라.
11 자기를 먼저 생각해서는 아니 되느니
라.
12 모두를 다 버리고, 이웃을 먼저 생각
하며 남을 생각하며 어렵고 힘든 사람

을 먼저 생각하는 그와 같은 마음으로
써 살아가지 아니한다면 정녕 종교
지도자로서 자리를 지킬 수 없으며,
그는 나로부터 선택된 백성이 아님을
너희는 알아야 할 것이니라.
13 그러니 모두를 다 버리는 것, 힘 있고
권력 있는 자가 남에게 모두를 던져
베풀었을 때, 그 빛은 멀리 가며 그 이
름은 멀리 퍼지며 그 역사함은 또한
멀리 퍼진다 내가 그리하지 아니하였
더냐?
14 이는 어려운 자가 혜택을 입는 것이
며, 어려운 자가 은혜를 입는 것이니,
15 없는 자가 말로써 베푸는 것보다 가진
자, 권력 있는 자가 베푸는 것이 더 위
대하다고 그리 가르치지 아니하였던
가?
16 그와 마찬가지로, 종교 지도자는 모두
를 다 놓아야 하며, 자기를 먼저 생각
하는 그와 같은 마음을 가지고 가는
것은 종교 지도자가 아님이니라.
17 그러나 여기서 너희는 그와 같은 종
교 지도자는 세상에 없다 그리 말할
것이니라.
18 오로지 믿음의 길을 가는 것은 나 여
호와 외에 다른 신을 섬기지 아니하
며, 모든 것을 나 여호와를 위하여 평
생을 바쳤으며, 백성을 구원하기 위하
여 모두를 다 바쳤다 그리 말하며,
19 자신을 위한 것이나 종교 지도자 자신
을 먼저 생각한 사실이 없다 그리 말
하며, 먼저 자신을 생각하는 것이 과
연 있으면 내보이라 그리 말할 것이
니라.
20 그러나 너희는 모두 다 너희 자신을
위해서 존재하며, 자신을 위해서 그
믿음의 길을 가는 것이 아니더냐?
21 너희가 성서에도 있지 아니한 말을 임
의대로 만들어서 기록하여 가르치는
것이 무엇인지 아느냐?
22 나의 종이요, 나 여호와의 목자를 위
해서 그를 기쁘게 하고 그가 모든 역
사를 할 수 있도록 잘 받드는 것이 나
여호와에게 너희가 은혜를 받는 것이
며, 그를 편안하게 받드는 것이 너희
가 은혜를 입는 것이요,
23 소중하고 귀한 모든 것은 그에게 먼저
줘 그를 기쁘게 하는 것이 믿음의 길
을 가는 백성이요, 하늘에 오르는 백
성이라 그리 말함이니라.
24 그의 고통과 어려움을 덜어 주는 것이
믿음의 근본이요, 믿음의 길을 가는
백성이 할 일이라 그리 말하며 가르치
고 세뇌시키는 것이니, 종교 지도자
자신을 위해서 그보다 더한 가르침이
어디에 있는가?
25 한 발짝 더 나가 보자.
26 나의 피조물 만백성들을 구원의 길로
인도한다는 교회라는 곳에서 너희는
어찌하는가?
27 너희 교회만이 최고요, 너희 교회만이
진정한 참진리를 연구하는 것이요, 남
의 것은 다 이단이요, 사탄이라 그리
하며, 너희 앞에 오는 자만이 구원을
받는다고 함이니,
28 그것이 한 발짝 더 나가서 저밖에 모
르며 저만을 위해서 살아가며 저를 위
해서 모두가 존재한다는 그와 같은 말
을 하는 것이며 욕심에 그득 찬 자들
이니라.

29 그러고도 너희가 정녕 그와 같은 마
음을 가지고 살지 않는다는 말을 할
수 있는가?
30 너희 교회요, 너희 손으로 지어 가르
치는 성전이요, 너희 종교 지도자들이
가르치는 곳에 와 강론을 듣고 그 뜻
을 듣고 그리고 그 설교를 들었을 때
거기서 구원을 받으며 생명을 얻는다
고 말함이니, 이것 또한 너희를 위한
욕심으로써 가는 것이 아니던가?
31 여기서 내가 너희에게 물어보고자 함
이니라.
32 너희는 과연 나 여호와로부터 어떤 메
시지를 받으며 어떠한 명령을 받는가?
33 너희가 나로부터 메시지를 받으며 나
로부터 명을 받는다면 그걸 기록하여
이것이 나 여호와의 뜻이라 만백성에
게 전하는 역사를 할 것이니라.
34 종교 집단 지도자 속에 뛰어난 자요,
유능한 자들이 1년이고 2년이고 걸려
서 책이라는 것을 만들어 내 그 깨우
침으로써 만백성을 가르치고자 함이
니라.
35 그러나 그 뜻은 기존의 틀을 벗어나지
못한 상태에서 너희가 느낀 깨우침을
기록하여 전하는 것이니라.
36 그러나 너희는 나로부터 직접 들은
것이 아니요, 나로부터 명을 받은 것
이 아님이니라.
37 그러나 나의 아들은 나로부터 직접 명
을 받으며 내가 그에게 메시지를 주며
그에게 지혜를 주며, 그가 법전이라는
책을 만들 수 있도록 모든 것을 그림
과 나의 뜻으로써 그에게 전함이니라.
38 그것이 너희가 생각해서 만드는 서적
이요, 책과의 그 차이점이니라.
39 과연 너희도 나의 아들처럼 그와 같
이 직접 받으며 나를 보며 나의 명령
을 듣는 자가 있는가?
40 감히 그와 같은 역사를 이루지 못하는
너희가 어찌하여 지금 나의 아들을 통
하여 내가 세상에 내보내는 나의 법전
이요, 새로운 성경을 이단이요, 사탄
이라 하여 벌레 보듯 하며,
41 이를 태워 버리고 찢어 버리는 것이
나에게 은혜를 받는 것이라는 착각
속에 가는가?
42 이제 너희는 돌이켜 생각해 보라.
43 2천 년 전에 나의 아들 예수가 참진리
를 가지고 세상에 나왔을 때, 너희는
그것이 사탄이요, 이단이라 하여 나의
아들을 그리 죽게 하였음이니라.
44 바로 이단이요, 사탄이라는 말은 나의
아들 예수요, 그 제자들로 하여금 그
들을 향해서 너희가 만들어 놓은 단
어며 만들어 놓은 말이라는 것을 잊지
말아야 할 것이니라.
45 나의 아들 예수를 이단으로 몰아 그리
처참하게 죽게 했으며, 그 제자들과
그를 따르는 제사장이요, 선지자요,
그 모두를 다 이단으로 몰아서 처형을
했으며 그와 같이 다스렸음이니라.
46 그러니 이단이라는 말을 함부로 쓰지
말라.
47 나의 아들 예수를 처형하기 위하여 너
희가 이단이라는 그와 같은 말을 썼음
이니, 지금도 너희는 어떠하던가?
48 2천 년의 세월이 흐른 지금 내가 나의
아들을 통하여 나의 성령을 모두 다
태워 증거하는 책으로써 새로운 성경

이요, 법전이라 하여 기록하여 그를
전함이니라.
49 이는 나의 아들이 너희가 물을 때 대
답을 해야 할 것이며, 이에 대한 증거
를 제시하는 삶을 살아가며, 그 모두
를 증거할 수 있도록 책으로 만들어
세상에 내보내니,
50 지금에 와서 이를 너희는 뭐라 하느
냐?
51 또 이단이요, 사탄이요, 사악한 자라
그리 말함이니라.
52 너희는 진정한 나의 아들이 역사하기
위해 세상에 진리를 가지고 내려간
것도 이단이라 하여, 최초의 나의 아
들을 그와 같이 죽게 했음이니,
53 너희가 이단이요, 사탄이라는 것은 나
의 아들 예수요, 그 제자들이요, 그를
따르는 제사장이요, 선지자를 모두 박
해하기 위해 만들어 낸 것이 이단이라
하였음이니라.
54 세월이 흘러 지금에 와서 내가 나의
아들을 통하여 나의 모두를 태워 160
권의 법전으로써 세상에 나가, 기초서
부터 깨우쳐 하늘에 오르는 그 진리
요, 길이 무엇인가를 너희에게 깨우쳐
하늘에 오르는 그 역사의 문을 열어
주고자 하거늘, 너희는 또 뭐라 말하
느냐?
55 나의 아들을 이단이요, 사탄이라 그리
말하며 나의 법전은 이단이요, 사탄이
요, 악마가 한 말이라 그리 말함이니
라.
56 바로 너희는 진리가 세상에 내려올
때마다 그 진리가 뿌리내리지 못하게
함이니, 이것이 바로 누가 사탄이고
악마가 되어 있는지 이제 알아야 할
것이니라.
57 그러니 너희가 누구를 따르는 것이 악
마요, 이단의 백성인가를 알아야 할
것이니라.
58 이단인 자가 참진리를 보고 이단이라
는 세상이 되었음이니라.
59 2천 년 전에 나의 아들 예수를 이단으
로 몰아 그리 죽게 했으며 그리하여 2
천 년 동안 암흑의 세상이 흘러,
60 내가 너희에게 마지막 나의 성령을
모두 태워 책으로써 증거하게 하여
전하며, 나의 참진리요, 내 빛이 세상
에 나가 너희를 구원하고자 하나, 너
희가 이를 또 이단이요, 사탄이라 그
리 몰아붙임이니라.
61 그러니 너희는 정녕 진리요, 참뜻은
저버리고 이단이라 밀어붙이며, 인간
이 만든 그 교리만을 가지고 하늘에
오르는 길이라 함이니,
62 내가 개구리 울음소리만큼도 듣지 않
는다는 뜻이 거기 있음이니라.
63 너희는 유능한 종교 지도자가 한두 권
의 책을 세상에 냈을 때 그는 위대한
것이며 그는 훌륭한 자요, 목회자의
생활을 하면서 틈틈이 책을 써 세상에
내는 위대한 사람이라 그리 말하며 칭
송을 하며,
64 그 책을 읽고 눈물 짜고 콧물을 흘리
며 '옳소, 아멘!' 하는 것이 너희가 아
니던가?
65 그 모두는 기존의 틀을 버리지 못하고
너희에게 감동을 줄 수 있는 것, 그리
고 그들이 잘못된 부분, 잘못 가는 부
분 너희 신도들이 잘못 서 있는 그와

같은 마음을 그려 전함이니, 너희는
동조의 뜻으로 '옳소, 맞습니다.' 하느
니라.
66 어찌하여 너희는 평생을 살아가는 종
교 지도자가 한두 권의 책을 내서 세
상에 전하는 것은 대단히 위대하며 유
능한 목회자요, 그리고 하늘의 뜻에
따라 살아가는 목회자라 그리 칭송을
하면서,
67 나의 아들을 통하여 세상에 160권의
법전이 내려오며 그가 죽을 때까지 너
희가 살아가는 길이요, 행하는 그 모
두를 전해 내리는 나의 법전은 어찌하
여 위대한 것이 아니라 하며 소중한
것이 아니라 하는가?
68 너희는 여기서 이를 깨우쳐야 할 것
이니라.
69 종교 지도자가 평생에 한두 권 책을
낸 것은 위대한 것이요, 하늘의 뜻이
라 그리 말하면서,
70 나 여호와의 진정한 뜻이요, 내가 너
희를 구원하기 위해 내려보내는 생명
의 명부인 이 책을 어찌하여 이단이
요, 사탄이라 하며, 2천 년 전처럼 또
다시 세상에 뿌리를 내리지 못하게 하
는가?
71 나의 법전이 바로 너희의 생명줄의
이름을 기록하는 책이라는 것을 알라.
72 너희가 이를 보고 깨우쳤을 때 내가
법전과 같이한다 했으니, 하늘의 생명
책에 너희 이름이 기록될 것이며,
73 나의 법전을 읽지 않는 자는 절대 그
이름이 기록되는 그와 같은 역사도 없
음을 너희는 알아야 할 것이니 그리
알라.

7,158 번째 하나님 말씀

2003년 8월 16일 22시 58분

1 사랑하는 나의 아들아!
2 "네, 아버님! 말씀하옵소서."
3 진정한 믿음의 길을 가는 나의 백성이
라면 너희 자신을 구원하기 위해 기도
하며 너희 자신이 구원받으려고 믿음
의 길을 가서는 아니 되며,
4 이는 정녕 합당치 못한 길임을 너희는
알아야 할 것이니라.
5 너희가 나 여호와의 참진리를 하나라
도 깨우친 것이 있으면 그보다 더 소
중함이 없음이니라.
6 그를 만백성을 위해 전하고 또 전하는
그와 같은 역사를 하는 것이 진정한
믿음의 길을 가는 백성임을 너희는
알아야 할 것이니라.
7 모든 백성이 평생을 죽을 때까지 구
원의 길이요, 손으로 지은 교회요, 그
성전이라는 곳에 가서 매달리면서 과
연 얼마나 배웠으며 얼마나 깨달았는
가?
8 그리고 또한 너희가 그 깨달은 것을
가지고 만백성을 위해 얼마나 전하며
그들을 깨우쳤는가?
9 그리고 너희는 과연 너희 자신만이 구
원을 받으려고 너 혼자만이 천국에 가
면 된다는 욕심에 의한 믿음을 가지
않았는가?
10 진정한 나 여호와의 뜻에 의해 믿음
의 길을 가는 백성은 저 자신의 구원
을 위해서 믿음의 길을 가는 것이 아
니요,
11 다른 모든 백성을 위하여 그리고 나

여호와의 뜻에 따라 너희가 남들을
위해서 이웃을 위해서 어리석은 백성
을 깨우쳐 주는 그와 같은 믿음을 향
해서 가는 것이 바로 나의 뜻이니라.
12 너희 자신만을 위하여 기도하고 경배
하는 믿음의 길을 가는 자는 나의 뜻
에 합당치 못한 백성이며, 나와 관계
없는 백성임을 알라.
13 너의 제자들 또한 알아야 할 것이며
나의 법전을 읽고 깨우친 백성 너희도
알면 그리 행해야 할 것이니라.
14 너희 자신을 위해서 너희가 구원을
받기 위해 너희 소원을 빌고 소원하
는 그와 같은 믿음의 길을 가서는 아
니 될 것이며, 그건 장사꾼이요, 기복
신앙이요, 그와 같은 자들이 하는 것
이니라.
15 믿음이라는 것은 이웃을 위해, 너희
형제를 위해서, 남을 위해서 믿음의
길을 가야 하는 것이 너희가 가야 할
길이니,
16 너희를 위해서 단 하나의 기도도 하
지 말며 너희가 구원을 받기 위한 소
망의 기도를 단 한 번도 해서는 아니
될 것이니 그리 알라.
17 진정한 지도자는 무엇이더냐?
18 만백성을 위하여 깨우쳐 주는 것이 진
정한 지도자이니라.
19 내가 진정한 보석을 가진 자는 그걸
설명할 필요가 없으며, 그것이 진정한
보석이라 하여 여러 가지 말이 필요
없으며 수다가 필요 없다 하였음이니
라.
20 아는 자가 있으며 그걸 알아보는 자가
있기 때문이요,
21 가짜 보석을 가진 자만이 그걸 위장하
여 팔기 위해 온갖 수단과 방법을 다
동원하여 그걸 팔았을 때 그저 뒤도
돌아다보지 아니하고 챙길 것 챙겨서
도망가는 것이 잘못된 것을 파는 자들
이 아니더냐?
22 그러니 지금 나 여호와의 참진리요,
보석보다도 더 소중한 나의 뜻을 듣고
배운 백성 너희는 과연 어떠한 삶을
살아야 하겠느냐?
23 그러나 저 자신을 위해서 살아가는 그
와 같은 믿음의 길을 가는 백성은 정
녕 진정한 믿음이 아니요, 나를 믿지
못하는 백성일 것이니라.
24 내가 존재함을 믿으며 나 여호와가 같
이하며 십계명을 지키며 나의 법전을
지키고 사는 것이 하늘에 오르는 길이
라 하면,
25 너희는 그 길을 가고 있기 때문에 거
기에서 더 이상 불안할 것이 없으며
두려울 것이 없는 백성이 아니더냐?
26 그 길을 바로 가는 백성이 무엇이 두
렵고 무엇이 겁이 나서, 구원을 받지
못한다는 그와 같은 불안한 마음이 있
어서 너희 자신만을 위해서 너희 자신
을 위한 믿음의 길을 가겠는가?
27 이제 저 자신을 위해서 기도하는 백
성, 제가 역사하기 위해서 기도하는
백성은 모두 자신이 없는 자며 불안한
자이니라.
28 그리하여 무엇인가 합당한 것을 얻고
자 하며, 정확한 것을 얻고자 하며, 정
확한 것을 구하고자 하는 갈급한 마음
에서 재물을 바치며 잘못된 종교 지도
자들의 감언이설에 속아 천국에 가는

길이라 그리 가며,
29 저를 위한 기도요, 저를 위한 믿음이
요, 저를 위한 경배의 길을 가는 것이
바로 너희니, 허전하고 자신이 없으며
믿지 못하기 때문이니라.
30 그러니 이제 너를 따르는 제자들은 알
아야 할 것이니라.
31 너희가 정녕 나 여호와를 믿으며, 나
의 법전이 하늘에 오르는 길이요, 십
계명을 지키고 사는 것이 하늘에 오르
는 길이라면,
32 너희는 하늘에 오르는 그 빛을 지금
보고 있으며 그 빛을 따라가는 자며
그 길을 가는 자니,
33 당연히 구원을 받을 수 있는 그 길을
가는 백성이 어찌하여 자기를 위하여
기도하고 자기를 위하여 경배하는 그
와 같은 기도를 나에게 드릴 수 있단
말이더냐?
34 모든 종교 집단에 속해 있는 그 백성
이요, 구원을 받았다는 신도들이 과연
어찌하는가?
35 저희는 다 구원을 받았으며 하늘에
올라올 자격을 다 받아 놓았다 하면
서, '구원해 주옵소서.' 하며, 그리고
무엇을 위해서 기도하고 경배하며 저
희가 가는 그 길을 위해서 용기와 힘
을 불어 달라 하며,
36 나 여호와의 뜻에 따라 살아갈 수 있
으며 오로지 나 여호와만을 위해서 살
아가는 백성이 될 수 있도록 해 달라
고 말로는 그리 부르짖고 또 부르짖는
자들이니라.
37 과연 그들이 정녕 구원을 받은 자라면
어찌하여 저 자신을 위해서 기도하는
그 믿음으로 갈 수 있단 말이더냐?
38 남을 위하는 믿음이요, 남을 구원하고
자 하는 그 믿음이요, 그 기도요, 경배
하는 것이 합당한 이치임을 알라.
39 이와 같은 뜻을 내가 너희에게 기록하
여 내려보냄이니, 이를 읽어도 깨우치
지 못하는 너희의 그 한계는 너희 스
스로 책임을 져야 하는 것을 알아야
할 것이니라.
40 너희는 말하느니라.
41 형제요, 부모를 정성으로 모시며 화목
하게 살아가는 그와 같은 것보다도,
나 여호와를 믿고 나를 경배하며 나를
위해서 무엇인가 역사하며, 하늘에 오
르는 그 길을 위해서 노력하며, 손으
로 지은 죄의 온상인 교회에 가서 정
해진 시간에 기도하며 찬양하며 재물
을 바치는 것이 너희 형제나 부모에게
잘못하는 것보다 더 위대한 것이라 그
리 가르친다 하지 아니하였더냐?
42 그리하여 그것이 잘못된 것이며, 그것
이 다 욕심이요, 사악한 자라 내가 너
희에게 기록하고 또 기록하는 그것을
알아야 할 것이니라.
43 너희가 하늘에 오르는 길이라 가르치
는 것이 바로 무엇이더냐?
44 너희는 그저 믿음으로만이 모두를 역
사할 수 있다고 가르치며, 나를 위하
여 너희 손으로 지은 교회를 위해 그
강론을 들으려고 육의 세상에서 어떠
한 것을 희생을 시킨다 해도 그는 죄
가 되지 아니하며 아무런 관계도 없으
며,
45 오로지 믿음만을 다하면 그것이 큰 사
랑이요, 나 여호와를 경배하는 것이기

때문에, 그리고 나의 아들 예수가 피
흘려 죽은 거기에 대해 보답하는 길이
기에, 큰 죄가 되지 아니한다며 그리
가르치고 그리 가라 말하고 있지 않은
가?
46 형제와 모두를 다 버리며 가는 그 믿
음이 진정한 믿음의 길이요, 하늘에
오르는 길이라 그리 가르침이니라.
47 이제 너희는 여기서 알아야 할 것이
니라.
48 저 자신을 위해 저 개인을 위하여 믿
음의 길을 가는 그와 같은 백성에게
부모 형제요, 모두를 다 버리고 믿음
의 길만을 가라고 가르치고 전하는 것
이 아님을 알아야 할 것이니라.
49 너희는 모두를 다 바치는 것이 위대한
믿음이요, 구원의 길이라 가르침이니,
저 자신이 구원받고자 기도하는 자,
저 자신을 위해서 나에게 오고자 하여
거기에다 모두를 다 바치는 그와 같은
백성으로서 믿음을 가라 하는 것이 아
니니라.
50 모두를 다 버리고 접어 두며 오로지
믿음의 길만을 가는 백성이 되어야만
구원을 받는다는 것은 무엇인 줄 알
겠느냐?
51 믿음을 위해 가는 그 백성은 욕심에
차 있지 않은 백성이요, 남을 위해서
다른 백성을 구하기 위해 지도자로서
가는 그 지도자들의 덕목이며 그들이
지켜야 할 자세라는 것을 너희는 알
아야 할 것이니라.
52 부모 형제와 멀리하는 그 희생이요,
부모에게 공경하지 못하며 형제에게
화목하지 못하는 그와 같은 길이요,
53 재물이요, 그 모두를 다 놓고 지금까
지 이루고 역사한 모두를 다 놓고 가
는 그 길이 진정한 믿음의 길이요, 하
늘에 오르는 길이라는 것은 일반 백성
에게 그와 같이 강요하고 가라 하는
것이 아니니라.
54 이는 종교 지도자만이 그와 같은 마음
자세요, 그와 같은 것을 거울삼아 살
아가는 것이 종교 지도자요, 남을 가
르치며 단상에 서서 설교하는 종교 지
도자들이 가야 할 길이라는 것을 내가
그리 가르치고 전함이니라.
55 그러나 그와 같은 것을 너희는 어찌
가르치느냐?
56 그저 교회에 오는 자, 나를 아버지라
부르는 자, 예수의 보혈로 은혜를 받
았다는 자, 모두를 다 바치고 모두를
다 파괴하며 버려 가면서도 믿음의
길만을 가면 된다고 말함이니라.
57 내가 나의 피조물 만백성에게 가정이
가장 기본이요, 근본이요, 기초라 했
으며, 거기서 이루어지는 그 모두가
하늘의 큰 역사와 연결되어 똑같은 역
사가 이루어진다고까지 그리 가르쳤
거늘,
58 그 모두를 파괴하고 버려 가면서 믿음
의 길을 가라는 것이 아니니라.
59 만백성을 구하며 만백성을 인도하는
자, 만백성을 위해서 가야 하는 선택
된 종교 지도자들이 그 모두를 다 버
리며, 자기 자신을 버리고 욕심의 뿌
리를 버리며,
60 그리고 부모와 형제에게 바른 자세를
가지 못하며 너희가 가진 재물과 명
예를 모두 다 던져서라도 믿음의 길을

가라는 것은 지도자들을 위해서 내가 하는 말이며, 지도자들이 해야 하는 그 덕목이라는 것이니라.
61 그러니 여기서 개인 모두를 다 파멸시켜 가면서 믿음의 길이요, 너희 교회요, 손으로 지은 그 죄의 온상에 와 재물을 바치고 기도하면 구원을 받으며, 그 길만이 구원을 받는다는 것이 아니니라.
62 그와 같은 마음으로써 종교 지도자는 각오를 하고 가라 함이요,
63 그렇다 해서 종교 지도자가 부모를 공경함을 소홀히 하며 형제와 화목함을 소홀히 하라는 것이 아니니라.
64 그 모두를 다 버릴 수 있더라도 종교 지도자는 바로 서야 하며, 바로 가서 만백성을 가르치는 데 한 점의 부끄럽이 없는 그와 같은 자세로 믿음을 가야 한다 하여 그를 너희에게 깨우쳐 줌이며 비유의 설명으로써 내가 너희에게 전했음이니라.
65 가장 소중한 것은 개인이라 했음이니라.
66 그 모두는 나로부터 받아 나간 생명이요, 그리고 더불어 사는 그 가정에서 자기의 직분을 다하는 백성을 내가 사랑하며, 그와 같이 했을 때 모든 이 우주요, 인간이 다 존재한다 그리 말하였음이니라.
67 그러니 믿음을 위해서 형제요, 부모요, 모든 것을 팽개치며 오로지 믿음만을 위해서 가고,
68 너희가 손으로 지은 교회에 와 재물을 바치며 사악한 종교 지도자의 설교요, 그들이 강론하는 것을 '옳소, 믿습니다.' 소리치고 가는 것이 구원을 받는다 함이 아니니, 그는 모든 기초 질서가 다 무너짐이니라.
69 기초 질서를 다 파괴한 그 위에서 참진리요, 나에게 오르는 뜻을 과연 이룰 수 있다고 생각하느냐?
70 기초 질서를 지키지 아니하여도 구원을 받는다는 그와 같은 백성은 바닷물에 쓸려 가는 모래알처럼 계속 쓸려 가는 그곳에서 무엇인가 이루고 성을 짓고 역사를 할 수 있다고 대드는 자들과 똑같은 자들이라는 것을 너희는 잊어서는 아니 될 것이니라.
71 모든 기초 질서를 파괴해서는 아무것도 이루어지는 것이 없으며 역사할 수 없다는 것을 알라.
72 나는 너희가 기초 질서를 지키는 백성으로서, 개개인의 권력이요, 명예를 모두 다 버리라는 것이 아니요, 너희 자신의 구원을 위해, 네 욕심을 위해서 그리 행하라는 것이 아니니라.
73 종교 지도자로서 만백성을 구하는 선생으로서 나로부터 선택되어 가는 그 백성은 모두를 뒤로 미루며 제쳐 놓고 남들에게 한 점의 부끄럽이 없는 아름다운 모습으로 살아 만백성을 구할 때, 그것이 너희가 가는 길이며 선택하는 길이라는 그 뜻이거늘,
74 너희는 모두를 다 바치라, 그리고 모두를 다 버리라, 너희가 짓는 성전에 와서 많은 헌금을 하며 건축을 하며 그 역사를 이루는 것이 나에게 은혜 받는 것이니, 부모에게 하는 것보다 이곳에 와서 하는 것이 열배 백배 더 은혜를 받으며 위대한 것이라 그리 가

르침이니라.
75 개인의 구원을 위하여, 개인이 구원받
는 욕심을 위해서 기초 질서를 파괴하
며 기초 질서를 무너트리는 그와 같
은 행위로써 믿음의 길을 가라 하는
것이 아님을 알라.
76 지도자가 그와 같은 길을 가야 한다는
덕목으로써 내가 성경에 기록하여 전
한 그 뜻을, 너희는 개인에게 그리 가
라 가르치니, 그것이 잘못되었음을 알
라.
77 나의 백성은 십계명을 지키며 율법대
로 지키고 살아가야 하며,
78 정해진 장소에서 기도하는 것으로써,
정해진 곳에 강론을 듣는 것으로써 너
희가 구원이요, 변화되는 것이 아니
요, 내가 내린 계명대로 삶을 살고자
노력하는 그 백성이 구원을 받는 것이
며,
79 그 기초는 절대 무너져서는 아니 되
며, 그 기초가 쓰러져서는 아무것도
이룰 수 없음이니라.
80 그러니 나의 십계명을 지키고 살고자
하는 그 백성이 기초를 지키는 것이
며, 그 단단한 기초 위에 종교 지도자
들이 가는 덕목을 기록하여 전함을 너
희는 알라.
81 이제 내가 다시 한 번 너희에게 가르
치느니라.
82 개인을 위해 믿음의 길을 가는 자에
게, 모두를 다 바치며 모두를 던지고
따르라 하는 것이 아니요,
83 지도자로서 쓸 수 있는 자, 지도자로
선택된 자, 주변의 몇 사람보다도 수
천수만 배 만백성을 구하며 남을 위한
믿음을 갈 수 있는 자, 그리 지도자로
서 가는 자를 말함이니, 너희는 여기
서 이 의미를 깊이 깨우치라.

7,159 번째 하나님 말씀

2003년 8월 16일 23시 15분

1 사랑하는 나의 아들아!
2 "네, 아버님! 말씀하옵소서."
3 수천 년을 흘러온 지금의 모든 종교
집단이요, 그 지도자요, 백성이 과연
이 세상의 백성을 어찌 구분하는가?
4 너희는 무조건 믿지 않는 백성이요,
너희와 같이하지 않는 백성은 죄인이
라 그리 생각하며 그리 취급해 왔음이
니라.
5 그리고 그들을 벌레 보듯이 하느니라.
6 인간이 나로부터 생명을 받아 나가
한 형제로 태어난 것이 소중하고 귀한
것이거늘, 그들이 너희가 가는 믿음
의 길을 가지 아니한다 하여 무조건
죄인으로 취급하며 흉측한 벌레로 보
는 그와 같은 삶을 살아가도록 하며,
7 그리 생각하고 저주하도록 종교 집단
이요, 지도자들이 나의 피조물 만백성
들의 마음을 그리 돌려놓았으며 그리
했음이니, 그것이 너희가 가는 길이니
라.
8 너희가 정녕 사랑을 베풀며 믿음의 길
을 가는 백성이라면, 그들을 가슴에
안을 줄 알며, 그들을 소중히 생각할
줄 알며, 그들의 아픈 상처를 보듬어
주고 어루만지는 그와 같은 것이 종교
집단이요, 나 여호와의 뜻에 가는 그
백성이 해야 할 행위일 것이니라.

9 너희가 정녕 진정한 믿음의 길을 가는
백성이요, 나의 뜻에 오는 백성이라면,
10 이보다도 더 소중하고 귀중한 보석이
요, 진주가 없음이니, 이 세상에 가장
귀중한 것을 가진 자가 남에게 사탄이
요, 이단이라는 비방을 할 수 있는가?
11 그 백성을 보기에 가련하고 불쌍한 눈
으로 봐야 할 것이며, 그들을 도우며
그들의 상처를 어루만져 주는 그 마음
을 스스로 시작해야 할 것이며,
12 팔을 걷어붙이고 먼저 그 일에 뛰어드
는 그와 같은 것이 사랑이요, 진실한
믿음이요, 너희가 믿음의 길을 가는
것이 아니냐?
13 그러니 모든 백성을 그리 가르쳐야 하
느니라.
14 그러나 너희는 어찌 가르쳤느냐?
15 정녕 여유 있는 자가 없는 자를 보았
을 때, 그가 불쌍하고 가련한 생각이
들지 않던가?
16 그러니 깨달음이 높은 자, 지혜가 높
은 자가 그를 본다면, 정녕 참진리의
길을 가 하늘 높이 나에게 몇 발짝이
라도 와 있는 자가 위에서 내려다본
다면, 너희가 말하는 죄인 취급하는
그 믿지 않는 백성이 얼마나 가련하
고 불쌍하던가?
17 그러니 그들을 사랑으로 감싸 줄 수
있는 그와 같은 마음을 갖는 것이 믿
음의 길이니라.
18 그러나 무조건 죄인이요, 흉한 벌레를
보듯이 세뇌시키고 가르친 것이 오늘
의 종교 집단 너희니,
19 파벌을 조성했으며 한계를 그어 놓았
으며 '우리'라는 그 단어를 무색하게
하여, '너와 나'로 갈라 놓은 자들이
너희니, 이것이 잘못되었다는 것임을
알라.
20 너희는 이제 알아야 할 것이니라.
21 너희가 심판을 받는 것을 믿고 믿지
않는 그것으로써 죄의 근원이 되며 심
판의 근본이 된다고 그리 가르치는 것
이 얼마나 어리석고 불쌍한 백성인가
를 알게 될 것이니라.
22 어떠한 형태든 이 세상에 생명을 가지
고 나온 모든 백성은 내가 가장 사랑
하는 아들딸이라 그리 말하였음이니
라.
23 나의 아들딸들이 어떠한 삶을 사느냐,
그가 어찌 행하고 사느냐가 가장 중요
한 것이지, 너희 손으로 지은 교회에
정해진 시간에 와서 설교를 듣지 아니
하며 재물을 바치지 아니한다 하여 너
희는 천국이요, 그들은 지옥으로 간다
는 그와 같은 허무맹랑한 말로써 너희
의 추한 부분을 감추려 그리 생각하
지 말라.
24 너희는 똑같은 아들딸이니, 똑같은 나
의 아들딸이 나의 뜻을 얼마만큼 행하
고 사느냐에 따라,
25 믿음이라는 것을 모르고 산다 해도 질
서를 파괴하지 아니하며 십계명의 내
용을 지키고 살아가는 그와 같은 백성
은 나에게 와 상을 받는다는 것을 잊
지 말라.
26 너희 손으로 지은 교회요, 그 성전은
죄의 온상이니라.
27 너희야말로 이단이요, 죄의 온상이며,
나 여호와의 뜻을 거역하는 자들이니
라.

28 너희는 구약 것을 저버리고 나의 아들
예수의 신약 시대를 엮어 가며 그 신
약 시대가 소중하다 그리 가르치니,
29 신약 시대의 문을 연 나의 아들 예수
가 교회를 지으라 하며, 열 발짝마다
너희 손으로 지은 성전이라는 것을
지으라고 가르쳤던가?
30 '마음에 성전을 지으라' 그리했음이니
라.
31 네 마음속에 성전을 지으며 교회를 지
으라, 그리 가르쳤거늘,
32 너희는 건축물로써 역사한 그와 같은
교회를 짓고 그 속에서 모여서 화합이
요, 사랑이 아니라, 시기하고 질투하
고 음해하며 나에게 오르는 길이요,
하늘에 오르는 길이라 그리 말함이니,
거기가 바로 지옥의 온상이라 하였음
이니라.
33 나의 아들을 통하여 너희의 교회 안
을 그려 보여 주는 그 그림이 어떤 줄
알겠느냐?
34 인간이 존재하는 것이 아니요, 지금
사악한 마귀들이 들끓으니, 그리하여
교회가 텅 비었다고 나의 아들이 그
리 전하는 의미를 너희는 알아야 할
것이니라.
35 너희는 교회요, 그 성전에 나가는 것
이 구원을 받는 것이 아니요, 나의 율
법과 십계명을 지키느냐 지키지 아니
하고 사느냐 그것이 죄의 심판이요,
근본이 된다는 것을 잊어서는 아니 될
것이며,
36 이 말을 내가 기록하고 기록하여 수없
이 너희가 듣도록 그리해 놓은 소중
함을 알라.
37 너희가 이 세상에 살면서 가장 작은
죄까지도 남김없이 깨끗하게 정리하
지 아니하고 심판대에 서게 되었을
때, 너희는 지옥 불로 그냥 간다는 것
을 절대 잊지 말라.
38 너희가 이 세상에 살아가면서 지은 작
고 큰 죄 그 모두를 깨끗이 정리하며
그 모두를 다 갚지 아니하면, 결코 너
희가 그리 원하고 갈구하는 나의 나라
에 올 수 없다는 그 무서운 현실을 알
아야 할 것이니라.
39 그러니 믿음의 길이 어떠한 길이며 믿
음의 가는 길이 어떤 것인가를 너희
스스로 깨우쳐, 너희 자신이 행하여
구원을 받도록 그리해야 할 것이니라.
40 죄가 선보다 무거울 때 너희는 지옥
행이라 내가 그리 말하였음이니,
41 너희가 이 세상에 살면서 육으로써 행
하면서 지은 죄요, 너희가 가진 그 모
든 죄를 완벽하게 갚고 완벽하게 정리
하지 아니하면 너희는 지옥으로 간다
는 것을 잊지 말라.
42 결국은 너희는 그리 가게 됨이니라.
43 너희가 그를 정리하지 못하며 그를 갚
고 다스리지 못하는 자가 아름다운 삶
이요, 아름다운 선을 향하여 너희가
지은 죄의 열배 백배를 더하는 그와
같은 것으로써 와서 나에게 심판을 받
을 때, 선이 무거운 형국으로써 삶을
살 수 있는가?
44 그와 같은 삶을 살 수 없는 자는 정녕
나를 볼 수 없음이니라.
45 내가 성서에 기록하여 너희에게 전한
뜻이니라.
46 모든 죄를 다 갚고 정리하지 아니하고

는 너희는 구원을 받을 수 없으며 나
에게 오를 수 없다고 성경에 기록되었
음이니라.
47 그와 같은 내용을 잘 풀어 너희가 이
해할 수 있도록 나의 아들을 통하여
나의 법전에 기록하여 새로운 성경에
이를 전함이니, 이를 보는 종교 집단
이요, 세뇌된 백성이 뭐라 말하겠는가?
48 이 책을 쓴 자는 교회를 몇십 년씩 다
녔으며 그 내용을 다 아는 자가 그를
응용해 기록하여 전했으며,
49 나 여호와가 직접 내리는 뜻이 아니
요, 내가 만백성을 구원하고자 그 모
두를 간단히 누구나 다 이해하고 깨우
칠 수 있도록 내리는 것이 아니요,
50 그는 나 여호와의 뜻이 아니요, 그는
교회를 수십 년 다녔으며 성서에 통달
한 자가 그리 기록하여 전하는 것이라
그리 말하느니라.
51 그러면서 너희는 그걸 사탄이라 말하
느니라.
52 정녕 너희 말대로 나 여호와의 뜻을
직접 듣고 그리 물어보지 아니하고 그
가 기록하여 전한다 해도, 성경에 있
는 그 내용을 보고 바로 서고 바로 가
르치라 그리 말하거늘,
53 그렇다면 그 말이 똑같은 뜻이라면 신
약 성경에 있는 것은 하늘의 뜻이요,
인간이 전하는 것은 그 하늘의 뜻이
아니라 말할 수 있는가?
54 나의 법전에 기록한 내용이요, 성경에
있는 내용이 다 같이 일치한다면, 이
는 나 여호와의 뜻이요,
55 똑같이 나 여호와의 값진 보배요, 나
의 성령이라는 것을 너희는 알아야
할 것이니라.
56 그러나 너희는 그리 뒤집어씌울 것이
니라.
57 이는 정녕 지도자가 아니며, 하늘이
내린 자가 아니라, 그리고 나 여호와
의 뜻이 아니라 그리 뒤집어씌우며 그
를 핍박하고자 할 것이니라.
58 그러나 너희는 들어야 할 것이니라.
59 성경에 기록되어 있는 내용을 나의 아
들이 쉽게 풀어 이를 똑같은 내용으로
너희에게 전한다 하면,
60 너희는 이 뜻을 깨우치고 너희 것으로
만들려는 그와 같은 노력의 길을 가는
것이 나에게 오르는 길이라는 것을 절
대 잊어서는 아니 될 것이니라.
61 그와 같이 인간이 써서 기록한 것이라
도, 나의 아들 예수가 2천 년 전에 너
희를 깨우치고자 기록한 그 내용과 똑
같은 내용으로써 나의 아들이 기록하
여 전한다 하면,
62 너희가 이를 갖다 사탄이요, 이단이라
그리 말하는 것은 나의 아들 예수가
너희에게 가르쳤던 성경에 기록된 것
을 모두 다 이단이요, 사탄이라 말하
는 자라 내가 일찍이 이야기했음이니,
63 그 두려운 죄를 너희가 어찌 다 감당
하려 하는가?
64 비록 인간이 너희에게 전한다 해도,
나의 아들 예수가 2천 년 전에 와서
그 전한 내용을 나의 아들이 전한다
하면,
65 너희가 그걸 그대로 받아들일 순 없으
며 그를 그대로 너희 것으로 만들어
변하는 그와 같은 삶을 살 수는 없는
가?

66 2천 년 전에 예수가 전한 그 내용을
지금 나의 아들이 똑같이 책에 기록하
여 전한다 하면, 그러한 똑같은 뜻이
라는 것으로 어찌 생각할 수는 없는가?
67 그리고 한 인간이 예수가 가르치고 전
했던 것을 응용하고 그를 모방하여 그
를 너희에게 전한다 해도, 그것은 아
름다운 나의 진리요, 참성령의 뜻이라
는 것을 알아야 할 것이거늘, 어찌하
여 너희는 오늘날 그와 같은 행위를
하는가?
68 그러면서 너희는 그리 말할 것이니라.
69 사탄도 나 여호와같이 역사하기에, 사
탄도 성서에 기록된 내용이요, 성서에
너희가 깨우치는 내용을 똑같이 기록
하여 전할 수 있으나,
70 마지막에 가서 모두를 다 가로채며
모두를 다 무너트리며 마지막에 가서
변화되는 그와 같은 것이라 그리 변명
하며,
71 또 나의 피조물 만백성들을 현혹하며
나의 법전을 읽지 말라, 사탄이 내는
것이요, 마귀가 내는 것이요, 마지막
시대에 이 세상을 혼란케 하려는 자들
을 위해서 거짓 선지자가 만들어 낸
것이니, 너희는 단결하고 힘을 합쳐야
할 것이라 하며,
72 그리고 많은 백성이 너희가 있는 그
교회에 올 수 있도록 더 크게 그리고
더 웅장하게 모든 이가 와서 위압감을
느끼도록, 그리고 너희가 성공했다는
교회요, 성공한 교회에 속해 있어야
나 여호와의 아들딸이요, 그리하여 너
희는 축복이요, 영광을 받을 수 있다
고 가르치는 그 사기극에 넘어가서는
아니 될 것이니 그리 알라.

7,160 번째 하나님 말씀

2003년 8월 16일 23시 25분

1 사랑하는 나의 아들아!
2 "네, 아버님! 말씀하옵소서."
3 나의 피조물 만백성 개개인에게 너희
가 한번 물어보라.
4 모든 것은 너희 자신을 위주로 하며,
네 앞에 큰 것을 놓고자 하는 마음이
과연 없는가?
5 나의 피조물 만백성들이 다 그와 같은
마음을 가지고 삶이니, 그것이 어디
사랑이며 나눔이 있는가, 그리고 그것
이 베풂이 어디 있느냐?
6 모든 백성은 그러하니라, 그러나 일부
백성은 절대 그렇지 않다 말하느니라.
7 과연 그들이 그렇지 않다 말하는 것이
그 한계의 수준이 얼마나 되는가?
8 너희가 많이 가진 것은 남들 앞에 양
보하며 욕심이 없는 것처럼 보일 수도
있음이니라.
9 그러나 너희가 더 소중하고 값진 것에
대해 과연 그를 놓을 수 있으며 그를
버릴 수가 있는가?
10 그리하여 너희가 그 마음을 비웠는가?
11 너희가 좁쌀만 한 금은 남에게 양보
할 수 있으며 그걸로 양보하는 마음이
요, 욕심이 없는 사람이라 그리 말할
것이니라.
12 그러나 콩알만 한 금 조각을 놓을 수
있으며 밤알만 한 것, 또 주먹만 한
것, 그리고 너희가 말하는 수박만 한
황금 덩어리가 있을 때,

13 그때도 과연 욕심을 부리지 아니하며,
네 것으로 하고자 하며 네 것으로 만
들고자 하는 마음 없이 과연 남에게
줄 수 있는가?
14 그것이 너희가 마음을 비운 것이요,
욕심을 갖지 아니하며, 자기보다도 남
을 위해서 살아가는 그 근본의 마음이
거늘,
15 너희가 살아가면서 수억 가지 셀 수
없는 그 속에서 과연 모든 것을 다 그
리 놓을 수 있는 마음 자세가 되어 있
는가?
16 그와 같은 마음 자세가 되어 있지 아
니하였으면서 마음을 비운 자며 그리
고 남을 위하여 또 나 여호와가 명한
그 삶을 살려고 모두를 다 놓고 갈 수
있다고 말할 수 있는가?
17 이것이 너희 마음이요, 너희가 가진
생각일 것이니라.
18 귀하고 귀함에 따라서 그도 똑같이 놓
는 것이 아니요,
19 그저 여분이 있는 것, 남아돌아 가는
것, 그와 같은 것을 놓고 마음을 비우
며 자기는 욕심이 없는 백성이라 그
리 말한다면,
20 이는 정녕 비운 자가 아니며, 욕심의
뿌리를 뽑은 자가 아니요, 변화된 삶
을 사는 것이 아님이니라.
21 이제 너희는 저려 오는 아픔을 딛고
넘어야 할 것이니라.
22 너희가 아무리 귀하고 소중한 것도 그
모두를 다 남이 갈구하고 원할 때 놓
을 수 있는 그 마음의 길을 가야 하니,
여기서 결정해야 할 것이니라.
23 너희 스스로 그와 같이 마음을 비우고
갈 수 있으며 과연 천사의 마음으로
살아갈 수 있겠는가, 그렇지 않으면
그 길을 살아갈 수 없는가?
24 지금쯤은 너희를 다스리고 너 자신의
심판을 해 봐야 할 것이니라.
25 너희가 수박덩이만 한 황금 덩어리도
좁쌀만 한 금 조각처럼 똑같이 놓을
수 있는 것, 그게 바로 무엇이더냐?
26 너희가 가진 것이 백이라는 그 속에
서 그를 가지고 살아간다면 좁쌀만 한
금 덩어리를 너희가 놓는 것이나, 수
박덩이보다 큰 금 덩어리를 놓는 것이
나 놓는 것은 똑같은 그와 같은 이치
이거늘,
27 그러니 너희가 과연 그와 같은 이치를
깨달으며 그와 같이 행위를 하는가?
28 크면 클수록 탐하며 크면 클수록 갖고
자 하며 크면 클수록 모두를 놓을 수
있는 마음이 없음이니,
29 그러니 너희가 깨우친 자요, 천사와
같이 변한 자요, 남을 위해 살아가는
사람이요, 어떠한 것도 남을 위해서
놓을 수 있는 인간의 삶으로 살아간다
는 그와 같은 말을 감히 하지 말라.
30 그는 있을 수도 없으며, 너희는 그와
같은 역사를 할 수도 없음이니,
31 너희가 귀하고 소중하며 크고 큰 것을
놓을 때마다 너희 마음이 거기서 흔들
리지 아니하며, 사악한 마음을 이겨서
모두를 다 바람처럼 떨어지는 낙엽처
럼 놓을 수 있는 그와 같은 형국이 되
었으며,
32 너희가 그리 다스려졌을 때 모두를 다
용서하며 모든 마음을 비운 자라는 그
와 같은 말을 할 수 있을 것이며, 그렇

지 않은 백성은 비웠다는 말을 할 수
없음이니라.
33 이 세상 어느 백성이 크고 큰 것을 다
놓을 수 있는 백성이 어디 있으며 소
중하고 소중한 것을 갈수록 더 소중한
것을 그저 부담없이 놓을 수 있는 그
마음이 과연 비어 있는가, 그를 보도
록 너희 자신이 채점하도록 그리하라,
사랑하는 나의 아들딸들아!

7,161 번째 하나님 말씀

2003년 8월 16일 23시 33분

1 사랑하는 나의 아들아!
2 "네, 아버님! 말씀하옵소서."
3 사랑하는 나의 아들딸, 나로부터 선택
된 백성 너희는 어찌 살아가야 하는
지 알겠느냐?
4 지금 이 세상에 수천 년 동안 수많은
백성이 흘러갔으며 세상에 나와 그들
이 또한 죽어 가는 그와 같은 삶을 살
았음이니라.
5 그 모든 백성 중에서 바로 내가 새로
운 역사를 이루려고 선택된 백성은
나의 아들을 따르는 제자들이요, 그리
고 나의 법전을 읽고 깨우쳐 가는 너
희라 내가 그리 말했음이니라.
6 그러니 너희가 나로부터 선택되고 대
명을 받은 것이 얼마나 귀하고 소중한
백성이더냐?
7 그러나 너희는 여기서 하나를 알고
넘어가야 함이 있음을 잊지 말라.
8 나로부터 선택된 백성이요, 내가 이루
고자 하는 하늘의 낙원을 지상에 이루
기 위해 그 기초를 다지려고 그 많은
백성 중에서 선택된 백성이니, 너희는
다른 백성과 차별화됨이 있음이니라.
9 모든 종교 집단 속에서 허덕이는 백성
이요, 구원을 받았다 하는 신도 그들
은 다 잘못 가며 사탄의 밑에 가서 저
희가 사탄에게 힘을 실어 주며 지옥으
로 가는 그 길을 위해 달려가는 자들
이니,
10 그들이 어떠한 일을 하든 나는 그들과
관계가 없음이니라.
11 그리고 내가 그들로 인하여 내 마음이
아픔이 없다면 믿겠는가?
12 이는 내 마음이 아픔이 없을 정도로
내가 지금 마음을 굳혀 가고 있음을
너희는 알아야 할 것이니라.
13 내가 그들을 마음을 아파하며 그들을
감싸고 있을 때 나는 사탄이요, 천사
로부터 얼마만큼 고개를 들 수 없는
나 여호와인 줄 알겠는가?
14 너희가 잘못 갔을 때 그 모두는 다 내
가 수모를 받으며 내 마음에 수모라는
것을 너희는 알겠느냐?
15 그리하기 때문에 내가 지금 나를 거역
하며 사탄의 자식으로 간 백성, 그들
이 어떠한 행위를 하든 내가 듣지 아
니하며 그를 보지 아니한다 하였음이
니라.
16 그러나 제3의 시대를 열어 가며 내가
지금 역사하는 곳에 선택된 백성, 구
약과 신약의 그 모든 세월 속에서 선
택된 백성 너희가 잘못하고 행동을
잘못했을 때,
17 하늘의 나 여호와가 사탄과 천사들을
바라볼 낯이 없으며 내가 바라볼 수
없다면 과연 너희는 알겠느냐?

18 내가 선택하며 자신한 백성이요, 나의 아들딸이요, 천국의 문에 반드시 들어 올 것이라 그리 말하며 행할 것이라는 그 백성이 잘못 살고 잘못 행동했을 때, 천사와 사탄들이 뭐라 말을 하겠느냐?
19 사탄과 천사가 말하는 뜻을 너희는 알게 될 것이니, 정녕 너희가 잘못 가고 잘못했을 때 내가 천사와 사탄을 바라볼 수 있다고 생각하는가?
20 창조주 나 여호와가 너희로 하여금 천사와 사탄 앞에 수모를 겪고 바라보지 못하는 그와 같은 형국이 되어 버렸다면 과연 어찌하겠느냐?
21 이제 나의 아들로부터 그 제자로서 명받은 자요, 그리고 나의 법전을 읽고 깨우친 백성 너희의 잘잘못이라는 것은 보통 백성이 살아가는 것과는 차별화가 됨이요,
22 그는 바로 나에게 직접 연관된다는 것을 절대 잊어서는 아니 됨을 알라.
23 사탄의 자식이 되어 잘못 가며 잘못 흘러가는 그 백성이 울고불고 기도하는 것은 내가 듣지 아니한다 하였음이니, 귀를 막으면 될 것이니라.
24 그러나 너희는 나로부터 선택된 아들딸이요, 나로부터 명을 받아 간 나의 아들딸이라는 것을 천사들이 알며 사탄이 알며 그 모두가 다 알고 있음이니라.
25 그러니 다 나의 뜻을 역사할 것이라 알고 있는 너희가 잘못 갔을 때, 나 여호와가 과연 천사와 사탄을 어찌 바라보며, 내가 그들에게 당하는 수모와 보이지 않는 마음의 아픔을 너희는 알겠는가?
26 그러니 너희는 어떠한 형국이요, 어려움이 있다 해도 나의 법전을 만들어 세상에 전하며, 하늘을 향하여 한 점의 부끄럼이 없는 삶을 사는 길로 빨리 변해야 함을 잊지 말라.
27 너희가 변하지 못하는 그 시간이 길면 길수록 나 여호와는 천사와 사탄을 바라볼 수 없는 내 마음이며,
28 그들로 하여금 느끼는 이 수모의 아픔을 과연 내가 너희로 하여금 몇십 년 몇백 년을 그저 끌고 가야 한단 말이던가?
29 이제 나의 아들을 따르는 제자들이요, 나의 법전을 읽고 깨우친 너희는 만백성들과 차별화됨이니,
30 너희가 잘못하는 것, 행동을 잘못하는 것은 모두 나 여호와가 수모를 당한다 생각하라, 나의 아들딸들아!

7,162 번째 하나님 말씀

2003년 8월 16일 23시 44분

1 사랑하는 나의 아들아!
2 "네, 아버님! 말씀하옵소서."
3 성경에 기록하여 전하기를, 너희가 죄를 짓는 순간에 마귀가 되며 사탄의 자식으로 타락하고 전락한다 성경에 기록하여 깨우쳐 주었으며 그리 전하였느니라.
4 오늘 나의 아들을 통하여 나의 법전에 상세히 기록된 그 내용 또한 너희가 알 것이니라.
5 나의 법전에 상세히 기록하여 너희에게 뭐라 전하였는가?

6 너희가 죄를 짓는 그 순간에 사탄의
자식으로서 가며, 너희가 죄를 짓지
않는 그 순간은 천사로서 존재하나,
7 너희가 천사와 같이 아름다운 마음을
가지고 산다 해도 한순간에 나쁜 짓
이요, 부끄러운 짓을 했을 때, 나 여호
와에게 부끄러운 그와 같은 행위를 하
는 그 순간에 뭐라 했느냐?
8 내가 사탄으로 전락된다 그리 말했음
이니라.
9 성서에 기록된 내용과 나의 법전을 통
하여 너희에게 이와 같이 상세히 기
록하여 전하는 그 소중한 의미를 과연
아는가?
10 너희는 이 귀하고 소중한 의미를 알
아야 할 것이니라.
11 너희가 범죄하는 순간 곧 무엇이더냐?
12 너희가 지옥 불로 떨어진다는 그와 같
은 의미요, 뜻을 알아야 할 것이니라.
13 지금 상세히 기록하여 내가 너희에게
전하는 그것은, 바로 너희가 그와 같
은 것을 행하지 아니하고 살아갈 때
지옥 불로 갈 수밖에 없으며,
14 그곳에 너희가 들어갔을 때 영원히
그곳에서 나올 수 없는 백성이라는 것
을 알아야 할 것이니라.
15 내가 너희에게 말하여 전하기를, 그
죄를 짓고 사는 것이 설마 그것으로써
심판을 받으며 그것이 다 그대로 기록
될까 그리 생각할 것이니라.
16 그러나 너희는 여기서 알아야 할 것
이니라.
17 너희가 육의 세상에서 살아가는 그와
같은 삶을 나의 생명책의 너희 이름
석 자 위에 선과 악이 모두 기록되며,
18 너희가 죄를 짓고 산 그 죄의 결과요,
선행하며 살아간 그 모두는 나 여호와
가 준비한 생명책에 너희 이름이 기
록되며 너희가 죄지은 것, 사악한 행
위를 하나도 빠지지 아니하고 그대로
기록됨이니라.
19 그리하여 생명책에 기록되어 있는 그
죄와 선함을 가지고 나 여호와에게 심
판을 받음이니라.
20 그리하여 생명책에 죄와 선함을 모두
기록하여 그로 하여금 심판을 받으며
그 모든 것으로써 역사하는 것이라는
것을 절대 잊지 말라.
21 또한, 하나 더 깊이 깨우쳐야 할 것이
있느니라.
22 너희가 이 세상에 살아가면서 모든 것
은 다 썼다 지울 수 있으며, 만들었다
다시 부술 수 있는 것이 인간 세상의
그 삶의 순환의 근본이니라.
23 그와 같이 흐름이 없이는 아무것도 이
루지 못하는 것이 인간 세상의 삶이니
라.
24 그러나 죄와 선함이 나의 생명책에 한
번 기록되면 이는 정녕 너희가 죽어
나에게 와 심판을 받는 그때까지 변경
되는 것이 아니며 떨어져 나가는 것이
없음이니라.
25 이 세상 모두는 변화될 수 있으며 다
시 만들 수 있으며 새로 시작할 수 있
으나,
26 너희의 죄와 선한 일을 구분하여 나의
생명책에 한번 기록된다면, 그것은 지
워지지 아니하며 버릴 수도 없으며,
그 누구도 그를 씻어 낼 수가 없음이
니라.

27 너희가 죽어 나에게 심판을 받을 때,
그 부끄럽고 부끄러운 죄상이 다 드러
날 때, 그 생명책에 기록되어 있는 것
을 보고 심판함을 절대 잊지 말라.
28 너희가 죄를 짓고 사는 것, 선한 것을
한번 행하고 사는 것이 나의 생명책
에 기록되면, 너희의 죄와 선함은 영
원히 지워지지 아니하며 지울 수 없다
는 것을 알아야 할 것이니라.
29 그러니 이 두렵고 무서운 하늘의 이치
를 내가 나의 아들을 통하여 너희에게
전함이니, 바로 서고 못 서는 것은 다
너희 책임임을 알라.

7,163 번째 하나님 말씀

2003년 8월 17일 12시 04분

1 사랑하는 나의 아들아!
2 **"네, 아버님! 말씀하옵소서."**
3 나 여호와가 2천 년 동안의 그 암흑의
세월이 흘러, 이제 제3의 시대를 열어
나의 법전이요, 하늘에 오르는 길이라
하여 내가 너희 가슴에 심어 이를 책
으로 만들어 만백성을 구원하는 그 역
사는 너희가 반드시 이루어야 할 것
이며,
4 이 모두는 내가 원하는 그 뜻대로 흘
러가도록 해야 함을 절대 잊어서는
아니 되며, 너희가 어렵고 힘들다 하
여 그를 중단해서는 아니 됨이니라.
5 내가 나의 아들을 통하여 160권의 법
전을 만들며 너희가 증인이 되고 증
거하여 나의 아들과 더불어 하늘에 오
를 수 있는 그 영광을 얻는 어렵고 힘
든 그 대명을 내린 것은 무엇인 줄 알
겠느냐?
6 물속에 들어 있는 그 고기를 낚으려
고 낚시꾼이라는 사람들은 무엇을 그
물속에 던지느냐?
7 그것은 무서운 바늘이요, 물면 피할
수 없으며 물면 도망갈 수 없으며 몸
부림치면 몸부림칠수록 더 상처가 심
해지며 더 견딜 수 없도록 더 깊이 박
히는 그 바늘 끝에 무엇을 매달아 던
지느냐?
8 어떠한 물고기든 좋아하는 낚싯밥이
라는 것을 위장시켜 거기다 매달아서
그걸 던져 물게 하지 않느냐?
9 그걸 무는 순간에 그 고기들은 과연
어찌 되느냐?
10 그들은 죽음이 아니더냐?
11 너희가 덫을 놓아서 짐승을 잡는 방법
이 무엇이더냐?
12 그들이 좋아하는 그 먹이로 그들을 유
인하여 잡는 것이니,
13 덫을 놓아 몸부림치면 몸부림칠수록
제 목을 졸라 죽는다 그리하지 아니
하였던가?
14 지금 이 세상에 수천 년 동안 믿음을
온 그 백성이 구약 시대서부터 잘못
흘러왔으며,
15 신약의 시대 또한 나의 아들을 통하여
역사하고자 한 그 첫 단추를 잘못 끼
운 자들이 나의 사랑하는 백성 너희를
어찌 이끌어 가더냐?
16 저희의 손으로 지은 죄의 온상인 교회
에 오면 구원을 받으며, 예수의 보혈
로써 천국에 오르며 구원을 받았다는
그 말이 바로 무엇인 줄 알겠느냐?
17 그 무섭고 날카로운 낚시에 물고기들

이 좋아하는 먹이를 걸어서 그들을 잡
아서 채듯이, 지금 그들이 그것으로써
낚싯밥으로 쓰는 것이니, 그 얼마나
사악한 것이며 얼마나 무서운 독소인
줄 너희는 알겠느냐?
18 물고기가 그 낚싯밥에 걸리면 먹이를
먹게 되어 그걸 먹는 순간에 죽음이
니, 너희 형제요, 나로부터 생명을 가
지고 나간 백성이요, 나로부터 영을
받아 나간 사랑하는 나의 아들딸이요,
19 작게는 땅에서 너희 형제인 그들이
물고기가 낚싯밥에 물려 몸부림치다
결국은 죽게 되듯이, 네 형제가 그 낚
싯밥에 걸려 지금 몸부림치며 죽어 가
는 것을 너희에게 살려 주라 함이니,
그리 물지 못하도록 하라 함이니라.
20 이것이 너희에게 내리는 대명이요, 그
리하여 나의 아들을 통하여 밤과 낮을
가리지 아니하고 법전을 세상에 내려
보냄이 여기 있음이니라.
21 사랑하는 나의 아들딸들아!
22 너희는 한 번의 죽음의 고비를 넘겼
으며 이 세상에 너희보다 영광된 자
가 없음이니라.
23 너희가 육의 소원하는 것, 영으로써
구원을 소원하는 것, 그 모두는 나 여
호와가 너희에게 다 내려 줄 것이니
그리 알라.
24 이는 내가 나의 아들을 통하여 너희에
게 약속함이니라.
25 너희가 그리고 있는 그 모든 그림의
역사요, 그와 같은 그 상의 대가를 내
가 반드시 너희에게 나의 아들을 통
하여 내릴 것이니, 너희는 받을 만한
자격이 있음이니라.
26 이제 나의 법전 13권을 강론하며, 머
지않아 열여섯 권의 그 강론이 끝남이
니, 너희는 어렵고 힘든 그 길을 온 자
들이니라.
27 이제 마지막에 달려와 우승의 영광을
차지하듯이 그 마지막 주자처럼 있는
힘을 다하며, 흔들리는 자가 되어서는
아니 될 것이니라.
28 너희가 순간에 사탄이요, 순간에 사악
한 자가 되는 것은 순간에 마음 한자
리를 잘못 먹어서 사탄이요, 악마가
된다 내가 그리 말하지 아니하였더냐?
29 그러니 언제라도 악마가 되고 사탄이
되는 자가 되어서는 아니 될 것이니라.
30 인간 세상에서 등을 돌렸다가 다시 오
는 자를 귀히 쓰지 아니하며 그를 중
책에 쓰지 아니하며, 그를 항상 감시
하며 믿지 않는 것이 인간 세상의 조
직 사회에서 흐르는 것이 아니더냐?
31 그러니 너희가 일순간에 사악한 마음
이요, 죄의 마음을 먹음으로 인해서
잠깐 사탄으로 갔다 회개하고 왔다 해
도 너희는 거기에 흠집이 생김이니,
그와 같은 나의 아들딸들을 어찌 믿겠
느냐?
32 오늘 이 순간부터 너희들은 절대 단 1
초요, 단 한 번의 생각이라도 악과 싸
우는 데, 고개를 흔들어 악을 생각하
는 너희가 되어서는 아니 될 것이니
라.
33 너희가 육의 세상에서 원하는 그림
못지않은 그 그림을 내가 그려 줄 것
이며 그 모두를 내가 너희에게 역사
해 줄 것이니라.
34 내가 너희에게 명했느니라.

35 나의 사랑하는 백성이 그저 저희 손
으로 지은 죄의 온상에 오기만 하면
구원을 받는다, 하늘에 오르는 길이라
하며 던진 그 낚싯밥에 물려, 몸부림
치며 끌려가는 불쌍한 나의 백성이
물지 않도록, 너희가 그들을 보호하며
전해 주어야 함이니라.
36 물리는 그들 입에 나의 책으로써 나의
법전으로써 그들을 깨우쳐 그 입을 막
으며,
37 그리하여 그들이 낚싯밥에 끌려가는
그와 같은 불쌍한 물고기와 같은 신세
가 되지 않도록 너희 형제를 구하라는
것이 나의 뜻이며,
38 그리하여 너희를 세상에 내려보내 이
와 같이 오늘의 너희를 불러 쓴 자들
이라는 것을 절대 잊지 말라, 사랑하
는 나의 아들딸들아!
39 정녕 힘들고 어렵거든 너희가 낚싯밥
에 물린 네 형상을 한번 생각해 보라.
40 그 물고기가 좋아하는 낚싯밥 안에
너희 목을 채는 날카로운 것을 모르고
물어 몸부림치며 끌려가는 그와 같은
물고기의 신세가 네가 됐다 생각해 보
라.
41 네가 그와 같은 신세로써 네 그림을
그려 보도록 하라.
42 지금 구원의 길이요, 그저 믿기만 하
면 손으로 지은 교회에 오는 것만으로
써 구원을 받는다는 그 무서운 미끼를
던짐이니, 그 미끼보다도 더 인간이
물기 좋은 미끼가 없음이니라.
43 그러니 물려서 끌려가는 것이 너희라
생각할 때, 과연 그 가시를 빼 주며 그
줄을 끊어 주는 자에게 너희는 어찌
하겠는가? 생명의 고마움의 은혜를
갚지 않겠느냐?
44 내가 너희에게 뭐라 말하였느냐?
45 모든 역사는 내가 너희에게 은혜를 내
리며 너희가 인간을 위해서 베푸는
것이 너희를 위해서 베풀며 나를 위
해서 너희가 살아가는 길이라 하였음
이니라.
46 나의 사랑하는 백성이 구원의 길이라
는 그 낚싯밥을 물고 몸부림치고 죽어
가는 그들의 줄을 끊고 바늘을 빼서
살 수 있도록 한다면, 그것이 너희가
살리는 길이라 생각하며,
47 어렵고 힘들다 하여 중단해서도 아니
되며 멈춰서도 아니 되는 것이 너희가
가야 하는 길이니라.
48 사랑하는 나의 아들딸들아!
49 모두는 내가 나의 아들을 통하여 너희
에게 내리는 약속임이니라.
50 그 약속이 이루어지지 아니하였을 때
나 여호와는 진정한 여호와가 아니요,
참여호와가 아님을 너희는 알라.
51 모두는 다 이루어질 것이니라.
52 그러니 그 무서운 낚싯밥을 무는 그
백성의 입을 나의 법전으로 막으라.
53 나의 법전으로 그 입을 막지 아니하면
그들이 물고 고통스럽게 감이니,
54 하나가 물려 가면 너희가 낚싯밥을 물
고 끌려가는 고통처럼 생각한다면 그
들을 구원하는 데 주저해서는 아니 될
것이니라.

7,164 번째 하나님 말씀

2003년 8월 17일 18시 45분

1 사랑하는 나의 아들아!

2 "네, 아버님! 말씀하옵소서."

3 이 세상의 그 모든 승자는 너희가 된다 하였으며, 너희가 승자가 되기 위해서 이 세상에서 가장 최고의 백성이요, 한 점의 부끄럼이 없는 백성으로서 거듭나야 한다 그리 말하였느니라.

4 내가 오늘 나의 아들을 통하여 너희에게 뭐라 가르쳤느냐?

5 지금 너희의 대명이 무엇이라 말하였던가?

6 먹이에 눈이 어두워 낚싯바늘에 걸려 있는 그 먹이를 모르고 무는 그 물고기처럼,

7 모든 나의 피조물 만백성들이 지금 종교 집단이요, 지도자들이 지은 그 죄의 온상인 교회요, 성전에 와 나의 아들 예수를 찾으며 나의 아들 예수를 찬양하며 나를 부르기만 하면 구원을 받는다는 그 낚싯밥의 미끼에 의해서 지금 나의 피조물 만백성들이 이루 말할 수 없는 그 고통의 시련을 겪고 있음이니라.

8 나의 백성이 바늘에 꿰인 미끼를 물고 사탄들이 끄는 대로 끌려가는 나의 불쌍한 그 백성의 형국을 스스로 너희가 한번 생각해 보라 그리하였으며,

9 그 낚싯밥에 물려 무섭게 끌려가는 것이 과연 어떠한 고통 속에서 끌려가는가 그것을 생각해 보라 하였음이니라.

10 나의 사랑하는 백성이 그와 같은 곳에 지금 하루에도 헤아릴 수 없이 그 낚싯밥의 미끼를 덥석 물어, 그것이 저희 생명을 죽이는지도 모르는 자들이 수없이 있느니라.

11 그를 물지 않도록 나의 법전으로써 그들의 입을 막으며, 그들을 유혹하는 그 낚싯밥의 고깃덩어리를 그들이 보지 못하도록 구원하라는 것이 너희가 이루어야 할 대명이라 내가 그리 말하였느니라.

12 헤아릴 수 없는 나의 백성이 그리 죽어 가며 그리 끌려가는 것을 보는 나 여호와의 마음이 과연 얼마나 아프겠는가, 너희는 생각해 보았는가?

13 그것이 너희가 이루어야 할 역사이며 대명이라 그리 말하였음이니라.

14 사랑이란 무엇이라 말하였느냐?

15 베푸는 것이 살아가는 사랑이라 내가 그리 말하였음이니, 모든 종교 집단이요, 지도자들이 과연 나의 백성에게 평생 사랑을 실천하며 나누어 줌을 행하고 사는가?

16 수많은 방법으로, 수많은 헌금이라는 이름이요, 명분으로 그들한테 평생 거둬들이기만 하며 갈취하는 것이 오늘의 종교 집단이요, 지도자라 내가 그리 말하였음이니라.

17 그리하여 바치고 끌려가는 그 속에서 그들의 마음은 황폐해지고 거칠어졌으며,

18 그들 자신이 이제는 지칠 대로 지쳐 있는 자가 있는가 하면, 과연 그 길이 구원의 길인가 하는 의혹을 가진 자들이니라.

19 너희는 일방적인 강압에 의하여 베푸

는 사랑이요, 전하는 사랑만 했지,
20 정녕 나의 사랑하는 백성이 사랑을
베푼 만큼 너희도 받으며 받은 만큼
베푸는 그와 같은 순리적인 사랑의 삶
을 살지 못한 것이 너희라 내가 말했
느니라.
21 지금 나의 아들을 따르는 백성이요,
나의 법전을 읽고 깨우친 백성 너희는
과연 무엇이던가?
22 나 여호와가 나의 성령인 나의 법전으
로 하여 너희에게 끝없이 베풀어 주
며, 너희의 육의 삶의 정착을 위하여
나 여호와가 육의 세상의 은혜를 내리
며 영혼 구원의 그 세상의 은혜를 동
시에 너희에게 같이 내린다 하였음이
니, 그것이 사랑이며 그것이 실천의
근본이니라.
23 나는 나의 법전을 통하여 너희에게
모든 육의 세상의 그 안정된 삶을 위
하여 너희가 편안하게 나에게 오를
수 있도록 그와 같은 내가 내리는 사
랑을 베풀 것이며 그리 실천할 것이니
라.
24 나의 아들이 지금 그 제자요, 그를 따
르는 백성에게 수없이 내릴 것이며,
너희에게 은혜를 베풀 것이며,
25 나 여호와를 믿는 자가 얻음이 무엇이
고 구원함이 무엇이고 사랑이 무엇인
지 나로부터 받은 그 사랑을 또한 너
희만 못한 자에게 베푸는 그와 같은
순리적인 그 믿음의 세상이 이루어질
것이니라.
26 내가 나의 아들을 통하여 말했듯이,
이 세상에 나의 사랑하는 그 백성이
요, 천사와 같은 마음을 가지고 세상
에 나간 백성이 무엇 때문에 오늘과
같이 험악해지며 사악해졌다 그리하
던가?
27 첫째는 욕심이 그 근본이요, 욕심이라
는 것은 바로 무엇이더냐?
28 너희가 물질을 탐하는 그 욕심을 버리
지 못하였기 때문에 오늘과 같이 황폐
해졌고 거칠어졌다 그리하였음이니
라.
29 그러니 너희는 물질을 탐하는 그 욕심
때문에 서로 상대방을 의심하며 상대
방을 믿지 아니하며,
30 남의 것을 갖다 너희 것으로 만들어서
라도 물질의 고통이 없는 그와 같은
삶을 사는 것이 가장 행복한 것이요,
가장 훌륭한 삶이라 그리 깨우침이니,
곧 너희는 무엇이냐?
31 밥그릇 싸움으로써 이와 같이 황폐한
세상이 되었음이니라.
32 밥그릇싸움이란 무엇이더냐?
33 탐욕스런 마음이요, 물질을 더 갖고자
더 얻고자 하여서 그 물질의 마음이
아니면 너희는 절대 구원할 수 없으며
다스릴 수 없는 그와 같은 형국이 되
어 있음이니라.
34 그리하여 사랑하는 나의 아들을 따르
는 제자들이요, 나의 법전을 읽고 깨
우친 백성 너희에게 물질적인 은혜와
사랑을 같이 내리고자 하며,
35 모든 백성에게 물질로써 은혜를 내려
물질 때문에 황폐해진 그 마음을 물질
로써 다스리는 그와 같은 역사를 이루
고자 하는 것이 나 여호와의 뜻이니라.
36 그러니 나의 아들이 너희에게 베풀어
주는 물질적인 그 내림이요, 그 영광

이요, 그 사랑이 나의 뜻이며,
37 이제는 종교 집단이요, 지도자들이 베
푸는 자가 아니면 그는 나로부터 선택
된 종교 지도자가 아님을 알라.
38 나의 아들이 행하는 것처럼, 그를 따
르는 제자들에게 육의 삶의 고통을 덜
어 그들이 진정한 믿음의 길을 갈 수
있으며,
39 그 속에서 영혼을 구원받기 위해 끊임
없는 샘물처럼 계속 그들에게 지원해
주며 그들을 위하여 내리는 그와 같은
사랑을 실천하는 모습을 직접 너희가
보게 될 것이니라.
40 종교 집단이요, 지도자는 과연 어찌하
는가?
41 너희는 계속 이유와 변명을 대며 거둬
들이고 또 거둬들이며 갈취하는 그와
같은 것으로써 나의 피조물 만백성들
을 평생 고통스럽게 살게 하다 지옥
으로 내던지는 것이 오늘의 믿음이요,
종교 집단이 행한 것이니라.
42 너희는 낚싯밥에 걸린 나의 백성을
평생 이리 끌고 저리 끌고 다니며, 그
들에게 고통을 주며 평생 재물을 거
둬들이며, 일방적으로 받는 사랑만을
즐긴 것이 종교 집단이요, 지도자이
니, 거둬들이는 것이 진정한 사랑이던
가?
43 똑같은 지도자로서 나의 아들은 나의
아들을 따르는 제자들이요, 그리고 법
전을 읽고 깨우친 그 백성에게 은혜
와 사랑으로써 내려 주고 베풀어 준
그 역사만을 할 것이니 그것이 과연
진정한 사랑인가?
44 여기서 어떠한 길이요, 어떤 것이 사
랑인가 하는 것을 나의 아들이 역사하
는 것과 너희 종교 집단이요, 지도자
들이 행하는 역사함을 놓고 확연히 알
날이 멀지 아니하였느니라.
45 그때 가서도 너희가 과연 오늘과 같
은 나의 아들이 사탄이요, 이단이요,
나의 법전이요, 마지막 거짓 선지자가
와 세상을 혼미케 하는 그와 같은 자
라 말할 수 있는가?
46 너희는 그때 봐야 할 것이니 그날이
머지않았음을 알라.

7,165 번째 하나님 말씀

2003년 8월 17일 18시 56분

1 사랑하는 나의 아들아!
2 "네, 아버님! 말씀하옵소서."
3 이를 어찌 다스리고 이를 어찌 잡아
가야 하겠느냐?
4 너희가 세상에 살면서 나에게 와 심판
을 받는 가장 중요한 것은, 생활 속에
서 짓고 행한 그 죄와 선함을 가지고
내가 그리 다스린다 하였느니라.
5 가장 중요한 그 생활의 죄와 악이요,
선함을 구분하는 그것을, 모든 종교
집단은 그것은 중요치 아니하며 그저
너희가 믿음만을 찾으면 구원을 받으
며 하늘에 오르는 길이라 그리 말하느
니라.
6 그리고 구약 시대의 율법이요, 내가
써 내린 십계명이요, 그 모두는 중요
하지 아니하며,
7 나의 아들 예수가 세상에 나와 너희
죄를 대신 다 안고 죽었다는 그와 같
은 것으로써 지금 믿음을 가고 있으며

그로써 너희는 천사와 같은 자가 되
었다 그리 행하고 있음이니,
8 너희는 내가 성서에 기록하여 너희를
깨우친 것을 모르는가?
9 육체적으로 간음하지 아니하고 마음
으로써 음욕을 품었다면, 그 자체가
간음한 죄보다 더 무섭게 적용되며 그
것이 더 큰 죄라 성경에 기록하여 그
리 전했거늘, 너희는 그와 같은 대목
을 보지 못하고 읽지 못했던 말이던가?
10 그러니 육체적으로 행하는 것보다 너
희가 정신적으로 품은 그것도 또한 무
서운 죄라 그리 가르쳤거늘,
11 어찌하여 너희가 그와 같이 마음으로
짓는 죄요, 행동으로 짓는 죄요, 육이
존재하는 세상에서 이루어지는 죄를
무섭다 아니 하며, 그저 믿음으로써
나의 아들을 찾으며 나를 찾음으로써
그 모두는 덮어 갈 수 있으며 용서받
는 길이 거기 있다 그리 가르치는가?
12 행함이 얼마나 중요한지 모르는 자는
정녕 나에게 구원을 받을 수 없으며
나에게 오를 수 없다는 것을 알아야
할 것이니라.
13 너희는 여기서 알아야 할 것이니라.
14 너희가 나에게 와 구원을 받고 못 받
는 것은 바로 그것이 무엇이던가?
15 너희가 다시 태어나느냐 태어나지 못
하느냐 하는 것이니라.
16 그러니 언어요, 행동이요, 그 모든 행
함의 죄가 각자의 이름이 기록되어 있
는 그 생명책에 너희 죄요, 선함이 하
나도 빠짐없이 다 기록되어, 그것으로
써 너희 죄를 다스리며 너희를 심판
할 때 그 근본이요, 기본이라 하였거
늘,
17 어찌하여 행함은 관계없다 그리 생각
하며 그와 같은 믿음으로써 나의 피조
물 만백성들을 우롱하며 그리 끌고 가
는가?
18 그와 같이 말하는 종교 집단 지도자들
은 알고 있음이니라.
19 그와 같이 듣고 따라오는 그 백성이
얼마나 불행하며 어리석은 백성인가,
너희는 강론하며 설교를 하면서 너희
마음 한쪽에는 그들을 비웃고 있는
자들이니라.
20 재물을 바치라는 대로 그저 꾸역꾸역
헌금을 바치는 그 신도들을 너희는
어리석고 불쌍한 자들이라며 한쪽의
마음에서는 비아냥거리는 그 마음을
가진 것이 지금의 종교 집단이요, 지
도자들의 그 사악한 마음이라는 것을
알라.
21 그들은 알고 있음이니라.
22 저희가 나에게 와 심판을 받는 것은
육의 삶이요, 지금 오늘의 삶이 어떠
한 삶으로써 사느냐 그것이 더 중요하
다는 것을 알고 있음이니라.
23 너희가 말로만 믿음으로써 구원을 받
는 것이 아니요, 행함으로써 그 심판
에 의해 구원을 받고 못 받는다는 것
을 종교 집단의 우두머리요, 지도자들
은 다 알고 있음이니라.
24 그러나 그와 같은 방법으로써 가르쳤
을 때 그들이 재물을 갈취할 수 없으
며 그들 마음대로 저희 종처럼 부릴
수 없기에 그와 같은 것으로써 가르침
이니라.
25 거기에 속아 넘어가며 그저 모르고

'아멘, 할렐루야!' 하며 재물을 바치며
구원해 달라 서로 울고불고하는 그와
같은 백성을 보며,
26 그들은 강론하며 설교를 하면서 저희
의 마음 밑바닥에 그늘진 속에는 그들
이 어리석은 백성이요, 불쌍한 자들이
라 비아냥거리고 있으니, 두 마음을
가진 것이 바로 무엇이더냐?
27 사탄이요, 사악한 자이니라.
28 두 혀를 가진 미물이 아담과 이브를
욕심이라는 것을 갖게 하여 오늘의 험
악한 세상을 만들었듯이,
29 그들의 형국과 두 마음을 가진 종교
지도자의 그 모습이 그와 똑같음을 너
희는 알아야 할 것이니라.
30 앞에서는 너희는 훌륭한 제자들이요,
그리고 구원을 받는 자요, 진정한 신
도요, 믿음의 길을 바로 가는 자요, 구
원을 받은 자라 그리 말하며,
31 행동하는 것은 중요하지 아니하며 그
저 믿음이요, 예수의 보혈로써 구원을
받았다며 소리 지르고 찬송하고 광란
의 짓을 하면 구원을 받는 것이다 그
리 가르쳐 그들을 자극하며 그들의 마
음을 동요시키며,
32 그들이 가진 모든 재물을 거둬들임으
로 고통과 시련을 얹어 주는 것이 너
희니라.
33 그러면서 그와 같이 따라가는 백성을
불쌍한 자요, 어리석은 자들이라 하
며, 밑바닥에 그늘진 이면의 마음에서
는 비웃고 있음이니,
34 그것이 이중적인 자요, 두 혀를 가진
자의 후예요, 근본이니, 곧 너희가 무
엇이더냐?
35 나의 업적을 따라 나의 뜻을 따라 참
진리를 가르치고 연구하는 것이 아니
요,
36 이미 사탄의 자식이 되어 사탄의 그
앞잡이로서 사탄의 가르침을 전하는
것이 너희라는 것을 잊지 말라.
37 사탄의 앞잡이요, 두 마음이요, 두 혀
를 가진 그들이 가르치는 말에 재물을
바치며 '옳소, 맞습니다, 믿습니다.' 소
리 지르는 것은 그들에게 힘을 주는
것이니, 힘을 주는 자 또한 사악한 자
이니라.
38 너희가 식물을 기르기 위해서 물을 주
며 양분을 공급하는 것이니, 그것은
물을 주고 양분을 공급하는 자로 인하
여 그 식물이 존재하며,
39 너희가 기르는 가축이요, 그 모두는
다 무엇이던가?
40 너희가 양분을 내려 주며 수분을 내려
주기에 그 동물들이 존재하고 살지 않
는가?
41 그와 마찬가지니라.
42 너희는 식물을 기르는 것이 아니요,
동물을 기르는 것이 아니요, 사탄의
자식에게 양분을 주며 음식을 제공하
여 그에게 즐거움을 주며 영양제를 공
급하는 그와 같은 행위를 하는 것이
지금의 모든 신도니,
43 그 죄가 얼마나 무섭고 두려운 것인지
알 날이 머지않았음을 알라.
44 이것이 바로 너희가 겪어야 할 것이
며, 나에게 와 그 심판을 받아 지옥으
로 가는 가장 큰 죄임을 알라.
45 너희는 사탄에게 영양분을 공급하며
음식을 공급하며, 그리고 하다 하다

할 것이 없어 인간의 건강을 위해 보
약의 주사까지 찔러 대는 그와 같은
사악한 짓을 하는 것이 신도라는 자
들이니,
46 사탄에게 양분을 제공하며 음식을 제
공하며 수분을 제공하며 영양분을 제
공한 신도들이 더 큰 죄를 안고 가는
자들이라는 것을 알아야 할 것이니라.
47 너희 육체가 전면적으로 죄에 대하여
그 행동을 했을 때, 또한 전면적인 행
동에서 죄를 짓지 아니하고, 일부만
부분적인 신체 일부가 죄를 짓는다
해도, 육체의 일부분에 붙어 있는 신
체의 한 부분이 죄를 짓는다 해도,
48 그걸 도려내어 버리며 그것을 잘라 내
는 것이 나에게 오르는 길이요, 그를
떼어 버리는 것이 너희가 하늘에 오
르는 길이요, 나에게 오르는 길이니라.
49 너희의 전면적인 육체가 죄를 짓지
아니하고 일부만 지었다 해도, 그를
잘라 버리며 그를 버리는 과단성이 있
는 깨달음이 아니면 아니 된다 하였으
며,
50 너희가 전면적인 육체가 죄를 짓고 사
느니, 차라리 죽음으로써 그 죄를 사
함이 옳으며, 그것이 영원히 사는 나
에게 구원을 받는 길이라 내가 너희
에게 일찍이 그 무서운 가르침을 전해
주었고 깨우쳐 주었거늘,
51 어찌하여 너희가 이를 보지 아니하며
이를 소홀히 생각하며, 정면으로 나의
뜻을 거부하고 불순종하는 그와 같은
종교 집단이요, 지도자요, 그 사탄들
에게 음식을 공급하며 영양분을 제공
하는 그와 같은 어리석은 삶을 살고
있는가?
52 이제 나의 법전을 읽고 깨우친 백성이
요, 나의 아들을 따르는 백성 너희는
그 불쌍하고 가련한 자들, 그 사탄이
요, 악마에게 음식을 제공하며 영양분
을 제공하며 수분을 조절해서 먹이는
그와 같은 사악한 행위를 하는 그 백
성에게,
53 그들이 무엇을 하고 있는가를 깨우쳐
주고 전해야 함이 너희의 대명임을
잊지 말라, 사랑하는 나의 아들딸들아!

7,166 번째 하나님 말씀

2003년 8월 17일 19시 02분

1 사랑하는 나의 아들아!
2 "네, 아버님! 말씀하옵소서."
3 말을 못 하는 동물들도 제 새끼가 성
장하여 하나의 삶을 살아갈 때까지
그들을 보호하고 관리하느니라.
4 그것이 인간 세상에 살아가는 그 법도
와 과연 무엇이 다르던가?
5 그러나 그와 같은 질서를 지키며 정해
진 그 삶에서 충실히 살아가는 그들만
도 못한 것이 지금 나의 피조물 만백
성 너희가 살아가는 그 형태라면 과연
너희는 어찌 말하겠는가?
6 그 새끼 짐승들은 저희가 살아갈 수
있도록 길러 준 그 어미 짐승의 감사
함을 알며 고마움을 알고 있음이니라.
7 그리고 그들은 그 고마움에 대한 마음
의 뜻을 또한 간직하고 사느니라.
8 너희는 그 마음을 과연 알겠는가?
9 그러나 나의 백성은 과연 어찌 사는가?
10 이제 여기서 너는 너의 제자들과 나의

법전을 읽는 만백성들에게 깨우쳐 주
어야 할 것이니라.
11 너희가 아무리 울고불고하며 궁궐과
같은 교회를 수십 개를 지어 내 뜻을
역사한다 하며, 내 뜻에 따라서 산다
하여 아무리 어떠한 일을 역사하고 선
한 일을 행한다 해도,
12 너희를 길러 주고 낳아 준 그 부모를
길거리로 몰아 버리는 자, 그 부모를
박대하는 자, 그 부모를 생각하지 아
니하는 자, 부모에게 마음의 상처를
주는 자, 그 부모에게 고통을 주는 그
와 같은 삶을 살아서는 아니 됨을 알
아야 할 것이니라.
13 네 부모가 이해하지 못할 때 그를 이
해하도록 전하고 깨우쳐 주는 것이니
라.
14 젊은 자와 나이 먹은 자의 그 차이점
이 무엇이던가?
15 똑같이 듣고 똑같은 거리를 가더라도,
나이 먹은 자는 너희를 따라가지 못
하며 너희가 하는 것을 이해 못 하는
것이 나이 먹은 자이니라.
16 그러나 너희 부모가 누구 때문에 나
이를 먹었으며, 누구 때문에 젊은 자
들이 역사하는 것을 알아듣지 못하며
그를 따라가지 못하는 삶을 사는가?
17 이제 내가 너희에게 전하고 명함이니
라.
18 나의 십계명에 '네 부모를 공경하라.'
기록하였음이니,
19 부모를 길거리로 내보내는 자, 부모를
박대하는 자, 부모에게 눈총을 주는
자, 네 부모에게 가슴 아프게 하는 자
는 그리해서는 아니 될 것이니라.
20 너희는 여기서 깨우쳐야 할 것이니라.
21 형제간에 반목하는 자, 형제간에 가슴
아프게 하는 자도 구원을 받을 수 없
다 하였거늘,
22 너희를 길러 준 부모를 길거리로 내
보내는 자는 내가 용서치 아니하며,
23 부모를 길거리로 내보내는 자가 교회
요, 성당이요, 성전에 와서 아무리 울
고불고해도 그것은 내가 짐승의 울음
소리만큼도 듣지 못하며,
24 그와 같은 백성은 구원이요, 천국의
길이라는 것은 꿈에도 생각하지 말라.
25 절대 용서하지 아니하며, 그와 같은
자식을 나는 둔 적이 없음이니라.
26 제 부모를 길거리로 내보내는 자는 짐
승만도 못함이니, 내가 어찌 짐승을
내 아들이라 하여 천국에 들여놓는단
말이더냐?
27 너희가 살아가는 그 집에도 냄새 나는
오물을 묻힌 자는 그 방에 들어올 수
없으며 너희와 같이할 수 없는 것이라
하였음이니,
28 네 부모를 길거리로 내보내는 자는 그
와 같은 냄새 나는 짐승 중에도 가장
사악한 짐승이요, 그리고 그 사악한
냄새가 풍기는 짐승과 같은 자니,
29 그와 같은 짐승과 같은 자는 하늘의
천국이요, 천사가 오는 곳에 올 수가
없으며, 그 기회가 없다는 것을 나의
피조물 만백성에게 전하도록 그리하
라.

7,167 번째 하나님 말씀

2003년 8월 17일 19시 25분

1 사랑하는 나의 아들아!
2 "네, 아버님! 말씀하옵소서."
3 진정한 믿음이요, 참다운 믿음의 길이
란 무엇이라 말하였느냐?
4 진정한 기도와 회개는 기도하는 장소
와 예배하는 장소에 따라서 모든 게
역사하며 기도가 하늘에 상달되며 회
개되는 것이 아니라 하였음이니라.
5 또한, 너희가 요란한 형식으로 이루어
지는 것이 아니요, 너희가 장소와 어
떤 형식에 의해서 관계되는 것이 아니
며 이루어지는 것이 아니라는 것을 내
가 수없이 너희에게 기록하여 전했으
나,
6 너희는 정해진 장소요, 교회요, 성당
이요, 성전이라는 곳에 와 기도하고
예배하고 회개하는 것이 은혜를 입으
며 영광을 얻으며,
7 크나큰 외형적인 행사요, 의식 속에서
그걸 잘 치르며 자주 역사하는 것이
구원을 받는 길이며 하늘에 오르는 선
택된 백성이라 그리 가르침이니라.
8 이것이 얼마나 어리석은 자들이냐?
9 너희가 살아오면서 구원을 받는 것은
육적으로 역사함이 아니요, 믿으면 그
것으로써 끝난다 하였음이니라.
10 그러나 믿음을 형식적인 행사요, 외형
적인 것에 의하여, 또한 정해진 장소
요, 궁궐 같이 지어 놓고 더 크고 더
아름답게 만들어 놓은 그 장소에 와서
기도하고 예배하는 것이 더 은혜를 받
는다고 그리 생각하는 것은,
11 육으로써 이루어진 그 자체 속에서 얼
마나 육이 열심히 했느냐에 따라서 구
원을 받고 영광의 은혜를 얻는다는 것
이 아니더냐?
12 육으로써 종교 집단에 많이 갖다 바치
며 들이밀어 큰 행사요, 의식적인 행
사를 화려하게 만들며 큰 교회를 짓는
그것도 육의 행동이거늘,
13 어찌하여 그와 같은 행동은 축복을 받
으며 육으로써 죄를 짓는 것은 나로부
터 벌 받는 것이 아니요, 지옥에 가고
안 가는 것은 관계없으며 믿음만 위대
하다 그리 말하는가?
14 재물을 바치는 것은 아무 관계가 없으
며, 큰 행사를 하며 그곳에 많이 바치
며 교회를 짓는 곳에 많이 바치는 그
와 같은 육으로써 하는 행동은 나에게
구원을 받지 못하며 은혜를 받지 못하
며, 믿음만이 구원을 받는다고 가르쳐
야 맞는 것이 아니던가?
15 너희는 어찌하여 그와 같이 한 입을
가지고 두말을 하느냐?
16 너희가 육으로 죄짓는 것은 아무것도
아니며 그것은 하늘의 나에게 와 심판
을 받을 때 큰 영향을 미치지 아니하
며, 오로지 믿음을 갖는 것이라 하느
니라.
17 그러면서 교회요, 성당이요, 회막에서
하는 그 행사에는 많이 바치는 육의
행동으로써 은혜를 받으며 구원을 받
는다 하며, 거기에 한 술 더 떠 나의
피조물 만백성들을 우롱하기를 열배
백배로 받는다고 말함이니라.
18 이와 같은 말을 듣고도 '옳소, 믿습니
다.' 하며 손뼉을 치는 것이 나의 백성

이니, 너희가 왜 그를 못 듣고 모르는
줄 알겠느냐?
19 너희 마음이 천사처럼 비어 있지 아
니하며 욕심으로 그득히 차 있기에,
20 그 욕심은 사탄이요, 나의 백성이 아
니니, 사탄이기에 사탄이 하는 그 명
령이요, 내리는 설교요, 그것이 하늘
에서 내리는 것처럼 너희 귀를 울리
고 때림이니, 너희는 정신을 못 차리
는 자들이니라.
21 이제 너희는 정신을 차려야 할 것이
니라.
22 육이 행하는 것으로써 죄를 짓는 것,
너희가 교회에 바치는 어떠한 죄를 짓
고 행하는 것, 그것은 중요하지 아니
하며, 부모에게 잘못하는 것, 이웃에
게 잘못하는 것, 그와 같은 것은 믿음
으로써 모두를 다 용서받으며 믿음으
로써 치고 나갈 수 있다고 말하며,
23 너희가 하는 행사에 물질을 많이 바치
는 것, 그리고 교회를 짓는 데 헌금을
많이 내는 것, 평소에 가진 재물을 많
이 바치는 그것도 곧 육의 행동이거
늘, 그와 같이 행동을 하는 것은 구원
을 받는다 하며, 그와 같이 행동을 하
지 않는 것은 벌을 받는다 그리 가르
침이니,
24 어떤 것은 육의 행동에서 죄가 되며
어떤 것은 축복이 되는가?
25 너희에게 많이 바치는 것은 영광이요,
너희에게 바치지 않는 것은 죄라 그리
가르침이니, 이것이 오늘의 종교 집단
이요, 지도자들이 가는 것이니라.
26 너희가 얼마나 잘못된 믿음 속에서 지
금 허덕이고 있는지 알겠느냐?
27 그 모든 것은 근본적으로 어떠한 의식
이나 행사요, 아무리 궁궐보다 더 화
려하게 지어 놓은 그 장소에 가서 기
도하고 경배해도 은혜를 받거나 축복
이 있는 것이 아니니라.
28 그와 같은 사기극을 더 이상 벌이지
말라.
29 그건 근본적으로 나 여호와와 아무런
관계도 없음이니라.
30 나의 성령이 임하지 않은 곳에서 하는
행위요, 그 모든 의식이나 행사는 나
와는 전혀 관계없음이니라.
31 다만, 어떠한 장소든 초라한 곳이라
해도 나의 성령이 임하여 있는 곳 나
의 성령이 그곳에 너희와 같이하는 그
것이 가장 중요하고 위대한 것이라는
것을 알아야 할 것이니라.
32 나의 성령이 임하지 아니하는 곳에서
모든 예배와 기도와 형식은 쓸데없는
짓이며, 다 헛된 일이며, 허황된 짓을
하는 것이며, 잘못된 사탄들의 그 놀
림에 의하여 너희가 속아 넘어가며
지옥으로 가는 것이니라.
33 그러니 나의 성령이 임하는 그곳에서
경배하고 기도하는 것이 나 여호와가
주관한 것이요, 내가 같이 거기에 역
사함이니, 그것은 어떠한 은혜를 입는
것인 줄 알겠느냐?
34 너희가 나의 뜻대로 나의 법전대로 나
의 십계명대로 지키고 행하여 갈 때,
그곳에 나 여호와의 성령이 임함이니,
나의 성령이 임하는 곳은 곧 내가 임
함이니 그것은 무엇이더냐?
35 너희가 거듭나는 역사를 얻을 수 있으
며 새로운 생명으로 태어나는 은혜를

입을 수 있으며,
36 하늘에 오르는 길이요, 참진리가 무엇
인지를 깨달으며, 그리고 하늘에 오르
는 길이 어떠한 길이며 어떠한 길을
선택하고 가야 하는지 그 모든 은혜
를 입는 것이 성령이 임한 곳이라는
것을 잊지 말라.
37 지금의 모든 종교 집단이요, 지도자
그들이 가는 것은 내가 수천 번 나의
법전에 기록하여 너희에게 강론하고
들려주었느니라.
38 그들이 하는 것은 나와 아무런 관계
가 없는 것이며 나와는 관계없는 믿음
의 길을 가는 것이니라.
39 이제 그와 같이 잘못된 길을 진정한
길이요, 참진리의 길이라 생각하는 그
백성을 깨우쳐 주어야 할 것이며,
40 그들이 어떠한 것이 진리요, 어떠한
것이 진정한 믿음이요, 나의 뜻이요,
나에게 오르는 길인가를 너희는 나의
법전을 전해 주어 그들을 깨우치도록
그리하라.
41 내가 나의 아들을 통하여 간곡히 전하
는 말은 내 가슴에서 피눈물을 흘리는
그와 같은 소리임을 알라, 사랑하는
나의 아들딸들아!

7,168 번째 하나님 말씀

2003년 8월 18일 06시 59분

1 사랑하는 나의 아들아!
2 "네, 아버님! 말씀하옵소서."
3 '나 외에 다른 신들을 네게 있게 하지
말지니라.' 너희는 그와 같은 가르침
의 뜻을 어찌 아는가?
4 너희가 원하고 기도하는 그 자체가 얼
마나 잘못된 것이며 잘못 가는 믿음
인지를 과연 알겠는가?
5 '너는 나 외에는 다른 신들을 네게 있
게 하지 말며, 너를 위하여 새긴 우상
을 만들지 말라.' 하였음이니라.
6 내가 우상이란 뭐라 말하였느냐?
7 이 첫 번째 계명의 뜻을 깊이 깨우쳐
야 할 것이니라.
8 너희가 생각하는 것이 너무 깊으며
너희가 갈망하는 것이 너무 깊으며,
그리고 너희가 믿음이요, 나 여호와를
생각하는 그 마음, 그리고 내가 너희
에게 지키고 살라는 율법이요, 십계명
보다 더 무엇인가를 갈구하고 원하는
것이 있다 하면 그것이 무엇이더냐?
9 바로 다른 신이라 그리 말하였음이니,
10 너희가 무엇을 이루고자 기도하고 소
원하는 것이 과연 무엇이던가?
11 그 자체가 다른 신을 마음에 두는 것
이며 마음에 두고 있음을 너희는 알
아야 할 것이니라.
12 그러니 나 외에는 다른 신을 네게 두
지 말라는 그 의미를 깊이 새겨,
13 너를 따르는 제자들과 모든 나의 법전
을 읽고 깨우친 백성은 너희 자신을
위해서 기도하지 말며 자신을 위해 어
떤 소원을 하지 말며 자신을 위해서
무엇을 빌고 기도하는 그것이 얼마나
잘못된 것인 줄 알겠느냐?
14 첫째의 계명 한 구절 한 구절의 그 뜻
을 이해하고 내가 너희에게 내리는 그
의미를 알아야 할 것이니라.
15 너희 마음에 다른 신을 두는 것이 곧
우상을 만들며, 형식적인 외형에 보이

는 것을 따르는 것만이 우상이라 그리
말하지 말라 하지 아니하였더냐?
16 그러니 이제 너희는 알아야 할 것이
니라.
17 너희가 나에게 소원하고 기도하는 것
은 그 갈구하는 마음이 얼마나 애절하
던가?
18 그와 같이 애절한 마음만큼 평소에 나
를 믿고 사랑하지 아니하면서 너희가
무엇을 원한다면, 원하는 순간에 그를
갖고자 하며 욕심을 냄이니 그게 바로
우상이니라.
19 그래서 나 외에 다른 신을 네게 있게
하지 말라는 그 뜻을 깊이 새겨야 할
것이니라.
20 더 높고 더 부귀영화를 누리려는 그
와 같은 마음으로 기도하는 사람이라
면 바로 그 모두가 우상이라는 것을
알아야 할 것이니라.
21 너희가 전지전능한 나 여호와 하나님
이 모두를 다 임하여 알고 있으며 너
희를 관리하고 통제한다 하면서, 나에
게 무엇을 달라 원하는 것은 바로 무
엇이더냐?
22 말로는 내가 모든 것을 다 알고 있다
말하나, 진정한 너희 가슴속으로는 그
를 믿지 아니하며 신뢰하지 못하고 있
기에 무엇인가를 얻고자 이루고자 함
이니라.
23 그러니 얻고자 이루고자 하는 것은 너
희가 갖고자 하는 그 욕심이요, 욕심
의 우상이 너희 가슴속에 훨훨 불타
고 있음이니라.
24 그 욕심의 다른 신이 네 가슴에서 불
타고 있음이니,
25 이 아름다운 성령이요, 참진리의 뜻이
너희 가슴에 들어갈 곳이 없으며 임하
지 아니함이니,
26 너희가 하늘에 오르는 길을 볼 수 없
으며 하늘의 역사하는 것을 보지 못
하는 그와 같은 형국으로 되어 있다는
것을 알라.
27 너희는 나의 1계명을 철저히 잘 암송
하고 깨우쳐 모든 것에 대비하라.
28 너희가 욕심을 갖고자 무얼 이루고자
하는 생각을 한다면 그것이 나의 첫
째 계명을 거역하고 순종치 아니함이
니,
29 첫째 계명을 지키지 않고 그 고개를
넘지 못하는 자는 제2, 제3의 나의 십
계명을 지킬 수 있는 백성이 아님을
알라.
30 그리하여 이 십계명이 하늘에 오르는
구원의 양식이요, 생명의 양식이요,
다시 태어나는 모든 양식이라 그리 말
하였거늘, 그 의미를 어찌 모르는가?
31 열 줄의 그 십계명이 가진 그 뜻이 얼
마나 방대한 것인가?
32 너희가 하늘에 오르는 길이 거기에 다
있다면 세상 것이 모두 다 거기에 포
함되어 있으며 거기에 있음을 알아야
할 것이니라.
33 '너는 나 외에는 다른 신을 네게 있게
하지 말라'는 제1 계명을 너희가 가슴
깊이 새겨 두어야 함을 잊지 말라.
34 그러니 나에게 무엇을 원하는 것, 무
엇을 이루고자 기도하는 그것이 모두
다른 신을 너희에게 두고자 하는 마
음이요, 너희 마음속에 존재시켜 놓음
이니,

35 그게 바로 나무로 깎고 구리로 만들며 또 금으로 만든 우상이라는 것보다도 더 무서운 마음의 우상이 거기 있음을 알아야 할 것이니라.

36 너희가 손으로 만드는 우상은 보이는 것이요, 보이는 그 우상을 믿으나, 마음속에서 욕심이라는 그 우상은 헤아릴 수 없이 그 우상을 섬기고 있음이니,

37 그리하여 너희는 모두 다른 신을 섬기는 우상으로 되어 있는 자들이라 그리 말하였음이니라.

38 그러니 개구리처럼 울부짖는 모든 종교 집단이요, 지도자요, 거기 있는 백성이 나를 찾을 때 무엇을 원하는가?

39 너희가 무엇을 얻고자 무엇을 이루고자 할 때 나를 찾는 믿음이니,

40 그것이 정녕 믿음이요, 그리고 나에게 순수한 사랑을 바치려 하며 나의 뜻을 따라 바로 살아가고자 하는 백성이라 말할 수 있느냐?

41 너희가 정녕 바르게 사는 백성이요, 바르게 가고자 한다면, 그저 나 여호와에게 감사하는 마음이요, 그리고 내가 내려 준 모든 은혜에 보답하겠다는 그 마음 하나 굳히면 되는 것이니라.

42 그러니 지금 나의 아들을 따르는 백성이요, 그 제자들이 기도하는 마음과, 지금의 믿음의 길을 가는 그 백성과 그 신도들과 차이점이 어디 있는지 알겠느냐?

43 모든 종교 집단 지도자요, 거기서 구원을 얻고자 믿음의 길을 가는 백성은 나 여호와를 찾으면서 그리고 나의 아들 예수의 이름을 찾으면서 찬양하며 경배하며 구세주라 말하느니라.

44 너희가 정녕 구세주라 말하는 그 의미 다음에 무엇이 있는가?

45 너희는 나의 아들을 찾으며 나를 찾으며 무엇을 이루고자 달라 하는 것이 그다음의 기도이니라.

46 그러니 너희가 나를 경배하는 것이 아니라 나에게 무엇을 얻고자 무엇을 이루고자 하는 것만 평생 수천 년 동안 수많은 백성이 그를 위하여 기도했음이니라.

47 나하고 거래하며 장사하자고 부르짖는 자들이요, 진정한 믿음이요, 진정한 사랑의 믿음이 없는 자들이 너희니라.

48 그저 입을 열고 울고불고 광란의 짓을 하는 것은 무엇이더냐?

49 '은혜를 주옵소서, 축복을 주옵소서, 영광을 주옵소서, 이 몸을 받아 주옵소서, 나 자신이 예수님의 삶을 살며 예수님의 뜻과 같은 길을 가겠으니 저를 받아주옵소서.' 그리 말함이니,

50 모두 다 '주십시오, 받아주십시오, 그리고 거둬주십시오.' 그와 같은 것으로 기도함이니, 그것은 믿음이 아니요, 나의 뜻을 따르는 것이 아니요, 나를 경배하는 것이 아니니라.

51 너희는 정녕 내가 줄 것이 없으며 나를 찾아보지 아니할 자들이니라.

52 너희는 줄 것이 있고 능력이 있는 부자요, 권력 있는 자 앞에 아부하며 거기서 무엇인가를 얻고자 하는 백성보다도 더 아부하며, 아부로써 뭉쳐진 자들이며 간교한 방법으로써 뭉쳐진 자들이니라.

53 어찌하여 이 모두를 창조했으며 창조
의 은혜 속에 사는 너희가 그저 나를
찾는 것은 무엇을 얻고자 이루고자 하
는 그와 같은 뜻이 있을 때만 나를 찾
고 부르짖는가?
54 너희가 나를 위하여 그리고 진정한 믿
음을 위하여 내가 이루고자 하는 역사
를 위해 희생하기 위하여 기도하고 경
배하는 자는 과연 얼마나 있었는가?
55 지금의 나의 아들을 따르는 제자들이
요, 그리고 나의 법전을 읽고 깨우친
선택된 백성은 저희를 위하여 기도함
이 아니요, 다른 사람을 위해서 만백
성을 깨우치는 그 길을 위하여 그들이
공부하며 강론을 들으며 그를 위해 살
아가는 자들이니라.
56 그들과 너희 자신을 위해서 무엇인가
를 얻고자 나를 찾고 기도하며 평생
입만 벌리면 나에게 무슨 대가를 달라
는 너희는 하늘과 땅 차이보다도 더
넓고 멀리 가 있음을 알아야 할 것이
니라.
57 너희가 나를 찾을 때는 무엇인가를 꼭
얻고자 하여 나를 찾는 것이요, 얻고
자 아니 하면 나를 찾지 아니하고 부
르지 아니하는 것이니라.
58 입만 열면 너희는 무엇을 달라 하며
나를 찬양하며 입으로 말한 그 대가를
반드시 달라 말함이니,
59 말로써 하면서도 대가를 받고자 하니,
너희가 선한 일을 행한 자는 얼마나
그를 받기를 원하고 갈구하겠느냐?
60 그리 받고 얻으려고 바라는 병든 자
들이기에 바로 종교 지도자들이 무엇
이냐?
61 콩을 하나 바치면 열 개의 콩을 준다
고 말하는 것이 지금의 종교 집단 지
도자이며, 너희가 바라고 원하는 그
욕심의 마음을 충족시키는 말만 던져
주니,
62 지옥으로 가는 강론이요, 그 말을 듣
고 너희는 그저 기뻐서 눈물 흘리며
울고불고 눈물을 짬이니라.
63 이제 이 법전을 읽는 나의 백성이요,
선택된 나의 아들딸과 나의 아들을 따
르는 제자 너희는 절대 달라는 기도
를 해서는 아니 되며,
64 무엇을 이루고자 하는 마음을 가지고
기도하고 경배하는 것은 그 순간에 다
른 신을 두는 것이니, 나 여호와에게
감히 거래하자는 것이며 나를 믿고 따
름이 아니라는 것을 알아야 할 것이니,
65 절대 너희는 그와 같은 기도를 단 한
마디도 해서는 아니 되며, 하나의 어
떤 소원을 빌어도 아니 됨이니라.
66 내가 모두를 다 알고 있음이니라.
67 그래서 지금 잘못된 것이 종교 집단
지도자요, 그 신도들이라 함이니라.
68 입만 열면 대가를 달라 입에 달고 나
의 아들 예수를 찬양하며 구세주라 하
면서 그 대가를 달라 하는 것이 너희
니라.
69 얼마나 사악한 믿음을 가고 있으며 얼
마나 사탄의 자식이 되어 나를 능멸한
행위를 하고 있는가, 그 의미를 깊이
가르쳐 주도록 하라.
70 제1 계명에 기록되어 있는 그 뜻을 얼
마나 위배하고 사는 것인가를 너의 제
자들에게 전해 주며,
71 이를 보고 깨우친 백성 너희는 모르

고 어리석은 그 백성이 눈을 뜨도록
그리하라, 사랑하는 나의 아들딸들아!

7,169 번째 하나님 말씀

2003년 8월 18일 07시 09분

1 사랑하는 나의 아들아!
2 "네, 아버님! 말씀하옵소서."
3 인간 세상에 살아가면서 작은 나무 하
나를 옮겨 심으매, 그 나무가 비바람
에 견딜 수 있게 하기 위해 버팀목이
라는 것을 받쳐 주지 아니하더냐?
4 그러니 그 버팀목으로 쓰는 그 나무는
바로 제가 썩을 때까지 그를 지키고
버텨 줌으로 인하여 그 나무가 성장함
이니,
5 그 나무가 성장해 비바람이 불어칠
때 넘어지지 아니한다면 그때 그 소
임을 다하는 것이 아니더냐?
6 바로 그러하니라.
7 나의 아들을 겨자씨로 하나 세상에 뿌
렸다 하였음이니,
8 너의 제자들이 그 나무가 곧고 바르게
클 때까지 자신을 다 썩혀 버팀목으로
서 존재하는 것이 너희가 해야 할 일
이며 가야 할 길이며 임무라는 것을
익히 알고 있을 것이니라.
9 그러나 여기서 너희는 알아야 할 것
이니라.
10 진정한 참진리요, 나 여호와가 심어
놓은 그 겨자의 버팀목은 버티다 죽
고 썩어져 가나, 그것이 다시 살아나
태어나는 것이니라.
11 거기서 생명수를 나로부터 받아 다시
태어나는 있을 수 없는 기적의 역사
를 얻는 것이 나의 아들을 따르는 제
자들이요,
12 나의 아들의 버팀목이 되어 그가 나의
법전 160권을 세상에 만들어 전하는
그 역사를 할 수 있도록 저 자신이 썩
어질 때까지 버텨 주는 그 나무이니,
13 그리고 나의 아들이 바로 설 때까지
버텨 주는 그 버팀목인 너희는 내가
명함을 순종하며 이루는 대역사를 함
이니,
14 너희는 버팀목으로서 그저 불에 던져
지며 그냥 뽑혀 썩어져 가는 것이 아
니라, 바로 새 생명을 얻는 것이 너희
니라.
15 그 죽어 썩어져 가는 그 버팀목이 생
명을 얻는 것이 나의 아들을 따르는
제자들이 오늘에 역사하는 것이니라.
16 사탄의 나무요, 사탄의 씨앗의 버팀목
으로 선택된 자들은 바로 무엇이더냐?
17 사탄이 성장하도록 하였음이니 그들
이 다 지옥으로 가며 나로부터 구원을
받을 수 없으며, 그저 그들은 썩어졌
을 때 불 속에 던져지며 그저 남들에
게 이리 치이고 저리 치이는 쓸모없는
것으로써 이 세상에 존재하고 가다,
흘러가는 속에 너희 자신을 찾을 수
없는 그와 같은 형국으로 되며, 기억
속에 없는 자가 된다 하였음이니라.
18 그 버팀목은 그저 세월이 지나 썩어짐
으로 불에 들어가며 그저 없어지며
그 존재 가치를 찾을 수 없는 그와 같
은 형국이 됨이니라.
19 그러나 나의 아들을 따르는 자요, 나
의 뜻에 순종하는 내가 심은 그 겨자
씨요, 그 나무의 버팀목으로 선택된

자는,
20 그 버팀목으로서 임무를 다 하고 난
다음에 그는 새 생명이요, 새로운 잎
이 나며 새로운 꽃이 피어나는 그와
같은 구원이요, 새 생명으로 태어나는
그 역사의 버팀목으로 쓰임을 알라.
21 이것이 바로 하늘과 땅의 차이라는
것을 알아야 할 것이며,
22 진정한 나의 뜻을 따르는 자, 내가 원
하는 것, 내가 이루고자 하는 것, 내가
세상에 내린 참진리를 받들어 만백성
을 구원하는 역사를 하며, 그를 또한
가르치고 지도하며,
23 나의 성령이요, 나의 뜻을 받아 160권
의 법전을 만들어 이 세상의 만백성을
구하기 위해 지금 나의 명을 받고 내
려간 나의 아들과 더불어, 그가 성장
하여 넘어지지 않을 때까지 버팀목의
역사를 하는 것,
24 그것이 바로 너희가 새로운 생명이요,
다시 태어난 생명으로써 존재한다는
그 위대함을 잊지 말라.
25 죽은 나무에 이파리가 피며 죽은 나무
에서 꽃이 피며 죽은 나무에서 열매가
여는 그와 같은 역할을 하는 것이 나
의 아들의 버팀목을 한 그 제자들이
니,
26 그보다도 큰 영광과 은혜가 있으면 오
늘의 버팀목의 그 자리를 두고 떠나도
너희를 내가 말하지 아니하며 탓하지
아니할 것이니 그리 알라.
27 오늘의 고통이요, 오늘의 버팀목으로
서 힘든 그 삶은 바람이 불고 비바람
이 세게 붊으로써 그 버팀목은 지탱하
고 버티기가 더 힘들고 어려우니라.
28 그러나 바람이 세면 셀수록 그리 성장
한 나무는 단단할 것이며, 바람 속에
휘말려 버티는 그 나무는 무너지지 아
니하며 부러지지 아니하며 쓰러지지
아니할 것이니라.
29 어떠한 태풍에도 견딜 수 있으며 어떠
한 바람에도 견딜 수 있는 그와 같은
나무로 성장하기 위해서 버팀목의 역
할이 얼마나 힘들고 어려운 길인가를
알라.
30 너희는 그를 인내하고 참고 견디고 그
리 가야 하는 것이니라.
31 과연 예수를 따르던 그 제자들이 버팀
목의 역할을 어찌하였는가?
32 버팀목을 하는 제자들이 계산이 있었
으며 힘들고 어려울 때 그들은 제 목
숨을 다 바치는 것이 아니라, 옆에 있
는 버팀목을 원망하며 '네가 힘을 쓰
도록 하라'는 그와 같은 마음을 가진
자들이었기 때문에 다 쓰러졌으며 다
뽑혔음이라.
33 그 나무의 몸통인 예수가 그 사악한
자들에게 죽임을 당했으며 그 고통을
당했음이니, 그 버팀목들이 버티지 못
했기 때문이니라.
34 버팀목의 나무들이 서로 미루며 서로
탓하며, 제가 목숨을 바쳐 그를 지키
려 하지 아니하는 그와 같은 마음의
자세로써 그들이 왔기 때문이니라.
35 이제 나의 아들을 따르는 버팀목인 너
희는 큰 수레가 뒤로 밀려날 때, 그를
받치지 못하고 손을 놓음으로써 그 수
레의 모든 것이 다 없어지며 부서진다
생각할 때, 그리고 그 수레에 깔려 너
희 자신이 갈기갈기 찢어져 죽는다 할

때 뒤로 밀려나는 그 수레를 받치고
자 하는 그 힘의 열정은 어떠하겠는가?
36 바로 그러하니라.
37 그 수레가 뒤로 밀렸을 때 네가 갈기
갈기 찢겨 죽는 그러한 위험한 상황
에서 그걸 버티는 것보다도 더 강한
버팀목으로서 버텨야 할 것이니라.
38 그와 같은 힘을 하나로 합쳐 그 버팀
목이 버텼을 때, 그를 받고 자라는 그
나무는 절대로 넘어지지 아니하며 쓰
러지지 아니할 것이니라.
39 누가 뭐라 해도 나의 아들 예수를 따
르던 그 제자들의 버팀목은 서로 시
기하고 서로 질투하며 서로 미루며
서로 책임 한계를 떠넘기는 그와 같은
마음으로 했기에, 그들이 균형을 이루
지 못하고 그 나무가 뽑혔으며 그 나
무가 쓰러졌음을 알라.
40 태풍에 버팀목들이 바로 지켰으며 바
로 견디었으며 죽을 힘을 다하여 그
자리를 지켰다면 절대 그 나무는 뽑을
수가 없으며 뽑아 갈 수가 없었음이니
라.
41 뿌리가 약한 나무를 뽑으려 할 때 버
팀목이 깊이 자리를 잡고 있었더라면
그 나무를 뽑을 수 있는가?
42 버팀목이 본 나무와 굳게 연결되었으
며 깊이 뿌리를 내렸을 때 뽑지 못할
것이니라.
43 버팀목들이 잘못했기 때문에 뽑혔으
니, 오늘의 나의 아들을 따르는 제자
너희는 버팀목의 그 역사에서 생명을
다 바쳐 모두를 다 바쳐 버티는 그와
같은 자가 되라.
44 뒤로 밀려오는 버틸 수 없는 그 수레
를 거기서 물러났을 때 너희가 갈기
갈기 찢어져 죽는 그와 같은 형국이
되었으며,
45 수레 밑에 깔려 죽는 그와 같은 일이
있을 때 너희가 어떠한 힘으로 버틸
것이며 어떠한 개인의 역사로써 그를
초능력으로써 버티겠는가?
46 그보다 더한 마음으로써 지금 나의 아
들의 버팀목으로서 견딜 때 그 나무는
뽑히지 아니하며, 감히 그를 뽑으려는
자가 없으며 뽑아 갈 수 없는 이 현실
을 알아야 할 것이며, 이것이 오늘의
너희가 가야 할 길이라는 것을 알라.
47 버팀목으로서 자신이 없는 자는 물러
나라 그리하라.
48 같은 버팀목 중에서 능력 없는 자, 힘
이 없는 자, 자신이 없는 자가 버팀목
이 되겠다고 끼어들면 어렵고 힘들 때
그는 스스로 좌절함이니,
49 그 버팀목의 본체의 나무가 균형을 잃
게 되어 있으며 그리고 모든 버팀목들
이 균형을 잃게 됨이니라.
50 그러니 이와 같은 뜻을 알았다면 너희
는 정녕 오늘의 버팀목의 역할을 끝까
지 할 수 없는 자는 다 떠나도록 하라.
51 그리하여 스스로 버팀목이 되고자 인
내하는 자는 남을 것이며 그렇지 않은
자는 떠나도 내가 관여하지 아니함이
니, 오가는 것은 관계가 없음이니라.
52 너희가 오로지 버팀목으로서 그 역사
를 하며, 그 나무가 커서 만백성에게
그늘이 되며 모든 짐승이요, 날짐승들
이 와서 그 그늘 밑에 은혜를 입으며
만백성이 은혜를 입을 수 있는 그 나
무로 성장하여, 뽑으려야 뽑을 수 없

으며 쓰러트리려야 쓰러뜨릴 수 없는
그때까지 너희가 모두를 다 바쳐 밑
거름이 되지 아니하면 절대 역사를 이
룰 수 없으니,
53 그와 같이 못 하는 자가 끼어 있으면
균형을 잃기에, 내가 가고 오는 것을
말하지 아니함이니, 그리 알라 사랑하
는 나의 아들딸들아!
54 너희 자신을 돌이켜 보며, 네가 버팀
목으로서 모두를 견딜 수 있는가 너의
제자들은 이 대목을 읽으면서 스스로
자신을 점검하여, 버틸 수 있는 자는
버티며 그렇지 못한 자는 떠나야 함을
알라.

7,170 번째 하나님 말씀

2003년 8월 18일 07시 20분

1 사랑하는 나의 아들아!
2 "네, 아버님! 말씀하옵소서."
3 너희 인간들이 살아가면서 또한 종교
집단이요, 지도자들이 생각하는 것,
생각나는 것, 그리고 이루고자 하는
것, 그 모두를 구하고 얻고자 눈물 흘
리며 기도를 하는 자가 수없이 있음이
니라.
4 그리하여 너희는 기도하며 나에게 경
배할 때, 지금의 종교 집단은 무엇인
가를 구하며 소원하는 것을 얻고자 하
는 그와 같은 마음에서 기도함이니라.
5 그것이 얼마나 어리석은 기도요, 얼마
나 무모한 기도인지 알겠는가?
6 너희가 정녕 나에게 무엇을 원하고자
한다면, 너희 자신이 무슨 급한 것이
요, 간절히 소망하는 것, 무엇이 우선
순위인지 알면서 그를 따라 찾으며 기
도하는 것이 좀 더 현명한 백성일 것
이니라.
7 그러나 너희는 오늘의 현재를 모르며
미래를 모름이니, 한 시간 후에 두 시
간 후에 이루어지는 모든 것, 그리고
너희 운명이 엇갈리는 그와 같은 너희
앞에 일어날 수 있는 그 모두를 알지
못하기에 그저 무엇인가를 달라, 이루
어 달라 기도하는 것이니라.
8 너희가 한 시간 후에 이 세상의 모두
를 다 버리고 떠나 나에게 와 심판을
받는 그 길을 가게 되는지,
9 너희가 며칠 후에 죽음이라는 그 문턱
을 넘어 나에게 심판을 받는지, 너희
가 한 시간 후에 죽어 심판을 받는지
그 무엇도 아무것도 모르기 때문에,
10 너희는 무엇이 급하며 무엇을 먼저
선별해야 하며, 너희가 나로부터 무엇
을 구해야 하며 그리고 나로부터 무엇
을 받아야 하는지 그것 자체도 아무것
도 모르는 자들이 그저 되는 대로 달
라, 그저 필요한 대로 이루어 달라 그
와 같이 기도하는 그것이 얼마나 무모
한 짓인가?
11 우선순위도 모르면서 필요한 것이 무
엇인가도 모르면서 기도하는 자들이
니라.
12 너희가 육의 생각에서 필요한 것, 그
리고 간절한 것, 그것이 우선순위라
생각하고 그를 갈구하나, 그것이 과연
우선순위가 될 수 있는 것인가?
13 너희가 미래를 들여다볼 수 있는 깨달
음이 있으며 미래를 볼 줄 아는 안목
이 있다면, 너희가 미래에 이루어지는

삶을 안다면,
14 오늘에 그와 같이 무모하게 달라는 기
도를 할 수 없을 것이며, 무엇인지도
모르면서 기도하는 그와 같은 형국은
되지 아니할 것이니라.
15 그러니 너희는 그와 같은 허황된 짓
이요, 무모한 기도를 하지 말라 함이
니라.
16 그리고 너희가 무엇을 이루고자 하는
것은 다른 신을 두고자 하는 것이며
다른 신을 두고 있다는 것을 알라.
17 그러니 너희가 얼마나 형식적이며, 현
실적인 것을 모르며 진실로 너희에게
우선 급한 것이 무엇이며 필요한 것이
무엇인지를 모르면서, 그저 무조건 이
루어 달라는 그런 기도를 함이니,
18 너희가 마음을 비우는 자, 그리고 천
사와 같이 변하는 자, 십계명을 지키
고 살려고 노력하는 자, 그리고 마음
의 죄의 씨를 하나씩 뽑아냈을 때마다
너희 마음이 천사와 같이 됨이니,
19 그때 너희가 미래를 볼 수 있으며 너
희에게 무엇이 갈급하고 필요한 것이
며 지금 가장 급한 것이 무엇인가, 그
와 같은 미래를 볼 수 있는 눈이 뜨임
이니라.
20 미래를 볼 수 있는 눈이 뜨이지 아니
하는 자가 기도하는 것은 다 무모하
며 허황된 것임을 알라.
21 그와 같은 미래를 볼 수 있는 마음의
눈을 여는 것이 더 소중하며 더 급한
것이며, 이는 곧 나의 성령이 임해서
만 이루어질 수 있으니,
22 나의 성령이 임할 수 있도록 행동이
요, 살아감을 바로 하는 것이 중요함
을 알라.
23 삶에 한 점의 부끄럼 없이 살아가고자
노력하는 자에게 성령이 임하여 그 눈
이 뜨임이니,
24 미래를 볼 수 있으며 미래에 너희에게
먼저 닥쳐올 그 길이 무엇인가를 아
느니,
25 그에 대해 너희가 나에게 은혜를 내
려 달라는 그와 같은 기도가 절실하거
늘, 어찌하여 너희가 영원히 볼 수도
없는 것, 만질 수도 없는 것, 너희와
관계없는 것들을 가지고 몸부림치며
소원을 이루어 달라 기도하니,
26 그것이 다 형식적이며 다 부질없는
짓을 하고 있다는 나의 가르침을 깊이
깨우쳐야 할 것이니 그리 알라.

7,171 번째 하나님 말씀

2003년 8월 18일 07시 38분

1 사랑하는 나의 아들아!
2 **"네, 아버님! 말씀하옵소서."**
3 너희의 욕심이 다른 신을 두는 것이
요, 그 욕심이 바로 기복 신앙의 원조
이며, 그리하여 너희는 모두 다 기복
신앙의 그 길을 가는 것이 오늘의 믿
음의 길을 가는 백성이라 그리하였으
며,
4 수천 년 흘러오는 그 속에서 욕심을
버리지 못하여 너희 가슴속에 다른
신을 섬기고 온 것이니라.
5 그리하여 기복신앙의 대표자로서 지
금 이 세상에 기복 신앙을 위하여 나
의 피조물 만백성들을 하늘을 향하여
무엇을 얻고자 구하고자 하는 그와 같

은 믿음으로써 이끌고 왔으며,
6 그리고 구원받고자 울고불고 소리를
지르면 하늘에서 내려 준다고 그리
말함이니라.
7 그리 가르친 사악한 자요, 그를 믿고
그 길을 가며 그와 같이 이루어질 것
이라 그리 가는 그 백성은 서로 욕심
과 욕심에서 이루어진 거래이니, 그들
의 죄가 다 똑같음이니 너희는 그를
알아야 할 것이니라.
8 너희가 믿음의 길을 간다고 하며 진정
한 진리를 깨우치고 가르친다 말하면
서, 자신의 욕심을 채우려는 방법으로
써 지금까지 모두를 다 이끌어 온 것
이니라.
9 그리하여 자신의 욕심을 채우기 위해
무엇을 거두어들인다면 그것이 바로
무엇이더냐?
10 그리고 욕심을 채우려고 소원하는 기
도를 드린다는 것은 무엇이더냐?
11 기복 신앙의 믿음만 가지고 지금까지
존재해 왔다는 것을 알아야 할 것이
니라.
12 오늘날까지 나를 향해 믿음이요, 나의
아들 예수를 찬양하며 그 집단이 성장
한 것이 바로 무엇인 줄 알겠느냐?
13 진정한 믿음이요, 진정한 하늘에 오르
는 길이요, 참진리를 깨우치며 내가
이루고자 하는 이 지상의 낙원을 이루
기 위해 그리 갔다면 오늘날 하늘에
서 이루어진 것같이 지상의 낙원이 똑
같이 이루어졌을 것이나,
14 너희는 기복 신앙의 그 믿음 때문에
서로 고리로 연결되어 오늘과 같이
성장하여 방대한 조직이 되었음이니
라.
15 이것은 기복 신앙의 믿음으로 기초가
다져졌음이니, 이는 사탄의 뜻으로써
사탄이 역사하는 데 오늘까지 성장했
다는 것을 너희는 이제 알아야 할 것
이니라.
16 너희가 진정한 나 여호와의 참진리의
그 길을 위하여 깨우치고 지금까지 달
려왔다면 하늘의 천국과 같은 나라가
이 지상에 건설되었을 것이나,
17 너희는 기복 신앙의 그 믿음으로써 모
두를 역사하여 왔기 때문에 오늘과 같
이 험악한 세상이 되었음을 알아야 할
것이니라.
18 인간인 너희의 가장 무서운 죄는 욕심
이라는 것을 알아야 할 것이며, 너희
를 가장 무섭게 파멸시키는 것은 바로
욕심이라는 다른 신을 너희 가슴에 두
고 있다는 것임을 알아야 할 것이니라.
19 그러니 욕심이라는 것은 과연 무엇이
더냐?
20 욕심이라는 그 죄가 너희 가슴속에
자리 잡는 한 그 욕심의 뿌리는 서서
히 성장하기 시작함이니라.
21 그 욕심의 죄가 성장하기 시작하면 너
희는 바로 무엇이던가?
22 지옥으로 가는 것이며 지옥행으로 가
는 그 길밖에 없음이니라.
23 그리하여 너희가 신성한 믿음이요, 진
정한 믿음의 그 길을 가지 않는다면
너희는 나에게 오를 수 없다는 것이
나의 뜻임을 알아야 할 것이니라.
24 진정한 믿음의 길을 간다고 하면서 그
욕심을 버리지 못하였음이니, 진정한
길을 간다는 그 백성은 너희 가슴속

에 과연 욕심이 없는가를 보라.
25 욕심이 없고 있는 것은 너희가 나에
게 기도하고 경배하며 내가 내려 주
는 그 은혜에 감사하는 그 마음을 갖
고 살기도 부족하거늘,
26 너희가 무엇을 이루고자 무엇을 역사
하고자 바라는 기도를 한다면 바로 욕
심을 하나도 버리지 못한 자요, 기복
신앙의 대표자라는 것을 알아야 할
것이니라.
27 바로 기복 신앙을 너희는 이단이라
그리하지 않느냐?
28 그리고 사탄이라 그리 말하지 않느냐?
29 돼지 머리 놓고 절하고 기도하는 자,
그리고 우상이라 하여 무엇을 만들어
놓고 그 앞에 기도하고 경배하는 것은
다 기복 신앙이요, 이단이라 말함이니,
30 너희야말로 나를 찾으며 나의 아들을
구세주라 부르면서 너희가 무엇을 언
고자 바라고자 하는 마음이 뒤따라
나오며 그 결론은 그것으로써 맺어짐
이니라.
31 너희가 오늘까지 가는 그 믿음은 무엇
을 얻고자 이루고자 하는 것이니, 바
로 너희가 기복 신앙의 대표요, 욕심
의 사탄을 가슴에 안고 사는 자들이라
는 나의 뜻이 여기 있음이니라.
32 나 여호와의 뜻을 거역하고 사는 것
이 너희니, 나 여호와의 뜻을 거역하
고 순종치 못한 것이 다 무엇인 줄 알
겠느냐?
33 욕심이라는 그 기복 신앙이요, 욕심이
라는 다른 신을 가슴에 안고 있기 때
문이니, 너희 가슴속에 있는 욕심을
버리지 아니하고는 정녕 하늘에 오를
수 없으며 나의 뜻을 역사하는 백성으
로서 거듭날 수 없다는 것을 너희는
알아야 할 것이니 그리 알라.
34 욕심을 버리는 백성이 되라.
35 내가 나의 아들 예수를 세상에 보내어
그와 같이 고통스러운 죽음을 당하며
역사한 것이 무엇이더냐?
36 그 욕심의 뿌리요, 다른 신을 섬기지
못하도록 내가 너희에게 그리 내렸음
이니라.
37 그러나 너희는 어찌하는가?
38 너희가 지은 그 모든 죄를 나의 아들
이 대신 지고 갚아 주고 너희 죄를 다
용서해 주는 그와 같은 그 대속물로서
세상에 내려왔으며 그리하여 너희는
죄가 없다는 그와 같은 믿음으로 감이
니라.
39 너희는 기복 신앙에서 한 술 더 떠 나
의 피조물 만백성들을 현혹하는 데
혈안이 되어 있는 자들임을 알아야 할
것이니라.
40 나의 아들 예수가 십자가의 고통스러
운 죽음으로 너희가 지금까지 지은
죄, 앞으로 너희 자신이 지을 죄와 너
희 후손들까지 지을 모든 죄를 다 정
죄하여 나의 아들이 대신 청산하여 그
모두를 짊어지고 갔다 그리 말하니,
41 그리하여 너희는 죄가 없는 자들이라
그리 말하는 오늘의 믿음의 길을 가는
자가 얼마나 간교한 자들인지 알겠느
냐?
42 내가 여기서 나의 법전에 기록하여 너
희에게 전함이니,
43 너희는 남이 죽으면 그 죽음 앞에 눈
물 흘리며 그 뜻을 애도하면서 뭐라

말하느냐?
44 그 죽음 앞에 '친구여, 네가 나 대신
죄를 지고 갔으니, 나는 죄가 없는 자
라' 말하는 자와 똑같으니라.
45 남의 죽음으로 인하여 제 죄를 대신
가지고 갔으며 제가 앞으로 지을 죄까
지도 다 지고 갔다는 어리석은 자의
마음가짐과 똑같은 것이 형국이니라.
46 나의 아들이 너희 대신 죽었음이니,
나의 아들의 죽음을 가지고 너희는
다 구원을 받으며 그 정죄함을 나의
아들이 다 대신 받았다 말하는 것이니
라.
47 이웃 사람이나 친구가 죽었을 때 그
죽음 앞에 가서 그가 대신 너희 죄를
다 가지고 갔으며 먼저 간 그가 대신
사악한 죄요, 미래에 죄를 지어 너희
가 나에게 심판을 받을 것도 먼저 죽
은 친구가 다 지고 갔다는 그 무모한
짓과 말도 안 되는 행위를 하는 것과
무엇이 다르던가?
48 너희는 여기서 그 의미를 알아야 할
것이니라.
49 나의 아들 예수가 나로부터 역사했으
며, 그리고 성령으로써 나간 것은 너
희 죄를 대속하며 너희 죄를 대신 정
죄받기 위해 간 것이 아니라,
50 너희가 나의 뜻을 따라 하늘에 오르는
길이요, 죄 없는 백성이요, 죄를 짓지
않는 백성이 살아가는 그와 같은 세
상을 만들고자 나로부터 명을 받아간
나의 아들이니, 너희 죽음과는 관계없
음이니라.
51 그러니 나의 아들의 죽음으로 인하여
너희 죄를 다 사함을 받으며 용서받았
다 하는 것은,
52 너희가 친구의 죽음 앞에 가서 너희
의 모든 죄를 친구가 대신 안고 갔기
때문에 자기는 영원불멸한 세상으로
가며, 죄지어도 관계없다 그리 말하는
자들이니,
53 그와 같이 어리석고 불쌍한 백성이
너희라는 것을 알라.
54 너희의 죽음에 대한 것은 너희가 나
에게 명을 받아 나간 그 생명을 살다
죽으면 오는 것이요, 그리고 너희 영
혼이 구원을 받고 못 받는 것은 너희
가 육의 삶을 어찌 살았느냐에 따른
그 심판의 결과라는 것을 절대 잊지
말라.
55 각자가 지은 죄는 각자가 거기에 대한
대가를 치르며, 각자가 이룬 선한 일
이요, 축복받을 수 있는 일이요, 나로
부터 은혜 받을 수 있는 일을 역사한
것은 너희가 상을 받음이니라.
56 그러니 나의 아들 예수의 죽음과 너희
는 무관하다는 것을 알라.
57 나의 아들 예수의 죽음과 너희가 무관
할 때, 그 죽음 앞에서 너희 죄를 모두
지고 갔으며, 너희 후손까지, 세상에
존재하는 모든 백성이 짓는 죄까지
다 나의 아들이 대신 정죄받아 가지고
갔다는 그 어리석음이 바로 죽은 친구
의 무덤 앞에서 그 죽음으로 네 죄를
다 가지고 갔다는 것과 조금도 다르지
않은 어리석은 짓을 하고 있음임을 알
아야 할 것이니라.
58 나의 피조물 만백성 그 어리석고 순박
한 나의 백성에게 종교 지도자라는 자
들이 나의 아들 예수의 죽음으로써 구

원을 받았다고 가르치며,
59 너희가 지은 교회요, 죄의 온상에 옴으로 구원을 받는다 하여 그들로 하여금 재물을 거둬들임이니 그게 무엇이더냐?
60 독하고 강한 낚싯바늘에 물고기가 좋아하는 미끼를 끼워 던져 그걸 물도록 하여 죽이는 그와 같은 행위와 똑같다 하였음이니, 그것이 바로 오늘의 종교 집단의 형국임을 알라.
61 거기에 물린 자가 그저 끌려다니며 그와 같은 것을 원하는 자들이요, 너희가 이용당하는 것이 오늘의 믿음의 길이니 그리 알라.
62 그저 낚싯밥을 던져 거둬들이며 그걸 물기를 바라며, 물었을 때 가차없이 거둬들이고 끌고 가는 거기에만 혈안이 된 사악한 자들이니,
63 그들의 말을 믿고 구원을 받는다는 허황된 그 꿈에서 깨어나야 할 것이니 그리 알라.
64 나의 아들 예수를 믿음으로써 너희가 모두 구원받으며 죄에 대한 모든 것을 다 지불했다는 것, 죄의 대가를 지불했기에 너희 자신은 받을 것이 없다는 이것이 얼마나 무모한 것이며,
65 그 가르침을 너희 머릿속에 기억하며 그것이 사실이려니 생각하고 내 앞에 와 심판을 받을 때, 당황하고 황당함은 이루 말할 수 없을 것이니 그리 알라.
66 너희를 가르친 자를 원망하고 그를 욕해도 어쩔 수 없으며, 지옥문 앞에서 가지 아니하려고 아무리 문을 잡고 몸부림친다 해도 들어가지 아니할 수 없는 것이 너희니라.
67 그러니 너희가 행하는 것만 그 모든 것을 치른다는 것을 지금 이 순간이라도 깨우쳐야 할 것이니라.
68 너희가 사악한 짓을 하고 죄를 지며 나에게 용서받을 수 없는 행위를 하면서 그 모두가 죄가 되지 않는다는 것이 얼마나 어리석고 무모한 짓이더냐?
69 만일 그렇다 하더라도 너희가 이 세상에 살면서 남에게 죄 되는 일, 남에게 부끄러운 일, 남에게 피해를 주고 사는 사악한 자는 정녕 인간으로서 그 대우를 받을 수 없는 것이 인간 세상의 삶이 아니더냐?
70 너희가 지금 인간 세상에 사는 것이나 여호와에게 구원을 받는 것과 관계없으며 인간 세상에 살아가는 것은 죄가 되지 아니한다면,
71 이 세상에 살면서 너희가 말하는 죄를 짓는 자, 흉악한 짓을 한 자, 그를 단죄할 필요가 없으며, 그를 단죄하는 법이 필요 없을 것이며, 그러한 규제가 없을 것이니라.
72 하물며 인간 세상에서도 너희가 남에게 잘못했을 때 그 대가를 치르거늘,
73 내가 너희에게 이 세상에서 어찌 살아가라는 그 법규를 내렸음이니, 그 법규 속에서 규율을 지키며 질서를 지키며 살아가도록 정했음이니라.
74 내가 너희를 단죄하지 아니하면 왜 그 법규를 내렸겠는가?
75 내가 너희를 단죄할 필요가 없으며, 너희가 어찌 살아오든 육의 세상에서 사는 것은 나에게 와 구원받는 것과 관계없으며,

76 오로지 믿음이요, 나의 아들을 찾으며
나를 경배하는 것으로써 그 강도에 따
라서 구원을 받는다면,
77 내가 뭐하러 너희가 육의 세상에서
지키고 살아올 그 법규를 세상에 내려
보냈으며, 성경을 왜 내려보냈으며,
그 성경 속에 나의 아들 예수를 통하
여 내 뜻을 왜 전했으며, 그리 살라는
것을 왜 명했겠는가?
78 그리고 내가 십계명이라는 것을 왜 내
려 너희에게 그리 지키라 말했겠는가?
79 지금 너희가 그를 지키지 아니하고
잘못 가기에 나의 아들을 통하여 160
권의 대법전이요, '하늘에 오르는 길'
이요, '하나님! 말씀하옵소서'라는 너
희가 죄를 짓지 않고 살아야 하는 것
을 또 왜 내렸다 생각하는가?
80 너희가 죄를 짓고 사는 것이 구원을
받는 것과 관계없다면, 성서에 살아가
는 자세를 기록한 것이 다 잘못된 것
이며 다 부질없는 것을 나 여호와가
너희에게 내려 고통의 굴레를 씌우고,
81 십계명이라는 것도 다 필요 없는 것을
내려 너희를 고통스럽고 어려운 그
삶을 살도록 그리 명하지 아니하였을
것이니라.
82 내가 너희에게 지킬 수 있는 법규를
내린 그중에서도 이 세상에 적용되는
그 법규를 위반했을 때, 그 대가를 반
드시 치르며 그 죄의 대가를 받음이니
그리하여 그 법규가 필요한 것이니라.
83 너희가 다스리지 아니하며 그를 규제
하지 아니하며, 그로써 옳고 그름을
구분하는 그와 같은 삶이 필요 없다
면, 너희는 법규가 필요 없으며 규정
이 필요 없는 것이 아니더냐?
84 그러니 짐승 세계에서 그들이 바로 너
희가 말하는 내가 내리는 법규요, 질
서를 문서로 대신하는 것이 없으며 그
를 행하는 것이 없이도 그들은 살아감
이니라.
85 그리하여 그들은 너희보다 낮은 지혜
를 가지고 내려간 그 차이점이 거기
있음을 알라.
86 내가 그들에게 십계명을 내리지 아니
하였으며 내가 그들에게 성령을 내리
지 아니하였음이니, 그들은 그 수준에
맞춰 살아갈 수 있도록 내가 그 모두
를 만들었으나,
87 너희는 십계명이라는 것을 지켜야 하
며 나의 성경에 내린 그 내용을 지켜
야 하며, 지금 나의 아들을 통하여 내
리는 나의 법전대로 지키고 살아야 하
는 것이 너희가 짐승들과 다른 점이
니라.
88 그를 지키지 아니하고 그를 행하지 아
니하고는 너희가 나에게 심판을 받을
수 없으며, 그리고 너희가 나에게 심
판을 받지 않는다면 그 모두는 내가
내리지 아니하였을 것이니라.
89 그러니 이 세상에 내가 십계명이요,
너희가 지킬 수 있는 것을 내린 것은
각자에게 해당하는 것이며 각자가 지
키고 따른 그 능력에 따라 그리고 행
하는 것에 따라 그만큼 벌을 받으며
상을 받는다는 것을 알라.
90 그러니 나의 아들 예수가 너희 대신
정죄하여 모두를 받아 왔으니, 너희는
천사요, 구원을 받았다는 그 착각에서
벗어나야 할 것이니라.

91 그와 같이 나의 아들이 모든 죄를 정
죄받았으며 너희가 어찌 살든 그것은
관계없다면,
92 내가 성경에 기록하여 너희가 어찌
살아가야 하는 것을 내릴 필요가 없으
며, 십계명을 너희에게 내려 그 법규
요, 그 규율 아래 살아갈 수 있도록 만
들어 전하며 그리 살아야 하늘에 오르
는 길이라 내가 너희에게 내려 줄 필
요가 없으며, 나의 법전 또한 내려보
낼 이유가 없음을 여기서 알라.

7,172 번째 하나님 말씀

2003년 8월 18일 07시 58분

1 사랑하는 나의 아들아!
2 "네, 아버님! 말씀하옵소서."
3 2천 년 전 나의 아들 예수가 너희를
위해 죽었다는 것, 그리고 너희가 바
른 삶이요, 죄 없는 세상이요, 죄 없는
나의 백성이 이 세상에 살아가는 그
길을 위하여 나의 아들이 2천 년 전
이 세상에서 죽어 갔느니라.
4 나의 아들로서 나의 뜻을 전하고 그
모두를 역사하고자 했으며, 그는 나의
아들로서 나의 참진리요, 나의 뜻이
요, 그 복음을 만백성에게 전하기 위
해 이 세상에 와 그 어렵고 고통스러
운 그 죽음의 길을 갔다는 그것을 믿
고 그대로 행하고 사는 것이 곧 진정
한 믿음의 길이요, 나에게 오르는 길
이라는 것을 너희는 알아야 할 것이
니라.
5 내가 나의 아들 예수를 그와 같이 고
통 속에 죽음으로써 가기까지 놔두면
서 나의 뜻을 만백성에게 전하여, 너
희가 하늘에 오르는 길이요, 구원의
길을 가는 것이 무엇인가를 그리 깨우
치고자 그 복음을 전하고,
6 그 복음 속에서 너희가 바른 백성으
로 성장하기를 바랐다는 그것을 믿고
따르는 것, 그리고 그대로 행하고자
하는 그 모든 삶을 사는 것이 진정한
믿음의 길이요, 나의 뜻에 순종하며
거역지 않고 사는 백성이니라.
7 그러나 그를 이끌어 가고 지도한다는
모든 백성이 과연 어찌 가르치느냐?
8 이 무서운 말 한마디를 너희가 거침
없이 그리 부르짖으며, 그 길이 구원
의 길이라 그리 말하느니라.
9 너희의 죄를 나의 아들 예수가 죽음으
로써 대속해서 그 모두를 짊어지고 갔
으니, 지금 사는 너희는 죄가 없는 천
사와 같이 되는 자들이요,
10 그리고 너희가 앞으로 짓는 죄와 너
희 후손까지도 모든 죄를 다 짊어지고
정죄받은 것이 나의 아들이니, 그리하
여 너희는 죄가 없다고 그리 말하느
니라.
11 너희가 지은 죄를 나의 아들이 죽음으
로써 그 모든 죄를 다 짊어지고 갔다
면, 하늘에 있는 나의 아들은 너희가
짓는 죄의 고통을 계속 더 받고 그 대
가를 치르기 위해서 어떠한 시련이라
도 더 겪는다 말하는 것이 아니던가?
12 그와 같은 뜻을 너희는 어찌하여 생
각하지 못하느냐?
13 나의 아들이 죽음으로써 너희 죄를
지고 왔으며 그 모두를 다 용서했다면,
14 너희가 짓는 죄는 모두 다 나의 아들

이 어떤 고통을 더 치름으로써 죄의
대가를 치르고 죽음의 고통으로써 너
희 죄를 면제해 주며, 너희 후손까지
그 죄를 면죄하도록 정죄를 받는다면,
15 나의 아들은 얼마나 나에게 정죄의 대
가를 치러야 하는가를 너희는 한번
생각해 보지 아니하였던가?
16 너희가 미래에 짓는 죄요, 너희가 앞
으로 짓는 그 죄를 모두 다 나의 아들
이 정죄를 받는다면, 얼마나 어렵고
힘든 그 고통을 그치지 아니하고 계속
받아야 하겠는가?
17 그 대가를 받는 것이 나의 아들이 가
는 길이요, 그와 같은 역사가 이루어
진다고 말하는 것과 똑같은 것을, 어
찌하여 그 의미 하나를 모른단 말이던
가?
18 그러니 너희 죄를 대속하여 짊어지고
정죄받았다는 말을 하지 말라.
19 너희가 하늘에 오르는 그 길을 깨우쳐
주고자 했음이니라.
20 너희가 지은 죄를 다 나의 아들이 정
죄받으며 앞으로 짓는 죄도 또 나로부
터 그 벌을 받음이니,
21 십자가를 짊어지고 죽은 그 고통보다
더한 고통을 나의 아들은 계속 겪어야
하며 겪어 달라는 것과 똑같은 간교하
고 사악한 너희의 욕심이 거기 있다
는 것을 잊지 말라.
22 그 무서운 한마디가 나의 아들은 계속
나로부터 고통을 받으며 나는 사랑하
는 나의 아들 예수에게 죽음의 고통보
다 더 무서운 고통의 벌을 계속 내리
며 그 고통의 훈련을 시키며 그에게
짐을 지워 주는 것이 너희 후손의 죄
를 면죄해 달라는 것과 똑같은 것이니
라.
23 너희가 앞으로 짓는 죄를 면죄받았다
말하며 너희 후손의 죄까지 면죄받았
다면,
24 그렇다면 나의 아들에게 고통스러운
것을 계속 내려야 하며 그는 감내하고
살아야 하는 것이 너희가 지금 말하
는 계산법이니,
25 그 말 한마디가 얼마나 무서운 말을
나에게 하는 것인 줄 알겠는가?
26 그는 이루어질 수도 없으며 그와 같이
형성될 수 없음을 알라.
27 그리하여 내가 나의 아들을 통하여 지
금 법전에 뭐라 기록하여 전했던가?
28 이는 나의 뜻임을 확실히 너희에게 정
확히 전했느니라.
29 나의 아들 예수는 너희 대신 벌을 받
는 것이 아니요, 너희가 나의 뜻과 나
의 계명대로 살아, 나 여호와에게 순
종하는 백성으로서 삶을 사는 그것으
로써 구원을 받는 것이요,
30 그와 같은 백성으로서 거듭나는 백성
이 이 세상에 존재할 때, 하늘에서 이
루어진 천국의 나라가 지상에서 그대
로 역사하는 것이며,
31 하늘에서 이루어진 것같이 이 땅에서
이루어 달라는 너희의 그 간곡한 뜻
이 이루어지는 것이라는 것을 내가 나
의 법전에 기록하여 가르쳤음이니,
32 그것만 너희가 믿을 것이며, 그것이
엄연한 사실임을 알라.
33 그와 같은 계획이요, 그와 같은 역사
를 벗어나서는 아무것도 이루어질 수
없음이니라.

34 내가 법전에 기록한 그 길을 갈 수 없
으며 그 일을 역사할 수 없다고 말하
는 백성은 정녕 나와 관계없는 자들임
을 너희는 알아야 할 것이니라.
35 이제 너희가 스스로 길을 알아야 할
것이니라.
36 나로부터 선택된 백성이 무엇이며 나
로부터 버림받은 백성이 무엇인가 그
를 깨우치는 것은 각자 너희 몫이라
는 것을 알라.
37 이는 누가 가르쳐 줄 수도 없으며 누
가 손에 쥐여 줄 수도 없음이니라.
38 다만, 나의 뜻을 법전에 기록하여 너
희가 읽고 깨우치는 것은 내가 너희
를 그리 안내해 주며 기회를 줄 수 있
으나,
39 그를 보고 행하고 행하지 않는 것은
너희에게 달렸음을 알라.
40 너희는 여기서 깊이 깨우치라.
41 나의 아들 예수가 죽음으로써 너희
죄를 다 짊어지고 대속했다는 것, 정
죄받았다는 그것은 더 이상 두 번 다
시 해서는 아니 될 것이니라.
42 그렇다면 너희가 미래에 짓는 그 죄
까지도 나의 아들은 계속 정죄받아야
하며 너희 후손들이 짓는 죄까지도
다 정죄받아야 하니,
43 나 여호와는 나의 아들에게 계속 어렵
고 힘든 그 고통을 내려야 하며 십자
가를 짊어지는 죽음보다도 더한 고통
을 내려야 한단 말이더냐?
44 너희는 가면서 험악한 죄를 짓고 사람
을 죽이고 형제를 그저 돌로 치는 것
까지도 서슴없이 하는 사악한 마음에
사탄의 욕심의 뿌리가 계속 더 강해지
고 넓어지며 잔인해지는 이와 같은 이
세상의 그 죄를 나의 아들이 어찌 다
감내하고 또 감내하란 말이던가?
45 그러니 너희가 나의 아들이 모든 죄를
대속하며 정죄받았다는 것은, 나의 아
들에게 계속되는 고통을 받으라, 그리
고 죄의 대가를 받으며 나 여호와로부
터 시련 속에서 살아가라, 그리고 그
고통 속에서 영원히 벗어나지 못하는
자가 되어 가라는 것과 똑같은 무서운
말임을 알라.
46 나의 아들에게 계속 고통스러운 그 죄
의 대가를 치르며, 너희가 지은 것을
용서하는 그 대가를 치르기 위해서
십자가를 짊어진 그 고통보다도 더 잔
인하고 더 간악한 방법으로써 나의 아
들 예수를 벌해 주며 예수에게 고통을
내려 주기를 바라는 기도를 하는 자라
는 것을 잊지 말며,
47 그 기도의 뜻이요, 그 기도의 의미가
그러한 것이라는 것을 잊지 말라.

7,173 번째 하나님 말씀

2003년 8월 18일 08시 16분

1 사랑하는 나의 아들아!
2 "네, 아버님! 말씀하옵소서."
3 나의 뜻에 의해 선택된 너를 따르는
제자들이요, 나의 법전을 읽고 깨우친
그 백성과 그리고 수천 년 동안 흘러
오는 그 믿음의 길을 가는 백성의 그
차이와 한계가 무엇인 줄 알겠느냐?
4 너희가 인간 세상에 살면서 높이 나
는 새처럼 난다면, 세상을 내려다볼
때 많은 것을 볼 수 있으며 깨달을 수

있다고 그리 생각할 것이니라.
5 바로 그것이 믿음의 길을 가는 백성과
나의 법전을 읽고 깨우치고 나의 아들
을 따르는 백성과의 그 차이점이니라.
6 수천 년 동안 믿음을 보고 지금 믿음
속에서 온 그 백성이요, 신도들은 높
이 날 수 있어야만 아래를 내려다보는
길이라 하여 날고자 하느니라.
7 그러나 날짐승이 하늘을 나는 것이요,
인간의 육은 하늘을 날 수 없는 것이
니라.
8 그리고 너희는 연이라는 것을 띄워서
높이 날리느니라.
9 그리하여 지금의 믿음의 길을 가는 그
지도자요, 그 종교 집단이요, 또한 그
신도들은 연과 같이 높이 날아 아래
를 내려다보는 그와 같은 역사의 깨달
음을 바라며, 그를 위해 살아가는 자
들이니라.
10 그리하여 언제 연과 같이 날 수 있으
며 날짐승과 같이 날 수 있는가, 그렇
게 나는 길을 바라며 날기를 바람이
니,
11 과연 너희는 육이 날 수 있으며 육이
연처럼 높이 날며 날짐승과 같이 높
이 날 수 있다고 생각하느냐?
12 그건 절대 있을 수 없음이니라.
13 그러나 지금의 믿음의 길을 가는 백성
은 육이 날 날이 있으며, 육이 그와 같
이 높이 오를 수 있다는 것을 믿고 기
대하고 그리 가야만 너희가 아래를
내려다볼 수 있는 그 깨달음이요, 아
래를 내려다볼 수 있는 것이라 그리
말하느니라.
14 그러니라, 맞느니라.
15 너희가 이론상으로 말하는 것은 맞느
니라.
16 연처럼 높이 올라가면 올라간 것만큼
아래를 내려다볼 수 있으며, 날짐승이
높이 날면 높이 나는 만큼 아래를 볼
수 있으며 그 먹이를 볼 수 있듯이, 높
이 올라가는 것이 당연하니라.
17 그러니 그리 높이 올라가는 것은 육이
높이 올라가는 것만 그와 같은 역사를
이룸이니,
18 당연히 높이 올라가야만 아래를 내려
다보는 것이 나 여호와의 진리요, 내
가 높이 나는 자가 아래를 멀리 볼 수
있다 했으니, 그것은 내 진리이기 때
문에 너희는 올라가는 것이 당연하다
생각하면서,
19 너희 육신이 올라가며 그리고 육신은
올라가게 되었다고 지금 고집을 피우
는 것이 종교 집단이요, 지도자요, 신
도들이 가는 것이니라.
20 그러니라, 내가 너희에게 높이 오르는
자만이 멀리 볼 수 있다 했으니, 그 말
을 믿는다면 너희는 육이 높이 오르
게 되어 있으며, 육은 반드시 날아 올
라가 아래를 내려다본다 그리하느니
라.
21 그것이 나 여호와의 뜻이라며 육이 높
이 올라가 날기를 바라며 그를 위하여
소망하며 그를 위하여 기도하며 네 육
신이 날 수 있도록 해 달라 소원하느
니라.
22 그러나 그게 나 여호와의 뜻이라 하나
너희는 날 수 없으며 너희 육신은 스
스로 높이 올라갈 수 없음이니, 그것
이 나의 아들을 따르는 제자들과 법전

을 읽고 깨우치는 백성의 차이점이 있음이니라.
23 나의 아들을 따르는 제자들이요, 나의 법전을 읽는 백성도 내가 높이 날아야만 멀리 본다는 것, 그리하여 너희가 멀리 보기 위해서 반드시 높이 날아야 한다는 것이 답임을 알고 있음이니라.
24 그러나 나의 아들을 따르는 제자들이요, 법전을 읽는 백성은 그 육이 높이 날려 하지 아니함이니라.
25 이 지상에서 그들이 그 마음을 다스려 그 마음을 비우며 욕심이 없음이니, 그리하여 천사와 같은 마음이요, 그 마음의 성령이 높이 올라와 세상을 내려다보는 그 길을 알고 있으며 그것만이 정확하게 볼 수 있다는 것을 알기에,
26 나의 아들을 따르는 제자들은 육이 날며 육이 연처럼 높이 올라가서 세상을 내려다보는 것을 바라는 것이 아니요,
27 그 마음이요, 가슴속에 있는 욕심을 비워 그 마음이 천사와 같이 되어 세상을 하나로 볼 수 있는 그 아름다운 마음을 다스려,
28 그 마음이 높이 올라가면 그 마음은 무게가 없으니 하늘 끝까지 날아가 이 세상 것을 다 볼 수 있는 그와 같은 길이 있으며 그리 가는 것을 원하며, 그리하여 마음을 비우는 노력을 지금 하는 것이니,
29 그것이 지금 나의 아들을 따르는 백성과 수천 년 동안 믿음을 오는 종교 집단과 지도자 그 백성과의 차이점이니라.
30 너희는 이룰 수 없으며 오를 수 없는 것을 오르겠다는 믿음이니, 나의 아들 예수의 보혈이요, 나를 찾기만 하면 구원을 받는다는 것이 그것이니라.
31 너희는 반드시 그 피로 구원을 받는다 하여 그리 부르짖고 감이니, 그 보혈로써 구원을 받는 것이 아니요, 너희가 마음을 다스리며 예수가 원했던 그 뜻대로 바로 사는 것이니라.
32 내가 높이 나는 자가 지상을 멀리 볼 수 있으니 너희는 반드시 높이 날아 이 세상을 봐야 한다 하였다 하여,
33 육은 반드시 날며 올라갈 것이라 하며, 너희가 이룰 수 없으며 오를 수 없는 그 육이 오르기를 바라며, 그것은 하나님의 뜻이니 반드시 있을 수 있다고 그리 말하느니라.
34 그러나 나는 나의 아들을 통하여 제자들에게 뭐라 하였느냐?
35 너희의 육은 절대 날 수 없음이니, 너희의 마음을 날려야 할 것이며 눈을 높이 올려 그와 같은 네 마음이 높이 올라와 세상을 내려보면 더 많이 볼 수 있고 더 넓게 볼 수 있다고 가르침이니라.
36 네 눈이 높이 올라오고 네 마음이 높이 올라오는 것은 나 여호와가 지키고 행하라는 계명을 지키며, 나의 뜻대로 살아가고 마음을 비우며 천사가 되어 마음이 훨훨 날아 끝없이 올라가 하늘에서 세상을 내려다보는 그것이 내가 너희에게 가르침이요,
37 그 길이라 가르치는 것을 알고, 마음을 높이 날리기 위하여 지금 너희 자신을 다스려 가는 삶이요, 그 길을 가

는 것이 하늘과 땅의 차이라 하였음이
니라.
38 그것은 과연 어떤 것이 정답이며 어떤
것이 나 여호와의 뜻이더냐?
39 육이 날겠다고 몸부림치는 그것은 정
답이 아니니,
40 너희의 마음을 비우고 마음을 높이 날
려 마음의 눈을 뜨게 하여 세상사를
다 보라 그리 전하는 나의 아들이요,
그 제자들을 사탄이요, 이단이라 하며
나 여호와의 뜻을 거역하는 자들이니
라.
41 육이 높이 나는 것을 연구하지 아니
하며 육은 날 수 없다고 말하며, '하나
님께서 육이 높이 올라가 세상을 다
본다 하였거늘 그를 거역하는 자니,
이게 사탄이요, 사악한 자요, 우리를
혼미케 하는 자가 우리들을 잘못됐다
말한다' 하여,
42 육이 날려고 노력하며 육이 나는 역
사를 위해 재물을 바치고 금화를 바치
며 시간을 바치며 종교 지도자의 강론
이요, 설교 듣는 것을 가짜 지도자요,
사기꾼들에게 모두를 바치고 가느니
라.
43 그리하여 정녕 마음의 문을 열어 마음
을 높이 날려 하늘에서 지상을 내려다
보는 길이 너희가 오를 수 있으며 지
상을 보는 길이며 눈을 뜨는 길이라
가르치는 그것을 사탄이요, 이단이라
하며 그를 태우고 찢어 버리고 죽이려
하는 것이 지금 너희니라.
44 이제 나의 피조물 만백성 너희에게
이와 같은 이치까지 손을 쥐여 가르
쳐 줌이니, 무엇을 더 가르치며 무엇
을 더 역사해야만 너희가 눈을 뜨고
바른 진리를 알며, 나 여호와가 나의
아들을 통하여 이 세상 너희에게 마지
막 구원의 길을 위하여 역사하는 모든
것을 믿겠는가?
45 너희가 이를 믿지 아니하면 어찌한단
말이더냐?
46 너희가 높이 올라와서 보고자 하여 육
이 아무리 오르려 해도 평생 올라가지
못하며 죽음이니라.
47 너희가 육이 올라와서 세상을 보겠다
하여 육의 몸무게를 줄인다 해도 올라
갈 수 없으며 날 수 없음이니라.
48 날 수 없으며 올라갈 수 없는 그 육을,
내가 높이 올라가야 멀리 보는 것이라
가르쳤다 하여, 과연 그걸 진리라 믿
느냐?
49 내가 날지 못하는 것을 어찌 날 수 있
다 했겠느냐?
50 너희의 육이 나는 것이 아니요, 육이
하늘에 오르는 것이 아니니라, 사랑하
는 나의 아들딸들아!
51 지금 나의 아들이 그 제자들에게 강론
하여 가르치며 나의 법전을 기록하여
전하며 만백성에게 가르치는 그 뜻이
바로 무엇이더냐?
52 마음이 천사가 되어 그 마음이 높이
올라왔을 때, 마음의 눈이 뜨여서 세
상을 내려다보면 그 모두를 다 볼 수
있는 것이니, 육이 나는 것이 아니니
라, 어리석고 불쌍한 백성들아!
53 내가 이리 간곡히 하늘의 뜻이요, 하
늘의 비밀을 너희에게 가르쳐 주고
손에 쥐여 주건만, 그래도 믿지 아니
하며 육이 날 수 있다고 팔짝팔짝 뛰

는 것을 내가 뭐라 했느냐?
54 장마철에 비 내릴 때 개구리가 높이
뛰어 하늘에 오른다며 죽을 때까지
뛰고 또 뛰니, 제가 처음에는 높이 뛰
나, 죽을 때가 되면 땅덩이에서 허덕
이다 힘에 부쳐 죽는 꼴이 바로 너희
니라.
55 너희가 육을 하늘에 올리겠다 하여
그 육으로 하늘에 올라 높이 보겠다
발버둥치며 그것이 진리요, 하나님의
뜻이라 발버둥치다 나이 먹어 쇠잔하
면 너희는 돌이킬 수도 없으며 지은
죄를 용서받을 수도 없으니,
56 개구리가 뛰고 뛰다 세월이 가면 지쳐
제자리서 뛰지도 못하고 죽어 가듯이
너희가 바로 지옥으로 죽어 가는 형국
이요, 그 모습이니 그리 알라.
57 이러고도 너희가 바로 서지 못한다면
내가 너희에게 더 이상 무엇을 깨우
쳐 주고자 나의 법전을 세상에 내려보
낼 의미가 있겠느냐?
58 그러나 나의 아들을 따르는 제자들이
요, 그리고 나의 법전을 보고 깨우치
는 그 백성이 있기에 오늘의 그 역사
를 내가 중단하지 아니하고 감이니라.
59 깨우치지 못하는 자, 육이 하늘을 날
것이라 하여 육을 가지고 몸부림치는
자, 그리고 날아 보려 하는 어리석은
백성을 위하여 내가 나의 법전을 내림
이 아님을 알라, 사랑하는 나의 만백
성 아들딸들아!

7,174 번째 하나님 말씀

2003년 8월 18일 08시 29분

1 사랑하는 나의 아들아!
2 "네, 아버님! 말씀하옵소서."
3 종교 집단 지도자요, 그 모두가 흘러
오는 그 믿음의 형태가 과연 무엇이더
냐?
4 수천 년 동안 흘러오는 믿음 속에서
그들이 지켜 오는 그 신앙의 근본이
무엇이더냐?
5 그들은 정녕 진정한 참진리요, 나 여
호와의 뜻을 역사하는 그와 같은 믿음
을 온 것이 아니니라.
6 그들은 나 여호와요, 나를 경배하며
나의 아들 예수의 죽음으로써 저희 모
든 죄의 대가를 치렀다는 그와 같은
안일한 방법으로써 참진리를 연구하
고 가르치는 것이 아니요,
7 고통스럽게 죽어 간 나의 아들의 이름
이요, 그 위에 나 여호와의 이름까지
합쳐 우리 부자의 이름을 팔아, 그 이
름을 밑천으로써 너희는 밑천을 들이
지 아니하고 지금 장사를 하는 것이니
라.
8 그리하여 나의 피조물 만백성들에게
주는 것 없이 우리 부자의 이름을 팔
아서 거둬들이는 그와 같은 사악한 짓
을 하고 있었음이니라.
9 밑천 없는 장사를 하는 것이 종교 집
단이요, 지도자요, 들어가는 밑천이
없이 거둬들이고 팔기만 하는 그 장사
를 했음이니, 오늘의 사악한 집단들이
이 세상을 덮고 그와 같이 역사했음이
니라.

10 그러나 이제 내가 그를 더 묵과하지
아니하며, 그를 더 성장하도록 두지
아니하는 것이 내가 지금 제3의 시대
를 열어 감이니라.
11 너희가 밑천을 들이지 아니하고 우리
부자의 이름만 팔아 수없는 재물을 거
둬들였으며, 나의 피조물 만백성들을
하늘에 올려 나의 천국의 집에 그득히
역사하도록 한 것이 아니요,
12 내 집은 텅텅 비어 있으며 나 혼자 홀
로 천국의 문을 열고 기다리는 그와
같은 형국이 되었으며,
13 지옥이요, 사탄의 자식으로서 지옥 불
에 보낸 수많은 나의 백성의 그 고통
이요, 그 아우성을 듣기가 고통스러움
이니라.
14 그와 같은 역사를 한 것이 바로 오늘
의 믿음이요, 종교 집단이 가고 있고
온 길이니라.
15 그리고 앞으로도 그 길을 위하여 이
세상에 존재하고자 함이니라.
16 내가 2천 년이라는 그 암흑의 세상을
이제는 천국을 열어 그 태양의 빛이
요, 하늘의 빛을 내려보내,
17 모두 다 밝은 세상으로 나의 피조물
만백성들을 구원의 길로 인도하여 하
늘의 집에 그득히 내 아들딸이 즐기는
그와 같은 역사를 이루고자 나의 법전
을 내리며 한 시대의 역사가 이루어진
다는 것을 알라.
18 그러니 내 이름 앞에 더 이상 장사 밑
천으로 그를 쓰지 못할 것이며, 나의
아들 예수의 이름을 장사 밑천으로 재
물과 금화를 거둬들이는 그와 같은 행
위를 중단시키고자 함이니 그리 알라.
19 이것이 나의 법전이 세상에 내려가는
그 뜻이니라.
20 지금 너희는 우리 부자의 이름을 팔
아 장사하면서 제 욕심을 채우려는 그
믿음이요, 제 욕심을 채우는 그 길이
하늘에 오르는 길이라 하여 나의 피조
물 만백성들을 기복 신앙의 정신으로
써, 그저 기도하고 아우성치면 무엇인
가 얻는다는 그와 같은 기복 신앙의
대표로서 나의 백성을 이 세상에 살
도록 하였으며,
21 기복 신앙의 그 원천의 뿌리를 나의
백성에게 심어 놓은 것이 바로 오늘의
종교 집단이요, 지도자 너희니라.
22 기복 신앙의 뿌리를 세상에 뿌려 거기
서 그 열매를 거둬들이니, 그것이 바
로 사탄의 열매요, 기복 신앙의 열매
니라.
23 그 열매를 먹지 않는 자는 구원을 받
지 못한다 하여 기복 신앙의 뿌리가
번져 가도록 지금 하는 것이 너희의
길이니라.
24 이단과 진정한 참진리를 백성이 구분
하지 못하는 그와 같은 형국으로 나의
피조물 만백성들을 몰고 온 것이니라.
25 이단과 참진리요, 나 여호와의 뜻이
요, 나에게 오르는 길이요, 사탄에게
가는 길 그 자체도 구분하지 못하도록
나의 피조물 만백성들을 미혹게 한
것이 너희니라.
26 구분하지 못하는 나의 백성이 스스로
깨우쳐 역사하는 그 깨달음을 얻지 아
니하는 자는 정녕 구원의 길을 오를
수 없다는 것을 알아야 할 것이니라.
27 지금의 기독교라는 종교 집단이요, 모

든 종교 집단이 이단의 대표적인 것
은, 그들이 나 여호와의 참진리요, 나
의 뜻을 깨우치고 인도하는 것이 아니
요, 참진리요, 내가 내린 계명이요, 그
모두는 지킬 수 없다 하며 다 저버리
고,
28 나의 사랑하는 백성, 그리고 저희를
따르는 그 신도들을 어떻게 미혹하여
끌고 가는지 알겠느냐?
29 세상의 모든 축복을 저희가 다 내려
주는 것처럼, 그리고 너희 고통을 다
씻어 주는 것처럼, 그리고 저희가 손
으로 지은 죄의 온상에 오면 모든 축
복을 내려 준다 하여 나의 피조물 만
백성들의 마음을 부추겨,
30 그들이 욕심의 씨앗이 가슴속에 성장
하기 시작하였으며, 그 욕심의 뿌리가
성장하고 또 성장하게 하여 그와 같이
어리석은 나의 백성으로 이끌어 왔음
이니라.
31 세상의 모든 축복이요, 은혜요, 부귀
영화를 누리며 질병이요, 그 모든 고
통에서 벗어날 수 있는 것이 너희 손
으로 지은 그 성전에 와 재물을 바치
고 울고불고 기도하는 것이라 하여 나
의 피조물 만백성들의 욕심을 부추겼
으며,
32 욕심의 그 마음을 부추겨 그 씨가 성
장하도록 한 것이 지금의 삯꾼이요,
돈을 받고 재물을 거둬들이기에 혈안
이 된 종교 지도자들이니라.
33 자신이 세상의 축복을 다 내려 주는
것처럼, 모든 영광을 내려 주는 것처
럼 나의 피조물 만백성들을 그렇게 영
적으로 다 죽게 만들었으며,
34 육의 세상에서 그들이 욕심을 채울 수
있는 그 방법이 저희 교회에 오면 된
다 하여 그 마음을 그리 부추겼음이니
라.
35 그것이 바로 욕심을 채우려고 가는
자들이요, 기복 신앙의 대표자며 그리
하여 기복 신앙의 백성으로서 육성시
켰으며, 욕심을 채우기 위해 지금 그
종교 집단에 몸을 던지는 것이니라.
36 그를 위하여 그리 이끌어 가려고 지금
의 종교 집단이요, 지도자들이 혈안이
되어 이 세상이 이와 같이 되었다 함
을 말하느니라.
37 그저 육의 세상에서 축복을 다 내려
주는 것처럼 부추긴 그 죄는 바로 나
에게 와서 받음을 알라.
38 이제 나는 너희에게 전했음이니라.
39 나의 법전을 통하여 구원의 길을 가는
것이 무엇이며, 이단의 길을 가는 것
이 무엇이며,
40 나에게 오르는 길이요, 지옥으로 가는
길이요, 그것을 분별할 수 있는 그 모
두를 내가 160권의 법전 속에 기록하
여 전했음이니, 선택은 너희에게 달렸
음이니라.
41 누구의 뜻을 따라 누구의 가르침에 의
하여 선택의 눈을 뜨는 것이 아니요,
너희 스스로 선택할 수 있으며, 선택
을 구분하는 것은 너희 몫이니라.
42 이것이 바로 내가 너희를 기다리는
것이며, 너희가 선택되어 불 속에서
뛰쳐나오는 그와 같은 용기 있는 자
는 나에게 오를 것이요,
43 그렇지 못한 자는 사기꾼의 연극에 의
하여 춤추고 들러리 서고 손뼉 치고

울고불고하다 너희는 욕심이라는 다
른 신을 가슴에 안고 지옥 불로 간다
는 것을 절대 잊지 말라.
44 이제 너희는 인간의 욕심을 충족시키
며 부추기는 종교 집단이요, 지도자들
의 그 강론이요, 설교에 너희 자신이
현혹되어 죽음의 길을 가는 것을 너희
스스로 알라.
45 그리고 깨우쳐야 할 것이니 그를 알
도록 그리하라.

7,175 번째 하나님 말씀

2003년 8월 18일 08시 37분

1 사랑하는 나의 아들아!
2 "네, 아버님! 말씀하옵소서."
3 날카로운 낚싯바늘에 고기들이 좋아
하는 먹이를 걸어 던짐이니, 그 무서
운 것을 모르고 걸려드는 물고기의 그
고통스러운 죽음이,
4 바로 지금의 만백성들이 저희가 지은
죄의 온상인 교회라는 곳에 발을 들여
놓는 그 순간 그들의 감언이설에 의하
여 바로 낚싯밥에 걸려드는 꼴이라
그리하였음이니, 내가 그들을 구원하
는 것이 너희의 대명이라 그리 말하
였느니라.
5 사랑하는 나의 아들딸들아!
6 어떠한 고통과 시련이 있다 해도 너희
는 나로부터 선택된 나의 아들딸이니,
너희가 그와 같이 불쌍히 가는 백성을
구하지 아니하면 그 누구도 구할 수
없음이니라.
7 그러니 그 백성을 위하여 역사하는
선택된 백성 너희는 그들을 구원해야
함을 잊지 말라.
8 아무리 그들이 애원하고 울고불고 애
걸복걸해도 너희는 애걸복걸하는 그
와 같은 기도를 하지 말며, 조바심하
는 마음을 갖지 말며, 하늘에 오르는
것을 의심하지 말며, 나에게 오는 것
을 두려워하지 말라.
9 너희가 애걸복걸하지 아니하고 그와
같이 몸부림치는 기도를 하지 아니하
며, 너희 자신이 하늘에 오르고자 한
다 해도 그와 같은 것은 관계없음이니
라.
10 나 여호와가 다 주관하며 내가 역사함
이니, 그와 같은 기도요, 소망을 바라
는 삶을 살지 말도록 그리하라.
11 너희 자신을 위해서 애걸복걸하는 애
절한 기도를 드리지 말며 마음 졸이지
말라.
12 다만, 낚시에 걸려드는 물고기처럼 걸
려드는 나의 사랑하는 백성 그들을 구
원하는 데 모두를 다 바쳐야 하며 최
선을 다하라.
13 너희 자신을 위해서 몸부림치지 말며,
너희 자신을 위해서 애걸하는 기도하
지 말며, 소원하는 기도를 하지 말라.
14 그들을 위하여 기도할 수 있으면 모든
것을 다 바치라.
15 나 여호와는 너희를 사랑함이니 내가
선택한 나의 백성은 육과 영혼의 영
광을 같이 내린다는 엄연한 사실을 알
라.
16 그것이 바로 나로부터 선택된 백성이
니, 너희는 두려워하지 말라.
17 그리고 자기를 위하여 기도하지 말며
자기를 위하여 생각하지 말며 자기를

위하여 제가 편하고자 어떠한 것도
계획하지 말며 생각하지 말라.
18 너희의 모든 삶은 나 여호와가 주관하
여 감이니라.
19 내가 너희에게 나의 아들을 통하여
모든 것을 다 내려 줄 것이며 모두를
역사할 것이니,
20 낚싯밥에 걸려드는 그 불쌍한 물고기
처럼 나의 피조물 만백성들이 죽음의
그 낚시에 걸려 죽어 가는 그 백성을
구원하라.
21 그것이 너희가 나에게 할 수 있는 길
이요, 너희 자신을 위해서 단 한마디
의 기도도 하지 말라.
22 그것이 지금 믿음을 가며 수천 년간
지옥으로 가는 낚시에 걸려드는 백성
과 하늘에 오르는 길을 위하여 달려오
는 너희와의 차이점이니라.
23 너희는 나로부터 육과 영혼의 영광을
같이 받게 되는 것이니 그리 알라, 사
랑하는 나의 아들딸들아!

7,176 번째 하나님 말씀

2003년 8월 19일 08시 46분

1 사랑하는 나의 아들아!
2 "네, 아버님! 말씀하옵소서."
3 모든 것을 역사할 때는 그 기초가 단
단하며 그 기초가 잘 다스려져야 함이
니라.
4 처음에 시작할 때는 아무것도 아닌
것 같으나,
5 처음에 정도의 길이요, 처음에 바로
서기 시작하면, 그 조직이요, 그 단체
요, 또한 그와 같은 사람은 흔들림이
없음이니라.
6 너희가 처음에 잘못 서 있으며 처음에
잘못 시작함으로 그 모두는 다 거기에
서 바로 설 수 없으며, 남이 이룰 수
있는 것을 이루지 못함이니라.
7 이는 모든 종교 집단이요, 믿음에 처
음의 단추를 잘못 끼웠기에 오늘에
나의 뜻이 아니요, 나의 뜻을 거역하
는 그와 같은 집단으로써 이 세상을
다 덮고 통제하는 것과 같이, 모든 것
이 다 처음에 잘못되면 그가 바로 설
수 없음이니라.
8 그러니 너의 제자들은 이제 바로 서는
삶이요, 기초가 다져진 그와 같은 삶
을 살아야 하며, 기초 질서부터 지키
는 그와 같은 삶을 살도록 그리 가르
쳐야 할 것이니라.
9 너의 제자들은 모두 죽어 다시 태어난
자들이니라.
10 이 세상 모든 백성에게 '나는 죽었노
라'고 이미 선언한 자들이니,
11 지난날에 연연하며 그 맺음이요, 그
인간관계에 의해서 돌아서지 못한다
면 결국 지도자로서 길을 갈 수 없는
것이니라.
12 너희는 다 죽은 자로서, 모든 사람이
다 죽은 자며, 다시 태어난 자라는 그
와 같은 마음으로 가야만 너희가 나의
법전을 읽은 자들이요, 나의 법전을
읽고 만백성을 깨우치는 지도자의 자
세가 됨을 알라.
13 사람이 살면서 모두 다 자기가 청산할
수 있는 것, 다시 태어나는 그것은 영
적으로 다시 태어남을 바라기 전에 육
의 세상에서 죽은 자라 생각하고 다시

태어난 사람이라 그리 생각하라.
14 다시 태어난 자세로써 그 삶을 시작
해야만 너희가 바로 설 수 있음을 잊
어서는 아니 될 것이니라.
15 지난날의 살아온 습성이요, 악습이요,
그리고 모든 살아왔던 그 형태를 그대
로 유지하고 끌고 간다는 것은 다시
태어남이 아니요, 그저 그 삶이 그대
로 역사함이니,
16 나의 법전을 접하면 무엇하며 강론을
들으면 과연 무엇하겠는가?
17 나의 아들 너 또한 그러니라.
18 세상사에서 너는 죽은 자니, 지금 인
간 세상에서 가진 인간관계요, 이름
석 자를 기억하는 그 모두를 다 놓고
다시 태어나며 다시 사귀어야 하며
다시 출발해야 할 것이니라.
19 너희가 이름을 아는 그 친구요, 네 벗
을 지금 만난다 해도, 다시 상대하며
다시 사귀며 다시 처음부터 시작하는
그와 같은 삶으로써 살아가야 할 것이
니,
20 거기에는 한 점의 오차가 있어서도 아
니 되며 한 점의 부끄럼이 있어도 아
니 되는 것이니라.
21 그러니 그와 같이 기초를 다져 나가는
삶을 시작하도록 그리 전하라.
22 너희 제자들은 모두 죽은 자요, 다시
태어났으니,
23 어제 안 사람이 아는 사람이 아니요,
그를 오늘 안 사람이요, 이제 처음 만
나는 사람으로서 모든 인간관계의 삶
을 그리 가꾸지 아니하면 다시 태어난
의미가 없음이니라.
24 너희가 육에서 사는 것이 얼마나 소중
하다 했느냐?
25 그러니 육에서 거듭나며 다시 태어남
이 얼마나 소중한 것인가를 알아야 할
것이니라.
26 육에서 거듭나고 육에서 다시 태어나
지 아니하면 영적으로 다시 태어날 수
없음이니라.
27 지난날의 삶이 그대로 연장되는 모든
것을 기억하지 못하며 생각하지 못하
며, 그리고 지난날 역사했던 것을 생
각하지 못하는, 다시 태어나는 사람으
로서 그와 같은 삶을 살아야 함을 절
대 잊지 말라.
28 지난날을 다 기억하며 지난날 것을 잊
지 못하며 그를 가슴에 안고 산다면,
정녕 다시 태어나는 사람이 될 수 없
으며, 다시 태어나는 사람이 아니지
않으냐?
29 이것이 바로 너희가 가야 할 길이며
살아가는 자세이니라.
30 모든 것을 기억 속에서 잊어버린 사람
들이며 기억하지 못하며 네 생활의 악
습을 기억하지 못함이니라.
31 나의 법전이요, 나의 십계명대로 하나
하나 다져 나가는 그와 같은 다시 태
어난 삶이요,
32 거기서 거역되는 일이 없으며 지키지
아니하는 삶이 없는 그와 같은 사람으
로 살라.
33 다시 태어나는 것은 완벽하게 다시 태
어난 것이니라.
34 너희에게 다시 한 번 삶의 기회를 준
다면 아름답게 살 수 있고 살아 보겠
다는 마음같이, 지금서부터 그 마음으
로 다시 태어난 자로서 살라.

35 모두를 다 버리고 지워 버려야 할 것
이니라.
36 거기에 연연하며 거기에 매달리려 한
다면, 그를 잊지 못해 못 잊어 한다면
다시 태어난 삶이 아니니라.
37 영적으로 영혼이 구원을 받아 영혼이
다시 태어나는 것은 오늘 육의 삶에서
다시 태어나는 삶을 거치지 아니하면
그를 이룰 수 없음이니, 그리 전하도
록 하라, 사랑하는 나의 아들아!

7,177 번째 하나님 말씀

2003년 8월 19일 08시 56분

1 사랑하는 나의 아들아!
2 **"네, 아버님! 말씀하옵소서."**
3 나 여호와가 나의 아들 예수를 세상에
내려보냄이니 그 의미는 무엇이더냐?
4 나의 사랑하는 백성 너희가 타락하여
지옥 불에 떨어지는 그 불쌍한 모습을
나 여호와가 볼 수 없으며 그를 더 이
상 방관할 수 없어,
5 나의 아들 예수를 세상에 내려보내
지옥 불에 떨어져 가는 그 불쌍한 나
의 백성을 구원하여 나에게 오를 수
있도록 그와 같은 역사를 이루고자 하
였으며,
6 그리고 하늘에서 이루어진 천국과 같
이 지상에 천국을 이루어, 죄 없는 백
성이요, 죄 없는 세상을 만들고자 나
의 아들을 세상에 내려보내,
7 잘못 가고 잘못 깨달은 백성 너희를
일깨워 주고자 그러한 역사를 하였음
이니라.
8 그와 같은 뜻으로 나의 아들 예수를
세상에 보냈건만, 너희는 그를 어찌
가르치고 그를 어찌 배우더냐?
9 너희가 지금까지 살아오면서 지은 죄
를 대속하기 위하여, 그리고 너희가
미래에 지을 것, 그리고 대대손손 너
희 후손들이 짓는 그 죄를 모두 대속
하며 그 죄를 정죄받고 대신 짊어지
기 위하여 나로부터 세상에 보내진
독생자라 그리 말함이니라.
10 너희는 이제 두 번 다시 그와 같은 말
을 해서는 아니 됨을 알아야 할 것이
니라.
11 너희가 바로 살아가는 것, 그리고 참
진리를 연구하여 스스로 구원의 길에
오르는 방법을 가르쳐 주기 위해 나의
아들이 세상에 내려갔으며,
12 타락하여 지옥으로 가는 그 불쌍한 너
희를 위하여 내려갔다는 것을 이제 머
릿속에 깊이 심어야 할 것이며,
13 그것이 나 여호와의 뜻이며 내가 나의
아들 예수를 세상에 내려보낸 뜻이라
는 것을 잊지 말라.
14 이제 그와 같은 소리를 하는 백성은
바로 무엇인 줄 알겠느냐?
15 나의 아들과 우리 부자의 이름을 팔아
먹고 사는 자들이요, 우리 부자를 능
멸하는 자요, 그러니 우리 부자를 능
멸하는 자는 바로 사탄의 자식이 되어
있음을 알아야 할 것이니라.
16 너희에게 생명을 불어넣어 세상에 나
와 살도록 한 창조주 나 여호와의 뜻
을 거역하는 것은 바로 너희가 사탄
의 자식으로 되어 있음이니라.
17 그게 바로 타락된 자들이 너희임을 알
라.

18 너희가 타락되어 있기에 나의 아들딸
이 될 수가 없으며 내 품에 오를 수 없
으며 너희가 나를 아버지라 부를 수
없는 그와 같은 형국이니라.
19 아버지를 아버지라 부르지 못하는 자
가 얼마나 불행한 자며 얼마나 잘못된
자던가?
20 너희가 바로 그와 같이 사탄의 자식
으로 타락되었기 때문이니라.
21 그리하여 너희는 타락되어 사탄의 품
에 지금 사탄의 뜻에 따라 역사하는
자들이 되어 있으며, 그러기에 너희가
나의 품에 돌아올 수 없으며 나를 아
버지라 부를 수 없는 것이 너희니라.
22 그러니 나를 아버지라 부르지 못하며
나의 품에 들어올 자격이 없다면, 너
희는 바로 무엇이더냐?
23 구원이라 하여 너희가 천국에 올 수
있는 길이 없으며, 그리 갈구하고 원
하는 구원이라는 것은 너희에게는 그
단어조차도 찾을 자격이 없는 자들임
을 알아야 할 것이니라.
24 나 여호와가 너희에게 내릴 수 있는
은혜와 축복을 스스로 받을 수 없도록
타락되었으며, 그를 등 돌리고 떠난
자들이 되었음이니라.
25 나로부터 생명을 받아 나가는 은혜를
입은 너희가 하늘에 올라와 영원히
사는 천국에 오를 수 있는 그와 같은
것을,
26 너희 스스로 어렵고 힘들다 하여 그
를 다 버렸으며 타락되어 지옥으로 가
는 그와 같은 형국이니라.
27 나의 백성이 그와 같이 가는 것이 마
음이 아파, 이를 회복시키고 미래의
많은 백성을 위하여 그리고 너희 후
손을 위하여 너희 자신을 위하여 나의
아들 예수의 그 역사함을 다시 깨우쳐
주며, 예수가 역사했던 의미를 가르쳐
주며,
28 또한 지금 160권의 법전을 세상에 내
려보내는 그 뜻과 의미가 무엇이며,
그 모두는 다 너희를 회복시키려는
것이라는 것을 너희에게 전함이니라.
29 그러니 위로는 예수가 역사하고자 이
세상에 왔던 그 의미를 공부하고 연구
해서 바른 믿음으로 가며 바른 깨달음
을 알아야 할 것이니라.
30 오늘 나의 아들을 통하여 내리는 나의
법전을 가슴에 안고 정독하고 또 정독
해서 그 속에서 하늘에 오르는 찬란한
빛을 찾으며 나의 뜻을 거기서 얻어,
31 성령으로써 거듭나는 나의 아들딸로
서 태어나는 영광을 얻어야 할 것이
니라.
32 그렇지 아니하면 너희는 정녕 나를
볼 수 없음이니라.
33 2천 년 동안 암흑의 세상에서 내가 너
희를 버렸고 너희를 생각하지 아니하
며 내가 더 이상 너희에게 어떠한 길
을 비춰 주지 아니하였으며 하늘의 빛
을 내리지 아니하였음이니라.
34 그리하여 2천 년이 암흑의 세상이었
음이니라.
35 그 암흑의 세상이 오늘의 이와 같은
형국이 되었으며, 모두가 만나기만 하
면 이단이요, 사탄이요, 저와 같이 가
지 아니하는 자는 정적보다도 더 무서
우리만큼 대하며,
36 내가 짓고 만들지 말라는 교회요, 성

당이요, 회당을 만드는 데만 급급하여
나의 뜻을 부정하며 정면으로 거부하
는 자들이 지금까지 이 세상을 지배하
고 통제했음이니, 그게 바로 사탄들이
이 세상을 덮음이니라.
37 그러나 내가 너희를 버리지 아니함이
니라.
38 내가 2천 년의 암흑의 그 길고 긴 세
월 속에서 너희가 죽어 지옥으로 가
는 것을 더 이상 볼 수 없어,
39 내가 너희를 포기하지 아니하며 내가
너희를 버리지 아니하며 그리하여 나
의 법전을 내려보내 읽고 깨우쳐 너
희가 나의 품에 돌아올 수 있는 단 한
번의 기회를 다시 너희에게 내려 줌
이니라.
40 이를 알아 행하는 자는 구원을 받을
것이요, 이를 거부하는 자는 지옥으로
가며 지옥이라는 것이 무엇인가를 알
게 될 것이니라.
41 지옥으로 갈 때 나를 아버지라 부를
수 없으며 다시 헤어날 수 없는 것이
요, 지옥과 천국은 영원히 구분되어
있으니,
42 천국에 사는 천사와 같은 나의 아들딸
들과 지옥으로 가는 백성은 다시는 올
수 없음을 알아야 할 것이니라.
43 육의 세상에 살아가면서 육이 죽음으
로써 육과 영혼의 세상은 구분되어 넘
지 못하듯이, 육이 절대로 넘지 못하
는 것이 영혼의 세상이 아니던가?
44 그리고 천국이 아니더냐?
45 그리고 하늘나라의 삶이니라.
46 육은 절대로 하늘나라 삶에 올 수 없
듯이, 너희가 지옥으로 한 번 가면 천
국으로 올 수 없으며 그보다도 더 엄
격히 올 수 없는 것이 천국과 지옥이
니라.
47 너희가 다시 태어나는 그 역사를 얻음
을 지옥에서 태어날 것인가, 그렇지
아니하면 천국이요, 상상할 수 없이
아름다운 이 낙원의 동산에 태어날 것
인가?
48 어디서 태어나는지 그것은 너희가 지
금 선택해야 할 일이며 네 몫이라는
것을 절대 잊지 말라.

7,178 번째 하나님 말씀

2003년 8월 19일 09시

1 사랑하는 나의 아들아!
2 "네, 아버님! 말씀하옵소서."
3 인간이 살아가는 그 길은 똑같이 죽음
을 향하여 살아감이니라.
4 그 소중한 심판대를 향하여, 죽음을
향하여 살아가는 너희가 정녕 천국에
오를 수 있는 아름다운 삶을 살아가는
자와,
5 그리고 그저 인간의 향락을 위하여 그
때그때 즐거움을 위하여 그리고 육의
부귀영화를 위하여 살며, 너희가 심판
대에 설 자격이 있는지 없는지, 그리
고 지옥으로 가는 것인지 구분하지 아
니하고 닥치는 대로 육의 향락을 위하
여 살아가는 그 백성은,
6 막상 나에게 와 심판을 받을 때 그 차
이가 얼마나 무섭고 두려운 것인가를
알겠느냐?
7 여기서 너희는 깨우쳐야 할 것이니라.
8 너희는 많은 음식을 섭취하고 먹고사

느니라.
9 그리고 또한 과일이라는 것을 많이 섭
취하며 또 먹고사는 것이 수천 가지이
니라.
10 그러니 여기서 과일이요, 음식이요,
너희가 먹는 것도 또한 차이가 있음이
니라.
11 입맛에 맞춰 그저 먹기 즐거워 입맛의
즐거움을 따라서 이것저것 찾아 먹는
백성과,
12 건강과 자신의 육신을 지키기 위한 알
맞은 영양분을 섭취하며 필요한 것을
섭취하며 과식하지 아니하고 사는 백
성이 먹는 음식의 차이는 과연 무엇이
더냐?
13 너희가 똑같은 과일이라도 입맛을 위
해서 먹는 자는 그 입맛을 위해서 먹
는 것으로 끝나는 것이니라.
14 그러나 그 과일을 건강을 위하여 생각
하지 않으며 과식하고, 몸 자체가 어
떻게 되든 입에서 끌어들이는 대로 그
저 먹어 대는 자, 그리고 아무것이나
입맛에 맞는다 해서 섭취하는 자는 몸
을 망치게 함이니라.
15 그러나 몸을 보호하기 위해서 양에 맞
춰서 필요한 것을 적절하게 조정해서
먹는 현명함이 있다면, 그는 제 몸의
건강을 위해서 육신을 지탱하는 약으
로 쓰게 됨이니라.
16 그러니 여기서 똑같은 과일이나 음식
을 먹는 것도 입맛에 맞춰서 닥치는
대로 먹는 자는 독소를 먹게 되는 것
이며,
17 너희가 입맛에 맞추는 것이 아니요,
몸을 지탱하기 위하여 골고루 과식하
지 아니하고 자신이 알아서 그를 다스
려 먹는다면, 그것은 좋은 보약이 되
는 것이니라.
18 똑같이 먹는 음식이 그러하니라.
19 하나는 건강을 위해서 건강에 도움이
되는 좋은 음식이 될 것이요, 하나는
건강을 망가트리며 너희의 육신을 무
너트리게 되는 음식이 됨이니라.
20 그러니 모든 종교 집단이 지금 믿음의
길을 가는 것이 어떤 것인지 알겠느냐?
21 입맛에 맞춰서 그저 마구잡이로 이것
저것을 거둬들여 몸의 건강에 좋다는
형국으로 가는 것이 지금 나의 피조물
만백성들에 헤아릴 수 없이 종교 집단
에 가서 구원받은 자라 허덕이는 그와
같은 형국이요,
22 그렇지 않은 자는 바로 참진리를 깨
우쳐 조용히 하늘에 오르는 그 길을
감이니라.
23 그는 십계명을 지키며 율법을 지키며,
24 내가 160권을 책으로 만들어 세상에
내려보내 만백성을 구하고자 하는 나
의 법전을 정독하고 참진리를 깨우치
며,
25 인간이 살아가는 도리가 무엇인가를
알며 하늘에 오르는 그 빛이 무엇인가
를 알며 내가 역사하고자 하는 것이
무엇인가를 앎이니,
26 제 몸에 알맞게 먹어 보약이 되는 그
와 같은 과일이요, 음식을 섭취하는
현명한 백성임을, 여기에 그 차이가
있다는 것을 알라.

7,179 번째 하나님 말씀

2003년 8월 19일 09시 05분

1 사랑하는 나의 아들아!
2 "네, 아버님! 말씀하옵소서."
3 이 세상에 너희가 살아가면서 어려서
부터 많은 스승이요, 부모로부터 그리
고 이웃으로부터 사회로부터 많은 교
육을 받으며 인성을 다스려 나감이니
라.
4 그러나 너희는 여기서 하나 깨우치고
넘어가야 할 것이 있음을 알라.
5 아무리 훌륭한 교육 방법이요, 아무리
훌륭한 스승으로부터 교육을 받는다
해도, 인간 세상에서 배운 그 교육은
인간 세상의 교육 수준을 벗어나지
못함이니라.
6 그러니 인간으로부터 배운 교육 수준
을 벗어나지 못하면, 너희는 항시 넘
어질 수 있으며 흐트러질 수 있는 것
이니라.
7 환경에 따라서 처한 것에 따라서 그
리고 배우지 아니한 것에 따라서 무
너지고 쓰러짐이니라.
8 그리하여 인간 세상의 깨우침을 아무
리 좋은 스승이요, 아무리 좋은 부모
요, 아무리 좋은 이웃으로부터 배운다
해도, 너희가 살아가는 그 세월 속에
서 무너지게 되며 지워지게 되며, 또
한 너 자신을 망가트리는 그와 같은
것이 인간이 한 교육이니라.
9 또한, 공허함이요, 허전함이요, 마음
에 그득히 알곡이 차 있는 그와 같은
형국으로써 얻어질 수가 없는 것이 바
로 너희가 가진 것이니라.
10 그러니 여기서 허전하지 아니하며 공
허하지 아니하며 흔들리지 않는 그와
같은 믿음의 교육이란 바로 무엇이더
냐?
11 성령이 너희에게 임하는 것이니, 성령
의 영적인 교육을 가슴에 그득히 충만
하도록 노력하는 그와 같은 삶을 살아
야 할 것이니라.
12 참진리를 연구하며 성령이요, 나 여호
와가 내리는 십계명이요, 나의 율법이
요, 나의 법전을 지키고 사는 그 바탕
위에서, 인간이 육성하는 교육을 같이
더불어 받아 나간다면 너희는 흐트러
지지 아니하며 공허함이 없으며 무너
지는 일이 없을 것이니라.
13 그리하여 믿음을 갖지 않는 자는 구원
을 받지 못한다는 뜻이 여기에 있음이
니라.
14 너희가 성령으로 임하는 것, 참진리를
지키는 것, 그는 곧 나의 십계명을 지
키며 율법을 지키며 나의 법전대로 읽
고 깨우쳐 살아가는 그 바탕 위에 살
면서,
15 인간의 훌륭한 선생으로부터 인간의
교육을 받아 더불어 거기에 존재한다
면, 너희는 어떠한 역경에서도 무너지
지 아니하며 흐트러짐이 없음이니라.
16 그러니 성령의 교육이 너희에게 임하
도록 그리하라.
17 성령의 교육이 임했을 때 너희는 무너
지지 아니함이니라.
18 그러니 성령의 깨달음이요, 참진리의
깨달음이요, 성령으로써 거듭나는 그
와 같은 훈련을 해야 할 것이며,
19 성령이 너희에게 임할 수 있는 아름다

운 삶의 훈련을 지속적으로 중단하지
아니하고 해 나가야 함을 절대 잊지
말라.
20 이제 너희가 나의 십계명대로 지키고
살고자 노력하는 것, 그리고 율법대로
살고자 하는 것, 그리고 나의 아들을
통하여 내리는 이 법전을 읽고 깨우
쳐 그대로 살아가는 것이 성령의 교육
임을 너희는 알아야 할 것이니라.
21 그러니 성령의 교육이 교본이요, 그
책자를 누구나 읽고 깨우칠 수 있도록
간단한 방법으로써 세상에 내려보내
니,
22 나의 법전을 읽고 또 읽고 정독하고
또 정독해서 성령으로써 거듭나는 그
와 같은 삶을 살아가도록 하며, 그 길
만이 너희가 나를 볼 수 있으며 구원
의 길이라는 것을 잊지 말라.
23 인간의 교육의 수준으로써는 한계가
있음이니라.
24 그리하여 무너지고 쓰러지며 포기하
며, 또한 너희 자신이 모두를 다 잃는
그와 같은 것이니,
25 거기에 성령이라는 그 교육이 받쳐졌
을 때는 절대 그러함이 없음이니 그리
알라, 사랑하는 나의 아들딸들아!

7,180 번째 하나님 말씀

2003년 8월 19일 09시 36분

1 사랑하는 나의 아들아!
2 "네, 아버님! 말씀하옵소서."
3 내가 성경에 기록하여 너희에게 일찍
이 깨우치지 아니하였던가?
4 너희가 크고자 하면 섬기는 것부터 먼
저 행함을 배워야 한다.
5 그리 말하였음이니라.
6 너희가 크고자 높고자 한다면 다른
사람이요, 남들을 섬기는 것부터 배우
는 마음 자세로 살아가지 아니하면 정
녕 큰 자가 될 수 없다고 말하였으며,
7 너희 중에서 으뜸이 되고자 하면 남
의 종이 되어 종의 자세부터 배우는
자가 먼저 으뜸이 될 수 있다고 말하
였느니라.
8 그리고 성서에 기록하여 말하기를, 인
자가 세상에 내려온 것은, 나의 아들
이 온 것은 섬김을 받으려 함이 아니
요,
9 도리어 섬기고자 하여 내가 나의 아들
을 세상에 내려보냈으며, 그 목숨을
바쳐 만백성을 구하고자 하여 그리 내
려보냈다 하였음이니라.
10 그러나 지금 종교 집단이요, 지도자들
이 과연 어찌 가는가?
11 지금 종교 집단이요, 지도자가 과연
나의 아들 예수보다도 더 아름다운 마
음이요, 천사와 같은 마음으로 의인의
길을 가고 있다 생각하는가?
12 내가 직접 내려보낸 나의 아들도 너
희를 섬기는 것부터 먼저 배우며 섬
기려고 세상에 내보냈다 그리하였음
이니라.
13 너희에게 군림하는 것이 아니요, 너희
를 섬기는 마음의 자세로써 너희를
섬기기 때문에 그가 목숨을 바쳐 너희
를 구원하는 그와 같은 대속물로서 나
의 아들이 그 모두를 다 짊어지는 그
와 같은 삶을 살지 아니하였던가?
14 그가 왜 그와 같이 했던가?

15 섬기는 것을 근본으로 보이며 그리고
섬기는 자의 자세가 무엇인가를 보이
고자 했음이니라.
16 그러나 종교 집단 지도자라는 자들이
지금 과연 너희를 섬기는 자로서 그
자세로 가는가?
17 너희는 제왕보다도 더 무서운 자세로
군림하고 있으며 독재자보다도 더 무
서운 짓을 하고 있지 않은가?
18 너희의 명에 의하여 그저 이것이 나
여호와의 뜻이니, 지나가는 사람을 죽
이라 하면 죽일 정도로 광분되어 있
는 것이 그 신도들이요, 그들을 그리
만들었음이니라.
19 세상에 기르는 애완동물에게 훈련시
켜서 사람을 물라 하면 무는 그 짐승
과 무엇이 다르단 말이더냐?
20 그와 같이 너희가 나의 피조물 만백
성들을 세뇌시켰으며,
21 제가 그와 같이 독재자요, 주인의 역
할을 하며 받들게 하여 놓은 것이 지
금의 종교 집단이요, 지도자들이니라.
22 그러니 너희가 사람을 무는 것도 아
니요, 생명을 죽이라 할 때 죽일 수 있
는 행동을 하는 것,
23 그리고 감히 지도자라는 자들이 사람
이 제 마음에 뜻이 맞지 아니하며 저
를 따라오는 믿음이 아니라 하여 사람
을 마음대로 죽이라 명할 수 있고, 죽
일 수 있는 자들이 오늘의 종교 집단
이요, 지도자들이 지금 처해 있는 행
위이며,
24 너희의 만행이 그와 같이 하늘을 치솟
고 있음을 알아야 할 것이니라.
25 그 속에 진리가 있고 참깨달음이 있
다 말할 수 있는가?
26 그리고 으뜸이 되고자 하는 자는 종이
되는 것을 먼저 배우며, 정녕 의인이
되고자 한다면 섬기는 것부터 먼저
배우는 그와 같은 자세로 살라 했으며,
27 네 목숨을 던져 만백성을 섬기고 너
하나를 대속물로 보내 만백성을 구하
는 길이 있다면 그 길을 가라 하였음
이니라.
28 종교 집단이요, 지도자들이 그리 모범
을 보이고 그리 행해야 할 것이니라.
29 과연 그 지도자들이 그와 같이 갈 수
있다고 말할 수 있으며 지금 행할 수
있다고 생각하는가?
30 죄를 무서워하지 아니하며 죄짓는 것
을 두려워하지 아니하는 것이 너희니
라.
31 그러니 지금의 종교 집단이요, 지도자
가 과연 진정한 지도자의 자리를 가고
있는가 너희 자신을 돌이켜 봐야 할
것이며,
32 그를 따르며 그저 구원의 길이라 하여
울고불고하는 그 신도들도 자신을 들
여다보며,
33 설교하고 이끈다는 종교 지도자들의
그 행위가 과연 섬기는 자세인가 섬김
을 받는 자들인가 그를 구분해서 섬김
을 받는 자면 아니 될 것이니 그리 알
라.
34 너희가 섬기는 백성으로서 나의 피조
물 만백성들을 섬기며 그보다 낮은 자
의 자세로 살아가는 것이 종교 지도자
요,
35 그보다 섬김을 받고자 하는 자, 군림
하며 제왕 같은 행위를 하는 자, 더 크

고 아름다운 교회를 짓고자 하는 자, 꾸미고자 하는 그와 같은 자들은 다 사탄의 자식이니,
36 너희가 여기서 이제 단죄할 것이며, 단죄할 자신이 없고 용기가 없는 자는 계속 지옥 불로 감이니 그리 알라.
37 종교 집단이요, 지도자가 나 여호와의 뜻이며 하늘의 뜻이라 하여 사람의 목숨도 파리 목숨같이 죽이고 매장하는 그와 같은 사악한 짓을 하니, 어찌하여 너희를 죽이는 사탄들을 단죄하는 데는 그리도 용기가 없는가?
38 나 여호와가 너희에게 말함이니라.
39 그러니 너희는 지금 섬기는 자가 아니요, 섬김을 받는 그와 같은 자가 지도자라면 반드시 다스려야 할 것이며, 그와 같은 자는 나 여호와의 뜻을 명하는 자가 아니라는 것을 알라.
40 그러니 너희가 그를 다스릴 수 있는 그와 같은 자가 되어야 함을 잊지 말라.
41 종교 집단이요, 지도자들이 나의 율법과 십계명대로 지키고 살아가는 자라면 더 말할 것이 없음이니라.
42 그러니 그를 위배하고 그를 지키지 아니하는 백성, 이를 지키지 못하는 것은 나의 백성이 아님을 알라.
43 저 자신이 지키지 아니하고 지옥으로 가는 것은 괜찮으나, 나의 사랑하는 백성을 인도하여 지옥으로 이끌어 가는 그와 같은 사악한 행위를 하고 있음이니,
44 이를 보는 나 여호와의 마음이 과연 어떠하겠느냐?
45 내가 지금 나의 법전을 세상에 내려보내는 것이요, 나의 아들 예수를 세상에 내려보낸 것은
46 너희가 나의 율법과 십계명을 지키고 사는 그와 같은 백성으로서 인도하고 깨우쳐 주고 깨달음을 얻어 하늘에 오르는 그 길을 열어 주고자 함이었음이니라.
47 그리하여 그를 완성하기 위하여 내가 나의 아들 예수를 대속물로 세상에 내려보낸 것이요, 너희 죄를 대신하여 대속물로 내려보낸 것이 아님을 너희는 알아야 할 것이니라.
48 너희는 어찌 살아가느냐, 너희는 참 진리를 어찌 깨닫느냐 하는 하늘의 길을 볼 수 있는 그 눈을 열어 주기 위하여 나의 아들을 대속물로 세상에 내려보낸 것이요,
49 너희 죄를 천년만년 그 후손들의 죄까지 대신 정죄받는 그와 같은 대속물로서 세상에 내려보낸 것이 아니라는 것을 확실히 알아야 할 것이니라.
50 나의 아들은 오로지 너희가 죄를 짓지 아니하며 천국과 같은 이 지상을 이루는 데 너희가 가야 할 길이 무엇이며 행할 자의 자세가 무엇인가 너희에게 깨우쳐 주기 위한 대속물로서 내려진 것이니, 나의 아들의 소중함을 알아야 될 것이니 그리 알라.

7,181 번째 하나님 말씀

2003년 8월 19일 09시 42분

1 사랑하는 나의 아들아!
2 **"네, 아버님! 말씀하옵소서."**
3 너희가 진정한 나의 아들딸로서 만백

성을 깨우치는 종교 지도자로서 그
자리를 지키고자 한다면 나의 간곡한
뜻을 들어 이를 행해야 함을 잊지 말
라.
4 너희 자신이 이웃을 속이지 말며, 또
한 너 자신을 속이는 행위를 해서는
아니 됨을 잊지 말라.
5 너희가 나를 경배하며 하늘에 오르는
길을 오는 백성이요, 또 그 길로 인도
해야만 깨우친 백성이라는 종교 집단
이요, 지도자요, 그리고 나의 법전을
읽고 깨우친 백성이요, 나의 아들을
따르는 사랑하는 제자 너희는 들어야
할 것이니라.
6 너희가 정녕 나를 경배하며 하늘에 오
르는 그 길을 가고자 한다면 너희 자
신을 속이는 자가 되어서는 아니 되며
너를 속이는 사람이 되어서는 아니 됨
이니라.
7 자신을 속이지 않은 그와 같은 사람
으로서 거듭나야 할 것이며 이웃을
속이는 자가 되어서는 아니 될 것이
니라.
8 이웃을 속이며 네 주변을 속이는 마음
을 가지고 하늘에 오르겠다고 아무리
울고불고 나를 찾으며 경배한다 해도,
나에게 기도하며 무엇인가를 다 바쳐
구원의 길을 간다 해도, 나는 그 기도
를 듣지 아니하며 나와 관계없음이니
라.
9 너희 자신을 속이면서 회개하는 눈물
의 기도를 하면 무엇하며 통곡의 기도
를 하며 나에게 구원을 받고자 발버둥
치는 그와 같은 눈물의 기도를 드린들
무엇하겠는가?
10 내가 그 기도를 들을 수 있으며 그를
기억할 수 있게 하려면 절대 너 자신
을 속이는 자가 되지 말라.
11 자신을 속이지 않는 자가 자신에게
부끄럼이 없는 자요, 자신을 속이는
자는 이웃을 속이는 자요, 세상을 속
이는 것이요, 그리고 나 여호와를 속
이는 자들이니라.
12 저 자신을 속이지 않는 삶을 사는 것
이 성령이 임하는 길임을 너희는 알
아야 할 것이니라.
13 내가 너희에게 뭐라 깨우쳤느냐?
14 이 세상에 어떠한 책도 가르침도 나의
성령을 태워 내리는 나의 법전도 너희
를 완벽하게 깨우치고 지도할 수 없는
것이라 하였음이니라.
15 진리가 무엇이며 나 여호와가 원하는
것이 무엇인가 그것에 조금씩 눈을 뜨
는 것은 진정 자신은 자신이 너무나
잘 알기에,
16 너희 자신이 스스로 변화되는 것만이
나에게 오를 수 있는 가장 중요한 길
이라 하였음이니라.
17 너희가 하는 짓이 나쁜 짓이요, 너희
자신을 속이는 것이요, 질서를 파괴하
는 짓이라는 것을 그 누구도 모른다
하였음이니라.
18 네 부모도 모르며 네 형제도 모르며
너를 가르치는 스승도 모르며, 너와
더불어 사는 가족 누구도 너를 알 수
가 없느니라.
19 오로지 너희 자신만이 잘 아니, 너희
자신이 알아서 잘못된 것을 고쳐 나가
는 것이 하늘에 오르는 길이요, 축복
이요, 영광의 길을 볼 수 있으며, 천국

의 길로 올 수 있는 기본이라 그리하
였음이니라.
20 이 모두가 자신을 속여서는 아니 됨이
니라.
21 사랑하는 나의 아들딸들아, 그리고 나
의 아들을 따르는 제자, 너희는 자신
을 속이는 삶에서 벗어나야 할 것이며,
22 수천 년 동안 종교 집단이요, 지도자
라 하여 방대한 그 역사를 이끌어 가
는 종교 지도자, 그리고 구원을 받았
다는 백성 너희가 너희 자신을 속이
지 않는 백성이 된다면 내가 너희를
기억할 것이며 나에게 올 수 있음을
알아야 할 것이니라.
23 나는 너희가 지옥으로 가지 아니하며
천국에 오기를 바라며 내 품에 오기를
바라는 것이며, 너희가 벌 받는 것을
원하는 나 여호와가 아님이니라.
24 사탄이요, 악마야말로 너희가 벌을 받
고 고통을 받는 것으로써 즐거움이요,
그를 위해서 너희를 현혹하고 유혹함
이니, 거기에 넘어가는 백성이 되지
말도록 그리하라.
25 너희 자신을 속이면서 네 이웃을 속이
면서 아무리 경배하고 회개하고 눈물
의 기도로 평생을 바친다 해도 나는
단 한마디도 듣지 아니함을 알라.
26 너희 자신이 서로 속이지 않는 그 행
위부터 이제 너를 따르는 그 제자들은
훈련에 돌입하도록 그리 가르치라.
27 자신을 속이지 않는 그 훈련을 형제지
간에 삶 속에서, 그리고 나의 아들의
제자들로서 절대 자신을 속이지 않는
그와 같은 행위요, 말이요, 그 모든 훈
련을 지금서부터 돌입하도록 그리하
라.
28 그리하여 자신을 속이지 않는 그 마음
이 자신을 다스리는 것이며,
29 자신을 다스릴 수 있는 자가 악과 선
에서 선을 선택할 수 있게 훈련되고
능력이 있는 자이니라.
30 그와 같이 변한 자가 하늘에 오르는
그 빛을 보며 하늘에 오르는 반석 위
에 서 있는 나의 사랑하는 선택된 백
성이 되는 것이니 그리 전하도록 하
라.
31 너희 자신을 절대 속이지 않는 것, 자
신을 속이지 않는 그 훈련부터 돌입하
도록 그리 가르치라.
32 자신을 속이고는 아무것도 되는 것이
없으며, 자신을 속이는 것은 아무것도
기초가 될 수 없으며, 자신을 속이는
것은 모래성 위에 궁궐을 짓겠다고 대
드는 것과 같음이니 그리 알라, 사랑
하는 나의 아들딸들아!

7,182 번째 하나님 말씀

2003년 8월 19일 09시 51분

1 사랑하는 나의 아들아!
2 "네, 아버님! 말씀하옵소서."
3 수천 년 동안 종교 집단이요, 지도자
라 하여 이 세상을 덮는 방대한 뿌리
를 내렸으며, 오로지 저희 교회라는
곳에 와 기도하고 경배하며 성전이요,
회당에 와 기도하고 경배하는 것이 구
원을 받는다고 말하는 백성 너희는
스스로 죄인임을 자처했으며, 죄인이
되어 나 여호와에게서 등을 돌리고 떠
난 백성이 되었다는 것을 알겠는가?

4 너희는 나에게서 떠나는 백성으로서
만족하지 못하여 사탄의 자식이 되어
너희에게 생명을 부어 세상에 내려보
낸 너희가 말하는 창조주 아버지라는
나를 너희와 원수지간으로 만들어 놓
은 것이 바로 너희가 만들어 놓은 관
계이며, 오늘의 삶의 틀이 그리되었음
이니라.
5 어찌하여 생명을 준 부모요, 아버지라
는 나와 너희가 원수지간의 관계가
성립되었는가?
6 이는 바로 너희 스스로 만든 관계임
을 알아야 할 것이니라.
7 육의 세상에서도 부모가 자식을 사랑
하며 자식이 부모를 사랑하는 그 마음
은 한계가 다름이니,
8 육의 세상에서 자식과 부모 간에 원
수지간이 되었다면 그를 누가 인정하
며, 아름답게 보며, 시시비비를 가리
는 것을 보고 누가 옳고 그르다 말을
하겠는가?
9 그러니 지금 너희는 모두 죄인이 되
어 나 여호와를 원수와 같이 만들고
그리 몰아넣었음이니라.
10 바로 그것이 오늘날 종교 집단이요,
지도자요, 더욱이 구원을 받았다 말하
는 그 백성이 울부짖는 것이 나를 원
수로 부르짖었음이니 그건 무엇이던
가?
11 하늘에 오르는 참진리요, 그 뜻을 위
해서 가는 것이 아니요, 사탄이요, 사
악한 악마를 위해 달려가고 있기 때문
이니라.
12 숨도 쉬지 아니하고 뒤를 돌아다보지
도 아니하며 쉴 줄 모르고 달려가는
신도 너희니,
13 그와 같이 나와 너희를 원수지간으로
만들어 놓은 사악한 사탄의 자식으로
타락된 것이 지금 나의 백성 너희니라.
14 그러면서 타락될 대로 타락된 그 백성
이 뭐라 말하느냐?
15 저희는 구원을 받았으며 나 여호와의
뜻에 따라 하늘에 올 수 있다 그리 말
함이니라.
16 너희는 나와 원수지간의 한계를 그어
놓고 스스로 그리 만들어 놓고 나 여
호와의 천국에 올 수 있는 백성이요,
천국에 올 수 있도록 구원을 다 받았
으며, 자리가 다 되어 그저 죽기만을
기다리는 그와 같은 백성이라 말하느
니라.
17 너희가 과연 그 말을 할 수 있으며 그
말의 두려움과 무서움을 아는가?
18 너희 속에서 너희는 어찌하는가?
19 너희가 아름다운 교회요, 성전에서 서
로 만백성을 구하는 곳이요, 천사들만
있으며 구원을 받은 자라는 백성이 있
는 그곳에서 서로 송사하고 시시비비
하며 재물 앞에서 물고 뜯고 하는 그
와 같은 행위를 하지 않는가?
20 이제는 그것이 잘못되었으며 종교 지
도자가 바로 서지 못하는 것, 그리고
너희 집단이 잘못되었다는 것을 그
속에 있는 너희 형제요, 자매라는 자
들이 송사하는 역사가 계속될 것이며,
이제 너희에게 시시비비를 하는 그와
같은 역사를 이룸이니,
21 바로 송사를 시작하는 그때부터 너희
의 문은 닫히게 됨을 알아야 할 것이
니라.

22 그 역사가 이제 서서히 시작되며, 지
금 그 변화의 소용돌이요, 회오리바람
은 불기 시작하고 있음을 알아야 할
것이니라.
23 자신이 구원을 받았다고 말하는 너희
는 나와 관계없는 그 길을 가면서 구
원은 나에게 받았다 함이니,
24 정녕 넘을 수 없는 죽음의 그 고비를
넘어 심판의 단계에 섰을 때 얼마나
무모한 짓이며 얼마나 사악한 짓이며
얼마나 나 여호와를 저주하며 나를 가
슴 아프게 하는 행위를 했는지를 알게
될 것이니라.
25 그러니 너희가 그와 같은 길을 가지
아니하며 그와 같은 백성으로서 거듭
나지 아니하려거든, 나의 법전을 읽고
깨우치는 것도 내가 원하지 아니하며
나의 법전을 가슴에 안고 정독하여 진
정한 하늘에 오르는 빛을 보기 전에,
26 너희가 한 획도 고쳐서는 안 되며 지
워서도 안 된다는 성경에 기록되어 있
는 나의 십계명이요, 그리고 내가 지
키라는 그 율법부터 먼저 지키는 삶을
살라.
27 너희가 그것만 해도 지옥문 앞에 가
울고불고 통곡하는 길은 면할 것이거
늘, 어찌하여 그것도 그대로 행하고
살지 못한단 말이던가?
28 그러니 너희는 그것도 행하고 살지
못하느니라.
29 한 획을 고쳐도 안 되며 한 줄을 더 넣
고 빼도 안 된다고 그리 말하는 성경
대로 살지 못함이니, 내가 어찌 너희
를 다스리겠느냐?
30 그리하여 내가 너희에게 마지막 한
번의 기회를 주어 나의 아들을 통하여
이와 같이 깨우칠 수 있는 가장 밑에
있는 진리서부터 상세히 하늘의 뜻을
기록하여 전하는 그 역사가 이루어짐
이니라.
31 너희가 이를 믿지 못하며 이를 두려워
하며 이를 보지 못하며 이게 사탄의
것이라면, 너희가 말하는 성경에 기록
되어 있는 십계명대로 삶을 살라.
32 그리 살다 보면 나의 법전을 알게 될
것이며 그 눈을 뜨게 될 것이며, 정녕
성경의 진리를 모르며 십계명을 지킬
수 없거든 나의 법전을 읽고 정독해
보라.
33 그러면 십계명을 지킬 수 있는 그 길
이 있으며, 죄를 짓지 아니하고 정도
의 길을 갈 수 있는 것을 알게 되며,
하늘의 이치가 무엇이며 하늘에 오르
는 길을 볼 수 있을 것이니라.
34 둘 중의 하나만 정독해서 읽되 그대로
행하는 마음을 가지라.
35 십계명을 지키고 살아간다는 말을 하
든 그렇지 아니하면 나의 법전을 읽고
깨우치든 둘 중의 하나의 방법을 선
택하라.
36 그러면 너희는 지옥문에 가서 몸부림
치는 일은 없을 것이니라.
37 내가 너희를 사랑하고 소중히 생각하
며 나의 아들딸이 지옥 불로 가는 것
을 보기에 내 마음이 아파 너희에게
이리 간곡히 부탁하는 나 여호와의 뜻
을 알라.
38 어버이로서 자식에게 바로 서라, 바로
가라는 것보다도 천배 만배 간절한
마음으로 너희를 그리 다스림이니라.

39 너희는 거듭남으로써, 너희가 영원히
나오지 못하는 지옥으로 가는 삶을 살
지 않도록 하라, 사랑하는 나의 아들
딸들아!

7,183 번째 하나님 말씀

2003년 8월 19일 09시 59분

1 사랑하는 나의 아들아!
2 **"네, 아버님! 말씀하옵소서."**
3 지금의 종교 집단이요, 지도자들이 얼
마나 황당한 이야기를 하며 얼마나 망
발과 망언을 함부로 지껄이고 있는지
아느냐?
4 지금의 모든 종교 집단이요, 지도자들
이 그리 말하느니라.
5 나의 아들 예수가 곧 나 여호와요, 나
여호와가 나의 아들 예수로서 육을 가
지고 세상에 나왔음이라 그리 말함이
니라.
6 그러면서 너희는 바로 무엇이라 말하
느냐?
7 나의 아들이 너희의 죄를 사해 주는
속죄물로서 세상에 내려왔다 함이니,
그러면 나 여호와가 예수요, 예수가
나 여호와라면, 즉 내가 속죄물로서
세상에 내려왔으며 속죄물이 되었다
는 것이 아니더냐?
8 그러면 너희 말대로 속죄물은 그것이
바로 무엇이냐?
9 나 여호와가 너희를 대신하는 속죄물
이라는 뜻이 아니더냐?
10 그러면 나 여호와를 너희 죄를 사해
주고 용서받게 하기 위한 속죄물로서
나를 놓고 제를 지낸다면, 과연 너희
는 누구에게 죄를 빌며 나를 누구에게
제물로 바친단 말이던가?
11 그러면 창조주 나 여호와 외에 누가
또 있단 말이던가?
12 이것이 지금 너희가 지껄이는 짓이며
하는 행위임을 알아야 할 것이니라.
13 너희는 나 여호와가 예수요, 예수가
곧 나 여호와이니 그리하여 사랑의 하
나님이요, 사랑의 예수라 그리 말하느
니라.
14 나와 예수가 같으니, 예수가 너희 죄
를 용서해 주며 천국에 이르도록 모든
속죄물로 세상에 보내졌다는 것은,
15 나 여호와가 속죄물로 내려보내진 것
이니, 너희가 나를 제물로 생각하여
모든 죄를 사하는 제사를 지냄이니라.
16 나를 속죄물로 하여 죄 사함을 받으려
고 제물로 바친다면, 과연 그 제물을
받아 주는 자는 누구이며, 그 제물은
과연 누구를 향하여 바치며 기도를 드
리고 제사를 지내는가?
17 그러니 너희는 그와 같은 이치 하나도
모르는 자들이니라.
18 너희는 어찌하여 나를 제물로 하여 누
구에게 바친단 말이던가?
19 그러니 바로 무엇이냐?
20 나의 아들 예수와 나 여호와를 하나의
제물로 만들어 사탄에게 바치는 것이
아니던가?
21 바로 그와 같은 자들이니라.
22 이 세상에 창조주는 나 여호와요, 나
외에 누구도 없음이니, 그러니 너희
위에 있는 자는 무엇이더냐?
23 너희가 나의 아들딸이라면 너희 위에
예수가 있으며 예수 위에 나 여호와가

존재함이니라.
24 그러나 너희는 나와 나의 아들 예수
를 제물로 하여 제를 지냄이니, 나보
다도 더 높은 자가 있다 함이니 그는
내 백성이 아님이니라.
25 그러니 너희가 사탄이 되어 사탄의
왕에게 나의 아들 예수와 나를 제물로
만들어 그들에게 바쳐 사탄에게 영광
을 돌리며 사탄으로부터 은혜를 받고
자 하는 마음으로 망발하는 불쌍한
자들이니, 그와 같은 의미를 알라.
26 이후로 그와 같은 말을 지껄이는 자는
정녕 나를 능멸하는 자며 나 여호와와
나의 아들 예수까지도 제물로 사탄에
게 바쳐 사탄에게 영광을 돌리며 사탄
으로부터 은혜를 받고자 하는 그와
같은 사악한 자들이니라.
27 그것이 바로 오늘의 믿음의 길을 가는
자요, 그와 같이 말하는 종교 집단이
요, 지도자는 사탄의 자식이 되어 우
리를 능멸함이니, 그 죄를 죽어 와 내
앞에서 받을 것이니라.
28 너희가 죽어 왔을 때 사탄은 너희를
거들지 못하고 돕지 못하며 감히 그
유황불 앞에 올 수도 없으며 심판대
앞에 타는 그 불 앞에 감히 근접도 못
함이니라.
29 지금은 너희를 그리 이용하고 써먹고
부려 먹는 그 사탄이 결국 너희가 나
에게 와 심판을 받을 때는 근접하지
못하며 저도 두려워 감히 내 옆에 근
접하지 못하며 심판에 관여하지 못하
는 그와 같은 자들이라는 것을 알라.
30 사탄과 너희는 큰 차이가 없음을 어
찌 그리 모르는가?
31 너희가 능력을 발휘하여 깨우쳤을 때
사탄과 싸울 수 있는 당당한 능력을
주어 세상에 보냈으나, 스스로 육의
편안함이요, 죄악의 그 즐거움이요,
향락에 빠져 사탄의 제물이 되어 있음
을 알라.
32 이제 너희는 내가 나의 아들 예수와
같다는 말을 하지 말며, 예수가 나며
내가 예수라 그리 말하지 말라.
33 예수가 너희 죄를 사하는 제물로써 세
상에 던져진 자라면 내가 그와 같이
던져진 자니,
34 나를 제물로 하여 너희가 누구에게
제를 지내는 것인가 그걸 깨우쳐 알
아보라.
35 그러면 너희가 사탄의 자식이라는 것
을 스스로 알게 될 것이니라.
36 감히 너희가 나의 아들이 나요, 내가
예수라는 말을 하여 나의 아들과 나를
속죄의 제물로 만들어 사탄에게 바치
고자 하여, 그것이 영광이요, 축복의
길이라 하며, 나의 피조물 만백성들이
그를 믿고 따르도록 유혹하고 현혹하
여 나의 백성을 지옥으로 이끌어 가
는 그와 같은 행위를 하니,
37 너희가 곧 지옥으로 이끄는 저승사자
요, 사탄의 자식이 된 것이니라.
38 종교 집단이요, 지도자요, 구원을 받
았다고 말하며 내가 예수며 예수가 나
라 그리 말하며,
39 예수가 대속물로 바쳐진 자요, 대속물
로 온 자라 그리하여 우리 부자를 제
물로 만들어 사탄에게 바쳐 사탄에게
영광을 돌리고자 하는 사악한 자들의
행위라는 이 무섭고 두려운 것을 나

의 법전에 기록하여 나의 아들을 통하
여 너희에게 전하니,
40 그 누구도 이를 밝힐 수 없으며 이를
세상에 전할 수 없음이니라.
41 이는 오로지 목숨을 내건 순교의 길이
요, 나의 아들 예수처럼 십자가에 못
박혀 죽어 갈 각오가 되지 아니한 백
성은 이를 전할 수 없으며 이를 만들
수 없으며 이를 세상에 전하지 못함이
니라.
42 이는 곧 나의 아들이요, 나의 성령이
요, 내가 임하기 때문에 이 모두가 역
사하는 두려움을 알아야 할 것이니라.
43 이를 거역하고 벗어나는 자, 오늘의
위안이 되려고 나의 아들을 핍박하며
나의 법전을 찢어 버리고 태우는 자는
그 죄가 얼마나 가슴 저린 것인가를
알게 될 것이니 그리 알라.

7,184 번째 하나님 말씀

2003년 8월 19일 10시 08분

1 사랑하는 나의 아들아!
2 "네, 아버님! 말씀하옵소서."
3 너희가 똑같은 생명을 가지고 똑같은
조건에서 이 지상에 살아가면서 어떠
한 길을 살아가느냐 하는 것이 중요하
다 하였음이니라.
4 참진리요, 아름다운 선을 향하여 살아
가는 것과 사악한 삶을 향하여 육의
향락에 젖어드는 그와 같은 삶의 결과
가 얼마만큼 두렵고 무서운 것인가를
알아, 삶의 선택이 중요하다 그리 말
하였음이니라.
5 이제 나의 아들을 따르는 백성이요,
나의 법전이 참진리요, 하늘에 오르는
길이라 하여 가는 백성 너희는 살아
가면서 고통과 시련을 겪는다 해도 어
떠한 속에 살면서 시련과 고통의 그
역사를 가느냐 하는 것은 천태만상의
차이라 그리 말하였음이니라.
6 너희가 육의 세상에 살아가는 고통과
시련이요, 그 모두를 겪고 가되,
7 사탄의 후예가 되어 그 모든 고통을
겪고 살아가는 것과, 창조주 나 여호
와의 뜻에 따라 삶을 살면서 고통과
시련을 모두 겪고 살아간다는 것은 그
차이가 얼마나 큰지 아는가?
8 사탄을 따르며 고통의 세월을 사는 것
은 그저 죽음의 고통이요, 지옥의 길
이요, 너희가 나 여호와의 품 안에서
나의 사랑 안에서 고통과 시련을 겪고
살아가는 것은 영광된 백성이 됨을 알
아야 할 것이니라.
9 나의 사랑 밖에서 살아가며 거기에서
얻어지는 고통과 시련이요, 인내하기
어려운 그 모두는 다 죽음의 길이요,
10 나 여호와의 사랑 안에서 고통과 시련
의 길을 가는 것은 너희가 그리도 갈
구하고 영원히 바라는 너희 영혼이 다
시 살아나는 그 삶을 이루는 것이니라.
11 나의 사랑 안에서 살아가는 것은 다시
태어남의 길이요, 너희가 그리 갈구하
는 구원이요, 그 뜻을 이루는 길임을
잊어서는 아니 될 것이니라.
12 사랑하는 나의 아들딸, 너희는 나의
뜻을 믿고 나의 뜻에 순종하며 살아가
는 그와 같은 백성이 되어야 할 것이
니라.
13 내가 나의 아들을 통하여 내리는 나의

법전이 진정 나의 성령을 태워 마지막
시대에 심판하기 위해서 내린 것이며,
14 이를 읽고 깨우치지 않는 자는 절대
구원의 길을 볼 수 없다는 것을 굳건
히 믿어야 할 것이니라.
15 그리고 순종하는 믿음을 가야 할 것이
니라.
16 바로 믿음이라는 것이 무엇이었더냐?
17 너희가 2천 년 전에 믿음이 없었고 믿
음이 흔들렸기 때문에 그러니라.
18 모든 제사장이요, 장로요, 믿음의 길
을 가는 자들이 믿는다 했으나,
19 정녕 나의 아들 예수가 세상에 내려온
것을 나 여호와의 뜻이라 그리 믿었더
라면 오늘과 같이 불행한 일은 없었을
것이니라.
20 아무리 참진리요, 진실을 내려보내도
너희는 믿지를 못하며 믿지 않는 근성
이 바닥에 깔렸으니, 그것이 욕심이
요, 사악하고 간교한 마음이기 때문이
니라.
21 그러니 나의 뜻이요, 내가 무엇을 역
사한다 해도 믿지 않는 것은 2천 년
전에 믿지 않아 나의 아들을 그렇게
고통스럽게 보낸 그자들과 오늘날 나
의 법전을 믿지 못하며 이게 나 여호
와가 내린 것이라 믿지 못하는 백성은
그들과 똑같은 전철을 밟는다는 것을
잊지 말라.
22 너희는 나의 법전을 믿어야 할 것이
며, 나의 뜻이라는 것을 믿으며, 순종
하는 마음으로 살아가야 할 것이니라.
23 그리 살아갔을 때 이 세상은 나의 법
전이 다 덮을 것이며, 이 세상을 나의
법전이 덮기 시작했을 때 만백성의 그
환란의 소용돌이는 무서우리만큼 몰
아칠 것이니라.
24 깨우치며 거듭나기 위해서 용솟음치
는 것이 세상을 다 덮을 것이니 그리
알라.
25 이 세상을 나의 법전이 다 덮을 것이
라는 것을 믿으며 나의 성령이라는 것
을 믿고 힘차게 행하고 나갈 때, 나 여
호와의 기쁨은 이루 말할 수 없으며
그보다 더한 기쁨이 없음이니라.
26 너희가 나의 법전을 의심하며 나의 아
들을 의심하며 이 모두를 의혹하는 마
음으로, 힘차게 용기 있게 행동하여
나가지 못할 때 나 여호와의 아픔은
그 반대이니라.
27 그러나 너희가 나의 법전을 믿으며 나
의 아들을 믿으며, 이는 나 여호와의
성령의 뜻이요, 내가 직접 관장한다는
것을 굳게 믿으며, 이 법전이 세상을
덮는다는 것을 굳게 믿고 행하며, 그
리고 용기 잃지 아니하며 힘차게 행하
고 나갈 때,
28 나의 기쁨은 이루 말할 수 없으며 그
보다 더한 기쁨은 없음을 알아야 할
것이니라.
29 그러니 너희가 이와 같은 기쁨을 이루
며 나 여호와의 뜻을 이루며, 하늘에
서 이루어진 것같이 이 지상에 역사
를 이루는 기초를 다지려 한다면,
30 너희는 항상 귀를 열고 있어야 하며
항상 눈을 뜨는 백성이 되어야 함을
알아야 할 것이니라.
31 너희가 귀를 열고 사는 백성이요, 눈
을 뜨고 사는 백성이요, 하늘의 뜻을
알며 나를 볼 수 있으며 나의 음성을

들을 수 있는 것은 성령으로 임하는
것이니,
32 성령으로 임하는 삶이 무엇인가 그를
알고 살아야 할 것이니라.
33 나의 아들을 따르는 백성이요, 그 제
자들이요, 나의 법전을 읽고 깨우친
백성 너희는 창조주 나 여호와의 사
랑 안에서 고통과 시련을 겪음이니,
그는 구원의 빛이요, 다시 태어나는
축복의 고통이나,
34 그를 버리고 이를 접하지 아니하며 십
계명대로 지키고 살 수 없다는 백성
은 사탄의 자식이요, 사탄의 후예가
되어 어떤 고통과 시련을 겪는다 해도
그것은 나와 관계없으며, 그들이 구원
을 받는 길과는 관계없음이니라.
35 저희가 재물을 바치며 성전에 모두를
다 바치며 아무리 울고불고한다 해도,
그것은 저 자신의 고통이요, 저 자신
의 시련일 뿐이며,
36 잠깐의 욕심을 위하여 잠깐 위안을 얻
으려는 사악한 방법이요, 거래하는 방
법으로 하는 행위이지, 진정한 나의
사랑이요, 내 품에서 이루어지는 것이
아니니라.
37 그것은 지옥으로 가는 역사를 쌓는 것
이요, 나의 법전을 읽고 깨우치며 십
계명을 지키고 사는 것이 하늘에 오르
는 길이라 말하는 백성은 내 사랑 안
에서 내 품 안에서 고통과 시련을 겪
으니, 너희는 거듭나는 역사를 얻는
축복이 있음을 알라.

7,185 번째 하나님 말씀

2003년 8월 19일 10시 45분

1 사랑하는 나의 아들아!
2 "네, 아버님! 말씀하옵소서."
3 너희가 나의 뜻에 의해 변하는 그 모
두가 진실한 마음에서 우러나오는 그
변화가 이루어져야 함을 알아야 할
것이니라.
4 그리고 진실한 마음으로써 변화된 그
깨달음은, 한번 변화된 마음이요, 그
깨달음을 얻었을 때 그 마음이 되돌아
서 과거로 돌아가며 마음이 흔들리는
그와 같은 믿음이 되어서는 아니 됨을
알아야 할 것이니라.
5 하늘에 오르는 그 길이란 어렵고 힘들
며 험난한 고통의 길이요, 협착한 길
임을 너희는 알아야 할 것이니라.
6 넓고 편안한 길이라면 누구나 그 길을
올 수 있으며, 누구든지 구원을 받지
못하는 백성이 어디에 있겠느냐?
7 수천 년 동안 세월이 흐르면서 내 품
에 온 백성이 없다 하였음이니, 얼마
나 힘들고 어려운 길이더냐?
8 그러나 그 모든 것을 어렵고 힘들다고
만 말할 것이 아니요, 너희의 마음을
다스림에 달렸음을 알아야 할 것이니
라.
9 너희가 하나를 깨달아 마음이 아름답
게 변했으며 진실한 마음으로 변화되
었을 때, 그리고 마음에서 우러나오는
그 진실을 너희가 알았을 때,
10 그와 같이 진실한 마음으로 돌아섰을
때 그때 그를 절대로 놓아서는 안 되
며 놓쳐서는 아니 됨이니라.

11 진실한 변화의 역사를 이루며 아름다
운 쪽으로 변화됐던 너희 마음이 삶
이요, 생활에 따라서 지난날의 그 방
탕한 향락의 마음으로 항상 되돌아가
고자 하며 돌아가려 함이니라.
12 꼬이고 꼬인 그 고무줄을 놓으면 그것
이 풀리면서 원상태로 돌아가고자 하
는 마음보다도 더 강하게 너희는 과
거로 돌아가고자 함이니라.
13 한번 변화된 마음은 절대 과거로 돌아
가지 못하도록 굳건히 그를 잡아야 할
것이며, 그를 지키고 살아가는 마음의
믿음이 중요함을 알아야 할 것이니라.
14 너희가 잠시나마 사악한 마음을 먹을
때는 사탄에게 무너진다 하였음이니,
15 너희가 아무리 변화되고 진실을 알아
그 마음이 진실되게 변화되었다 해도
그 마음을 놓치는 믿음은 결국 믿음이
아니요, 놓치는 순간에 너희는 다시
돌아오기 얼마나 어렵고 어려운 줄
알겠느냐?
16 그와 같은 믿음으로 변화되는 백성이
되어야 함을 알아야 할 것이니라.
17 이제 선택된 백성 너희에 의하여 행
하여지는 모든 일은 너희 뜻에 의해
너희 책임이요, 무너지는 그 모든 것
을 너희 자신이 잘못됐다 그리 너무
한탄하며 괴로워하지 말라.
18 너희에게 일어나는 그 모든 일은 나
여호와가 주관함이니, 너희 스스로 무
너졌다 생각하지 말며,
19 너희 스스로 무너지는 그 잘못된 길을
가고 있다 하여 너무 너희 스스로 무
너지는 것을 한탄하며 두려워하지 말
라.
20 그 모두는 오로지 너희 책임이라 그리
느끼나, 또한, 너희 책임이라 돌리기
는 너무도 어렵고 힘든 길이니라.
21 어렵고 힘든 그 길에 누구도 갈 수 없
는 그 길을 가는 백성 너희는 더러는
힘들어 주저앉아 쉬고 싶고, 또 돌아
가고 싶은 그와 같은 마음이 있으며,
22 그리하여 너희가 실수하며 더러 착각
을 할 때, 너무 자책하지 말며 괴로워
슬퍼하지 말라.
23 무너졌을 때 그 모두는 다 나의 뜻이
요, 모두는 너희 책임이라 너무 괴롭
게 생각하지 말라.
24 그 누구도 넘을 수 없는 길이니라.
25 오죽하면 내가 너희에게 깨우쳐 작은
바늘구멍으로 낙타가 통과하는 고통
이라 하였더냐?
26 사랑하는 나의 백성이요, 나로부터 선
택되어 나의 유업을 받으며 나의 대명
을 수행할 너희가 무너지고 쓰러지는
것을 너무 자책하지 말며 괴로워하지
말며 고통스러워하지 말라.
27 그때 너희가 무너지지 아니하고 너희
가 용기를 가지고 일어서는 그와 같은
것이 필요함이니라.
28 너희가 용기를 가지고 일어설 때 나
여호와는 너희에게 책임을 묻지 아니
할 것이며, 너희가 용기를 가지고 일
어서 다시 시작할 때 나 여호와가 너
희와 같이할 것이니라.
29 너희가 무너지고 쓰러지는 것을 책임
을 묻는 나 여호와가 아님이니라.
30 너희가 무너질 때 다시 일어서려고 몸
부림치며 고통을 인내하는 모습을 보
는 나 여호와가 아프지 아니하겠는가?

31 그러나 공의의 하나님이요, 공의의 나 여호와이기에, 너희만 일찍이 손을 잡아 세워 줄 수는 없음이니라.
32 너희가 무너졌을 때 후회하며 스스로 자책하기 전에 용기를 가지고 그 책임을 느끼며 다시 일어서고자 하는 그와 같은 변화되는 삶을 사는 것이 나 여호와에게 주는 기쁨이요,
33 내가 너희를 사랑할 수 있으며 너희에게 나의 뜻을 심어 주며 내가 너희에게 모든 것을 임해 줄 수 있는 상을 내릴 기회이니라.
34 받을 수 있도록 노력하라, 사랑하는 나의 아들딸들아!
35 이미 너희는 나의 아들을 따라 160권의 법전을 세상에 만들어 냄이니, 이보다 더 큰 역사의 기적이 없지 않으냐?
36 너희가 160권의 나의 법전을 세상에 만들어 냄이니,
37 그 속에 거짓 하며 남의 것을 속여 가며 간음하며 사기 치며 도둑질하며 사는 것이 진리라 가르치지 아니하였음이니라.
38 정녕 나 여호와의 뜻이 아니요, 하늘의 뜻이 아니라도, 인간 세상에 도덕책을 만들어 만백성을 깨우치며, 성인들이 문자로 쓰며 시 한 수를 만들어 나의 피조물 만백성들의 마음을 아름답게 만드는 그와 같은 역사의 책이 세상에 나옴이니라.
39 이 또한 너희를 선하고 유하게 만드니, 도덕적으로 한 점의 부끄럼이 없는 160권의 책을 세상에 만들어 놓고 간다고 말하라.
40 그것만 해도 너희는 크나큰 영광이요, 그보다 더 큰 은혜가 없으니, 주저하지 말며 두려워하지 말라.
41 만일 너희가 도덕적으로 만들어 놓은 그 책이 내가 만든 책이요, 나 여호와의 뜻이요, 내가 역사한 것이라면 얼마나 위대한 것이더냐?
42 그러니 여기서 50퍼센트는 너희가 믿어야 하지 않겠느냐?
43 이 세상에 역사하는 것, 존재하는 모든 것은 나 여호와의 뜻에 따라 주관하지 아니하는 것이 없다 하였음이니,
44 이 도덕책같이 생각하는 나의 160권의 법전을 도덕책으로 평가절하한다 해도, 50퍼센트는 나 여호와의 뜻에 의해 나오는 것이 아니더냐?
45 만에 하나 이것이 정녕 나 여호와의 뜻이요, 내가 모든 종교 집단이 잘못 가는 것을 바로잡기 위한 나의 성령이요, 마지막 심판의 법전이라면 과연 이를 역사하는 것이 얼마나 위대한 것인가?
46 그러니 너희는 잘못한 것이 없으며 책임이 없어 거기에 대하여 벌을 받을 일이 없으니, 두려워하지 말며 괴로워하지 말라.
47 다만, 가다 어렵고 힘들 때 주저하지 않고 용기를 가지고 일어서 주기를 나 여호와가 바람이니라.
48 그것이 가장 소중한 나에게 주는 기쁨이니라.
49 너희가 한번 변화된 마음이 되돌아서며 무너질 때, 나 여호와가 보는 마음이 얼마나 아픈지 아느냐?
50 나의 아들을 따르는 백성 너희는 그

고통과 시련을 반드시 넘어야 하느니
라.
51 그 고통과 시련을 넘지 아니하면 이룰
수 없음이니라.
52 너희는 지금 고통과 시련을 겪는 것이
무엇이더냐?
53 나의 사랑하는 피조물 만백성을 구하
는 그 역사 때문에 너희가 고통과 시
련을 겪는 것이요,
54 사탄이요, 잘못된 종교 집단이요, 그
들이 가는 것은 저희의 육의 안일을
위하여 사탄의 뿌리요, 사탄의 역사를
위해 고통의 길을 가는 것이라 하지
않았더냐?
55 그러나 지금 나의 아들을 따르는 백성
이요, 나의 법전을 읽고 깨우친 나의
아들을 따르는 제자요, 깨우친 백성
너희는 나 여호와의 뜻에 의하여 나의
사랑 안에서 이루어지는 것이니, 두려
워하지 말라.
56 다만, 너희가 고통과 시련 없이는 이
루어지지 아니하며, 그 고통과 시련의
대가가 사탄이요, 지옥으로 가는 것이
아니라, 나의 사랑하는 만백성이요,
너희 형제를 구원하는 그 길의 역사에
동참하며 그를 위하여 가는 것이니,
57 너희는 고통에 시달리고 어렵다 하여
주저하지 말라.
58 지치고 힘든, 고통과 힘든 그 속에서
나를 찾을 때, 너희의 그 결집된 마음
이요, 진정한 믿음이요, 진정한 위대
함이며 나를 가장 기쁘게 하는 기도임
을 알라.
59 너희가 지치고 힘들 때 무릎 꿇고 나
를 향하여 말없이 눈물 흘리는 그 기
도요, 그 마음의 결집이라는 것은 이
루 말할 수 없는 것이니라.
60 너희가 정녕 만백성을 구하기 위해
너 자신을 희생하며, 그리고 이 길이
나 여호와의 뜻이요, 내가 명하는 길
이라 그리 굳게 믿고 어렵고 힘들 때,
너 자신을 희생하여 만백성을 구하는
길이라는 그 뜻을 믿고 고통스럽고 힘
들어도 그대로 너희가 용기를 잃지
않고 가며,
61 정녕 힘들고 고통스러워 견디지 못할
때 두 무릎 꿇고 진정한 기도로써 힘
을 달라 말하지도 못하고 눈을 들어
하늘을 바라보며 나 여호와를 보는 너
희의 울지 못하는 그 눈망울의 그 마
음,
62 흐르지 않는 눈물을 내가 알고 있으
며, 너희가 말하지 않는 그 음성을 듣
고 있으니,
63 그와 같이 무릎 꿇고 말없이 드리는
기도의 결집한 마음이란 정녕 나 여호
와의 기쁨이요, 이 세상을 만든 그 기
쁨을 느낄 수 있도록 하는 것이 너희
의 애절하고 간곡한 기도이니라.
64 그 귀중하고 소중한 삶을 원망하며 헛
되이 시간을 보내지 말라.
65 시간을 낭비하지 말라.
66 이 모두를 위하여 시간을 소중히 알며
최선을 다하며 후회 없는 삶을 살도
록 그리하라.
67 너희가 가다 힘들고 정녕 어렵고 지쳐
서 일어설 수 없을 때, 두 무릎 꿇고
하늘을 보며 말없이 나를 바라보라.
68 그러면 내가 거기에 임할 것이니라,
사랑하는 나의 아들딸들아!

7,186 번째 하나님 말씀

2003년 8월 19일 10시 50분

1 사랑하는 나의 아들아!
2 선택된 네 제자요, 나의 피조물 만백
성 중에서 나의 법전을 깨우친 백성,
그들에게 너는 전해 줄 것이며, 내가
그들을 사랑한다고 그리 말하라.
3 너희가 오늘날 힘들고 어렵거든 영원
히 변하지 않는 하늘의 그 세상에 지
상의 낙원에 와 나 여호와와 더불어
생활하는 그것을 그리며 견디라 그리
말하라.
4 나의 아들을 따르는 제자들이요, 나의
법전을 읽고 깨우친 백성 너희는 내
가 너희를 희생물로 하여 모든 백성
을 구하고자 하는 데 선택된 백성이
라는 것을 알라.
5 만백성을 구하기 위해 창조주 내가
너희를 희생물로서 선택해 불렀음이
니라.
6 나의 아들 예수도 희생의 그 길을 갔
음이니라.
7 그러나 내가 너희에게 예수보다 더한
고통과 희생을 요구하지 아니하며, 그
보다 더한 고통을 강요하지 아니할 것
이거늘,
8 어찌하여 두려워하며 감히 피하려 하
며 진정한 믿음의 그 마음을 굳히고
가지 못하느냐?
9 너희가 희생되는 희생물로서 나로부
터 선택된 것이 무엇이더냐?
10 만백성을 구하며 대대손손 수만수억
의 헤아릴 수 없는 그 백성, 그리고 하
늘에서 이루어진 것같이 이 지상에
낙원을 내가 이루고자 함이니라.
11 내가 하늘은 나의 머리요, 지상은 나
의 발등이라 하였음이니라.
12 그러니 인간으로 말하면 나의 발등과
머리는 하나요, 한 육체로 이루어졌거
늘,
13 다리는 다 썩어 가며 머리만 지금 맑
게 살아 있는 그와 같은 형국이라면,
그 죽어 가는 생명을 그대로 놔둬야
하겠느냐?
14 너희가 지금 머리는 멀쩡하며 가슴의
맥박은 확실히 제대로 뛰고 있으나,
하체 부분이 썩어 가는 그와 같은 형
국이라면, 그를 막아야 할 것이며 그
생명을 살려야 하지 아니하겠느냐?
15 지금 나의 발등인 지상은 다 썩어져
있으며, 지금 하늘의 나의 보좌만이
존재하여 역사를 이루고자 함이니,
16 너희가 썩어져 가는 나 여호와를 치
료한다는 생각을 하고, 희생을 두려워
하지 말며 축복과 영광으로 생각할 수
없겠느냐?
17 선택된 너희는 나의 희생물이라는 것
을 절대 잊지 말라.
18 너희는 만백성을 구하기 위해 나로부
터 선택된 희생물의 백성이니, 너희는
당연히 고통과 두려운 그 길을 가야
함이니라.
19 여기서 너희가 피하고 도망가며 돌아
서서는 아니 됨이니라.
20 너 자신의 희생으로 만백성을 구하는
것이요, 만백성을 구하는 것이 나 여
호와요, 창조주인 내 육신이 썩어져
가는 것을 너희로 하여금 막고자 함
이니, 너희는 그와 같은 역사를 이룬

다는 것을 알라.
21 너희가 인간 세상에서 한 사람의 썩어져 가는 그 육신을 살려 사람을 구원할 때 그 고마움은 말할 수 없으며 그 은혜가 하늘에 닿거늘,
22 창조주 나 여호와를 썩게 한 그 사악한 무리를 긁어 내며 씻어 내며 썩은 곳을 수술하는 선택된 백성이니라.
23 그러니 너희는 그와 같은 역사를 잊지 말라.
24 육의 상처가 썩어서 구더기가 꾀였을 때 그것을 긁어 내듯이,
25 지금 모든 종교 집단이요, 지도자들이 나의 다리를 그렇게 썩게 하였음이니라.
26 그 구더기를 긁어 내며 그 벌레를 긁어 내며 상처에 약을 발라 내 다리를 바르게 세우는 것이 너희니라.
27 썩어져 가는 내 하체의 고통을 너희가 그대로 가슴에 느끼며 피부로 느껴, 그를 수술하여 나 여호와를 편안하게 만드는 너희가 나의 아들딸이요, 그 대명을 이룬다고 생각하면,
28 구더기가 두려우며 그 벌레가 두려우며 썩어서 냄새 나는 그 살 부위가 더럽겠느냐?
29 그러니 지금의 모든 종교 집단들이 구더기요, 벌레요, 썩어져 가며 냄새 나는 곳을 너희가 수술하는 것은 내 다리를 수술하는 것이요, 내 몸의 일부를 수술하는 것임을 알라.
30 그러니 징그럽다 생각하지 말며 더럽다 생각하지 말며 그 피고름을 돌아서서는 안 될 것이니라.
31 그 구더기를 입으로 깨물어 죽일 것이며, 입으로 피고름을 빨아서 내 다리를 치료하는 그와 같은 자식의 그 애절한 그와 같은 마음으로 오늘의 모든 종교 집단들을 다스리고 그들을 깨우치는 데 그보다 더한 열과 성의를 다하여 그 치료법으로써 만백성을 구하라.
32 그것이 나의 법전을 세상에 전하는 것이요, 나의 법전이 세상을 덮었을 때 나의 썩은 다리를 너희가 그 구더기요, 벌레로부터 고름 덩어리인 내 다리를 치료하는 것이라는 것을 잊지 말라, 사랑하는 나의 아들딸들아!

7,187 번째 하나님 말씀

2003년 8월 19일 10시 59분

1 사랑하는 나의 아들아!
2 "네, 아버님! 말씀하옵소서."
3 나 여호와에게 오르는 참진리를 발견하는 것이요, 그리고 참진리의 길을 알며 반석 위에 서서 하늘에 오르는 것이 무엇이며 나의 역사가 이루고자 하는 것이 무엇인가를 발견하고 깨닫는 것은 너희가 스스로 깨우쳐 역사하는 것이니라.
4 그러니 너희가 나에게 오르는 길이요, 천국의 문을 들어오는 그 길을 너희 스스로 발견하고 스스로 깨우쳐 그 길을 가는 것은 이루 형용할 수 없이 더 이상 처참하고 비참한 모습이 없을 만큼 힘든 고통 속에서 이루어지는 길이라는 것을 알아야 할 것이니라.
5 스스로 참진리를 발견하여 하늘에 오르는 것이 너희가 오는 길이요, 너희

자신이 스스로 참진리를 깨닫고 그
길을 가는 것은 이 세상에 그 누구보
다도 비참한 삶은 없을 것이니라.
6 그러니 가장 비참하리만큼 고통과 힘
든 속에서 너희가 모두를 깨우칠 것
이니라.
7 성인이라 하여 무엇인가를 깨우치고
자 하는 자들이 토굴 속에서 생식을
하며 목숨을 내걸고 그 속에서 무엇인
가를 터득하며 진리를 얻고자 하였느
니라.
8 과연 오늘날 사랑하는 나의 아들을 따
르는 너희가 참진리요, 위대한 나 여
호와의 성령의 뜻을 알기 위하여 그
들보다 몇십 배 몇백 배 더 고통스러
운 길을 가고 있는가?
9 그렇지 아니하면서 너희는 모두를 듣
고 가고 있거늘,
10 지금 깊은 산 속 토굴에서 생식하며
벌레를 잡아먹으며 진리요, 하늘의 뜻
을 알고자 공부하고 깨우치는 그와 같
은 백성만큼의 고통이요, 그들의 비참
한 세월만큼 과연 그리 가는가?
11 그보다 더 비참한 세월이요, 그보다
더 힘들고 어려운 고통 속에서 너희가
나의 법전을 접하게 될 것이며 나의
법전을 깨닫게 되는 것이거늘,
12 너희는 오늘의 삶 속에서 내가 나의
아들을 통하여 너희에게 법전을 전하
니,
13 그들이 평생 알고자 토굴 속에서 벌레
와 더불어 살아가며 벌레를 주식으로
하면서 살아가며, 물을 마시며 살아가
며, 나뭇잎을 벗겨서 먹어 가며 진리
를 깨우쳐 가는 그들보다 얼마나 편안
한 방법으로써 나 여호와의 뜻을 알며
진리를 깨우쳐 가는가?
14 그러니 너희가 가는 길보다 더 고통
스럽고 힘든 것이 하늘에 오르는 길이
요, 진리를 깨닫는 길이거늘,
15 너희는 그와 같이 하지 아니하고 편안
한 곳에서 편안한 삶에서 그 모두를
얻고 가는 것이 너희니라.
16 과연 너희가 오늘의 고통을 힘들다
하여 너희 스스로 주저앉는 그와 같
은 삶을 가야 하겠는가?
17 진리라는 것이 무엇이더냐?
18 깊은 산 속에서 모두를 다 버리며, 인
간관계요, 형제요, 자식이요, 부모요,
모든 관계를 다 저버리며, 벌레를 주
식으로 하며 풀뿌리로 연명하며 제 몸
을 다스리지 못하며 기도하며 무엇인
가를 깨닫기 위해 가는 그들 역시 어
떠한 길을 가느냐?
19 아무것도 보이지 않는 그 길이요, 끝
이 없는 그 길이요, 그리고 허무한 것
이 있으며 공허함이 있으며 무엇인가
손에 잡는 것이 없으며 잡히는 것이
없는 그 고행의 길이요, 고통의 길을
무엇인가 얻고자, 무엇인가를 깨닫고
자, 무엇인가를 찾고자, 몸부림치는
그들이 있지 않은가?
20 그러니 그들보다 너희가 더한 고통과
시련 속에서 오늘의 깨달음을 가느냐?
21 하물며 그 가운데서 그들도 무엇을 얻
지 못하며 그것도 이루지 못하는 것이
그들이니라.
22 그러하거늘 너희의 오늘의 생활이 그
들보다 열배 백배 더 고통스럽던가?
23 열배 백배 편안한 속에서 나 여호와의

진리요, 참뜻을 나의 아들을 통하여
내리는 강론을 듣고 너희가 하늘에
오르는 길을 깨우치는 것이니,
24 너희가 어떠한 고통이든 감내하지 못
하며 감수하지 못한다면 너희는 나의
뜻에 보답하는 자가 아니요, 나의 뜻
을 거역하는 자들임을 알라.
25 너희 자신이 이와 같은 길에서 나의
뜻을 알고 깨우쳤으며 너희가 그 길
을 알도록 하였으며 진리를 깨우치도
록 하였으니,
26 너희는 지금 참진리를 나로부터 공급
받으며 나로부터 생명수를 받음이니,
너희 가슴속에 해야 할 일이 무엇이더
냐?
27 너희가 새로운 싹이요, 아름다운 새싹
이요, 나 여호와가 원하는 나의 새싹
의 씨앗을 이제 마음속에 틔우기 시작
하며, 그를 키워 나가야 하는 것을 잊
어서는 아니 될 것이니라.
28 너희가 새로운 싹을 틔우며 성령의 싹
을 틔워 성령을 성장시켜 가야 하는
것이 너희가 가야 하는 길이며 너희
가 행해야 할 길이며,
29 그것이 나의 피조물 만백성을 지옥에
서 구하여 천국의 나라로 인도하는 모
든 것들의 가장 근본이요, 기초의 역
사임을 알라.
30 너희가 맨 앞에서 나의 모든 백성을
천국으로 이끌어 가야 하는 자들이 가
장 먼저 지켜야 할 덕목이 무엇인 줄
알겠느냐?
31 너희가 보이지 않는 속에서 너희 스스
로 깨우치고 자신을 발견하여 나의
성령의 새싹을 너희 가슴에 심는 것
이니라.
32 그러니 고통과 시련을 이기고 가는
것, 그리고 새싹을 틔워서 새로 태어
나는 그것이 나의 피조물 만백성들을
맨 앞에서 이끌어 가야 하는 지도자
요, 나로부터 선택된 백성이 지켜야
할 덕목임을 너희는 잊지 말라.
33 그것이 첫 번째 덕목이기 때문이니라.
34 고통과 비참하리만큼 처참한 그 모든
어려움 속에서 견디고 살아가며, 그리
고 용기를 잃지 아니하며, 거기서 참
진리의 새싹을 틔우기 시작하는 것이
바로 하늘에 오르는 모든 백성을 인도
하는 나로부터 선택된 지도자들이 첫
번째 지켜야 할 덕목이라는 것을 잊지
말라.
35 너희가 깨우치는 진리요, 새로운 새싹
은 만백성을 깨우쳐 주며 그들의 눈을
뜨게 하며 지옥 불로 끌려가는 그들을
구제하는 것이며,
36 너희 자신을 제물로 바쳐 나의 피조물
만백성을 구하는 그 역사를 이루는 것
이니, 그것이 얼마나 소중한 길인가를
알라.
37 그리고 너희가 그 길을 위하여 선택된
나의 아들딸이라는 것 또한 가슴 깊이
새겨 둬야 함을 알라, 사랑하는 나의
아들딸들아!

7,188 번째 하나님 말씀

2003년 8월 19일 11시 24분

1 "너는 나 외에는 다른 신들을 네게 있
게 말지니라.
2 너를 위하여 새긴 우상을 만들지 말

고, 또 위로 하늘에 있는 것이나 아래
로 땅에 있는 것이나 땅 아래 물속에
있는 것의 아무 형상이든지 만들지 말
며, 그것들에게 절하지 말며 그것들을
섬기지 말라.
3 너는 너의 하나님 여호와의 이름을 망
령되이 일컫지 말라.
4 안식일을 기억하여 거룩히 지키라.
5 네 부모를 공경하라.
6 살인하지 말지니라.
7 간음하지 말지니라.
8 도적질하지 말지니라.
9 네 이웃에 대하여 거짓 증거하지 말지
니라.
10 네 이웃의 집을 탐내지 말지니라.
11 나 여호와가 존재함을 믿는 그 자체가
구원의 길에 들어서는 기본이요, 근본
이며, 나의 법전을 가슴에 안고 정독
하는 자, 반석 위에 서서 하늘에 오르
는 찬란한 빛을 보게 되는 영광을 얻
게 됨이니라."
12 '너는 나 외에 다른 신을 네게 있게 하
지 말지니라. 너를 위한 새긴 우상을
만들지 말지니라.' 이와 같이 나의 십
계명에 너희가 그 첫 줄에 그 위대한
가르침을 너희는 깊이 새기고 그 마
음속에 너희가 이를 위배하지 아니하
고 사는 자들인가 이를 너희가 깊이
깨우치고 생각해 봐야 할 것이니라.
13 첫 계명이요, 첫 단계를 넘지 못하며
그를 지키지 못하고 사는 것이 나의
피조물 만백성 너희들이니라.
14 그리하여 내가 너희에게 뭐라 말하였
더냐?
15 지금 살아가는 모습이 진정한 삶의 모
습이 아니요, 아름다운 삶의 모습이
아니요, 나의 뜻에 의한 삶이 아니기
때문에,
16 내가 너희에게 거듭나라 그리 말함이
니라.
17 지금에 나의 피조물 만백성들이 거듭
나지 아니하면 정녕 너희가 그리 갈
구하는 영원히 존재하며 영원히 사는
나에게 올 수 없다는 것을 알아야 할
것이니라.
18 내가 너희에게 뭐라 말하였느냐?
19 지옥과 천국이라는 것은 뭐라 말하였
는가?
20 육의 세상에 살면서 너희가 육을 가
지고 천국에 가지 못하듯이, 지옥에
한번 떨어진 그 백성은 그보다 더 어
렵고 힘든 천국이라는 곳을 들어올
수 없다 내가 그리 말하지 아니하였던
가?
21 또한, 지옥에 갈 자가 천국에 와 견딜
수 없는 것이 하늘의 법도라 내가 그
리 말하였느니라.
22 육의 세상에서 언젠가는 너희가 죽는
다는 것을 아는 지금의 삶에서도 너
희가 죽을 날짜를 알고 끝나는 것을
반드시 알고 죽는 자, 없다는 것을 알
며, 백 년 넘지 못하게 산다는 것을 알
면서도,
23 그 속에서 무엇인가를 얻고자 아귀다
툼하며 노력하며 애쓰며, 남에게 죄를
지으며 남을 사악한 곳으로 몰아넣으
면서 네가 편안한 삶을 살기 위한 것
에 주저하지 아니함이니라.
24 백 년도 못 사는 그 삶을 위해 모든
사악한 것을 두려워하지 않고 행하며

그와 같이 살아가는 너희가,
25 어찌하여 영원히 사는 그 삶에 대해서
는 그 길을 가려 생각하지 않는가?
26 너희가 백 년도 못 되는 그 삶을 위하
여 모든 것을 바칠 만큼 노력을 한다
하면, 너희가 나에게 와서 천국이냐
지옥이냐 하는 것은 영원히 사는 삶이
니라.
27 그러나 영원히 사는 그 위대한 삶에
서 선한 삶을 살아 천국에 오고자 하
는 그 노력을 하지 아니함이니라.
28 육의 세상에서 죽어 가는 그 삶이요,
그 육은 하나의 흙으로 돌아가는 삶을
위하여 그 향락을 위하여 그 기쁨을
위하여 그 즐거움을 위하여 노력하는
만큼,
29 과연 영원히 사는 하늘나라의 내 품
에 오는 너희가 그리 소원하고 갈망
하는 낙원에 오르는 삶을 위해서 얼마
나 준비하며 얼마나 노력하는가?
30 육의 세상에 얻고자 하는 것만큼 기
도하는 자 없음이니라.
31 모든 종교 집단의 지도자 너희가 기
도하는 것이 천년만년 영원히 변하지
않고 사는 세상의 삶을 위하여 기도
하는 것이 아니라,
32 오늘의 육에 보이는 육의 향락에서
더 얻고자 더 갖고자 평생을 기도하는
것이니라.
33 너희가 어떤 것을 위해서 기도하며 무
엇을 위해서 기도하는 것인지 그 어리
석은 너희 자신을 한번 돌아다보는
그와 같은 삶을 살아야 할 때가 이제
는 왔음을 알라.
34 이 간단한 이치요, 이 간단한 질서를
모르고 살아가기에 내가 나의 아들을
통하여 모두를 깨우쳐 주니,
35 너희가 말하기를 가장 기초적이요, 가
장 땅에 있는 진리를 가르친다 말함이
니라.
36 너희가 땅에 있는 진리를 다 알면서도
그를 엮어서 정립해서 그것을 너희 것
으로 만들지 못하며,
37 그저 돼지우리에 하나씩 굴러다니는
구슬과 같은 것이 나의 참진리요, 너
희를 깨우치고자 하는 그 아름다운
기초적인 진리이니라.
38 그러니 그 진리가, 구슬 하나하나가
그 소중함을 모르며 그저 쓰레기통에
돼지우리에 하나씩 나뒹구는 구슬을
너희가 보지 못함이니,
39 내가 그를 건져 내어 그를 엮어서 내
가 너희에게 그 진주 목걸이를 만드는
것을 보여 주며 그를 역사하도록 함이
니, 이것이 어떠한 의미인 줄 아느냐?
40 그것이 바로 너희가 지금 얘기하는
가장 밑에 있는 시시한 진리요, 다 아
는 것을 나의 뜻이라 가르친다는 종교
집단이요, 지도자들이 비아냥거리는
것, 너희는 돼지우리에 굴러다니는
그 진주 하나하나를 못 본 것이며,
41 나의 아들을 통하여 그를 보고 그 소
중함을 지금 내가 너희에게 일깨워 주
니, 그것이 진리가 바닥에서부터 역사
함이니라.
42 바닥의 진리를 정립하지 못하며 그를
바로 너희 것으로 만들어 양식으로 만
들지 못했기에, 기초서부터 시작함이
니,
43 너희 수준이 거기에 해당하며 너희의

깨달음이 거기에 해당하니 그러하니
라.
44 그러니 그것을 엮어서 제대로 정립하
지 못한 자들이 비웃고 지금 비아냥
거림이니, 정녕 너희는 남이 만든 그
소중함을 모르는 자들이니라.
45 그러나 이와 같은 역사를 이루며 가장
낮은 진리를 종교 집단이요, 지도자들
이 이단이요, 사탄이라 비아냥거리는
것을 무시하며,
46 내가 이 길을 역사하여 나의 아들에게
힘들고 어려운 이 길을 가도록 하는
것이 무엇인 줄 알겠느냐?
47 사랑하는 백성 너희를 거듭나게 하고
자 함이니라.
48 너희가 거듭나지 아니하면 아니 됨이
니라.
49 배나무에서만 배를 딸 수 있는 것이
아니더냐?
50 감나무에서만 감을 딸 수 있으며, 사
과나무에서만 사과를 따며, 포도나무
에서만 포도를 따는 것이 당연한 것이
아니더냐?
51 그러나 사과나무에서 사과를 딸 수
없는 그와 같은 형국이 되어 있는 것
이 지금의 너희니라.
52 선한 것은 지금 세상에 존재하지 아니
하며 악한 것만이 존재함이니,
53 악한 나무에서 선한 것이 열 수가 없
으며 그 악한 나무에서는 악이 열리
고 또 악을 열리게 하는 그와 같은 형
국이 되어 있는 것이니라.
54 그러니 나의 피조물 만백성이요, 종교
집단이 오늘의 오는 믿음이요, 구원을
받았다는 백성 너희는 과연 어떠한
삶을 살아가느냐?
55 너희가 나의 아들 예수가 세상에 나갈
때 그를 죽지 않게 하였으며, 그가 원
하고 전하는 가르침을 깨우쳐 바른 단
추를 끼워 왔더라면, 오늘날 이와 같
은 형국은 되지 아니하였음이니라.
56 지금의 형국은 사과나무에서 사과를
딸 수가 없으며 감나무에서 감을 딸
수가 없음이니라.
57 선한 나무가 없으니 선함을 딸 수 없
으며, 천사와 같은 마음으로 변하는
그 천사가 열릴 수 있는 나무가 없음
이니,
58 나의 피조물 만백성들이 지금 이와 같
이 험악한 형국이 되어 있음이니라.
59 나의 백성이 지금 악의 나무에서 악
의 씨가 퍼져 나가며 저희가 선한 나
무에서 선한 것을 따고자 하나 선한
나무가 없으며 선한 것을 볼 수가 없
는 그와 같은 형국이 되었음이니라.
60 그리하여 악을 따지 아니하려고 발버
둥치는 그 백성을 위하여 내가 선한
나무를 지금 내려 심으니,
61 그것이 160권의 법전이니, 그를 읽어
야 거듭남이니라.
62 지금은 악한 나무들만 존재하는 세상
이라 악의 과일만 열림이니,
63 선한 나무를 심어 선한 열매가 열리
도록 하는 것이 나의 뜻이니라.
64 그리해서 내가 너희에게 거듭나라 함
이니라.
65 바로 너희가 지금 죄악의 나무만 득
실거리는 세상이요, 그와 같은 세상에
서 선한 나무가 선한 열매를 열지 못
하기에,

66 너희가 거듭나는 것만 선한 나무를 심
는 것이니라.
67 선한 나무로서 너희가 선한 나무를
심어 그를 잘 성장시켰을 때 만백성
들이 선한 열매를 따 그 과일을 먹으
며 그걸 양식으로 알며 그를 감사하
며 그 맛을 알지 않겠는가?
68 그러니 그 나무를 심고자 하는 것이
나 여호와의 뜻이니, 이게 160권의 법
전이 세상에 내려온 것임을 알라, 사
랑하는 나의 아들딸들아!
69 지금의 종교 집단과 지도자요, 그 신
도들이 어느 한 부분이라도 썩지 않
은 곳이 있다면 내가 나의 아들을 통
하여 이렇게 밤과 낮을 가리지 않고
대장정의 160권이라는 선한 나무를
심게 하는 이 고통의 길을 가지는 아
니하였을 것이니라.
70 나의 아들이 쓰러질 듯 쓰러질 듯 견
딜 듯 견디지 못할 듯 그와 같이 오늘
과 같은 이 어려운 길을 가도록 나는
절대 역사하지 아니했을 것이니라.
71 그러나 모든 종교 집단이요, 지도자
요, 그 신도들이 한 곳도 썩지 않은 곳
이 없는 이와 같은 형국이 되었음이니,
72 내가 제3의 시대를 열어 선한 나무인
나의 법전을 내려보내 심는 것은 어
쩔 수 없는 것이니라.
73 지금의 모든 종교 집단 그들이 존재
하며 나의 피조물 만백성들을 다 타락
시키게 되어 있음이니라.
74 그러니 종교 집단 속에 사악한 그 백
성이 한 곳도 썩지 않은 곳이 없음이
니, 이를 어찌해야 한단 말이더냐?
75 모든 종교 집단에 속해 있는 구원을
받는다는 종교 지도자라는 그 백성이
발끝에서부터 머리끝까지 썩지 않은
것이 하나도 없음이니라, 사랑하는 나
의 아들딸들아!
76 그러니 그들로부터 열매를 거둘 수가
없음이니라.
77 그들에게서 거두는 것이 사과나무에
서 사과를 거둘 수 있다면 내가 오늘
의 이 길을 가겠느냐?
78 지금은 사과나무에서 사과를 거둘 수
가 없느니라.
79 악의 나무에서 악의 뿌리만 있으며 악
의 열매만 여는 그와 같은 세상이니라.
80 내가 나의 법전에 기록하여 나의 아들
을 통하여 만백성 너희에게 전함이니
라.
81 모든 종교 집단 속에 있는 지도자요,
그리고 신도라는 그 백성이 썩고 다
썩어 머리끝서부터 발끝까지 한 곳도
성한 곳이 없는 지금의 형국이 되었
음이니라.
82 차라리 그들의 집단이요, 그들이 이
세상에 존재하지 아니했더라면 나의
피조물 만백성들이 계속 썩어져 지옥
으로 가는 일은 없었을 것이니라.
83 썩은 자들이 존재하여 전염병이 계속
퍼지듯이 그 썩은 자들이 나의 피조물
만백성들을 죽게 하여 지옥으로 끌고
가느니라.
84 그러니 이를 바로잡지 아니하면 계속
악의 씨만 이 세상에 존재하기에 내가
지금 이와 같은 역사를 이루는 것을
너희는 알아야 할 것이니라.
85 이제 사과나무에서 사과가 열리며 감
나무에서 감이 여는 그와 같은 나무를

심으며 그와 같은 자들을 존재하게
하고자 함이니라.
86 선한 나무를 심어 선한 백성이 존재하
는 그 세상을 열고자 함이니,
87 이것이 나 여호와의 뜻이요, 이 어렵
고 힘든 160권의 법전을 세상에 내보
내는 역사를 이룸이니,
88 이를 같이 가며 그를 역사하는 백성
너희는 아무리 힘들고 어렵다 해도
무너져서도 안 되며 중단해서도 아니
됨을 알아야 할 것이니라.
89 너희가 존재하지 아니하면 선한 나무
가 존재할 수 없으며 그 나무가 성장
할 수가 없음이니라.
90 선한 나무가 성장하기 위하여 그 과
일의 열매가 열려 만백성이 그를 따
먹을 때까지는 너희가 수분을 공급해
줘야 하며 토양을 갈아 줘야 하며 그
리고 양분을 공급해야 하며,
91 비바람이요, 태풍에 견딜 수 있도록
너희가 버팀목으로서 잘 다스려 줘야
할 것이며,
92 잘못된 가지를 쳐 주어 옳은 가지로
써 선한 과일을 따 먹을 수 있도록 하
여,
93 그 선한 과일이 세상에 열리기 시작
했을 때 그 모든 백성은 썩은 과일을
먹는 자가 어디에 있겠느냐?
94 사악한 자요, 죄악으로써 열린 그 썩
은 열매를 먹지 아니할 것이요, 선한
과일 맛을 보기 시작하면 선한 과일을
먹는 백성이 늘어날 것이며 그를 갈
구하는 자들이 많이 있을 것이니라.
95 그를 준비하는 것이 너희니, 오늘의
그 고통과 시련에 주저하지 말라.
96 너희의 고통과 시련은 만백성을 구하
는 길이요, 너희 자신을 위해 가는 길
이 아니라는 나 여호와의 뜻을 깊이
깨우치라, 사랑하는 나의 아들딸들아!
97 이제 너희와 내가 다 같이 하늘을 향
하여 사과나무에서 사과가 열리는 그
역사를 이루자.
98 그것이 얼마나 당당하고 보람 있느냐?
99 그리고 내가 너희에게 말했듯이, 정녕
가다 지치고 힘들어 그 고통을 이길
수 없거든 너희는 말로 하지 말라.
100 그저 두 무릎 꿇고 하늘을 향하여 너
희가 나를 쳐다보는 그 눈빛 속에 내
가 눈빛으로 대화할 것이며 너희에게
다 내릴 것이니라.
101 나를 바라보고 무릎 꿇고 나를 보라,
무엇을 달라, 이루어 달라, 고통을 넘
게 해 달라는 그와 같은 기도는 하지
말라.
102 두 무릎 꿇고 하늘을 바라보는 너희의
그 눈동자요, 그 마음이 얼마나 나를
기쁘게 하는 것이며,
103 너희의 결집한 그 마음을 나 여호와
가 앎이니라.
104 아무 말 하지 말고 무릎 꿇고 하늘을
향하여 쳐다보라.
105 그러면 그것으로써 너와 나는 모두
다 이루어지며 너희가 아는 모든 뜻
이 이루어짐이니라.
106 다 같이 일어서라, 그리고 용기를 가
지라.
107 다 같이 사과나무에서 사과가 열리며
감나무에서 감이 열리며 포도나무에
서 포도가 열리는 그와 같은 역사를
이루고자 하는 것이 무엇이 잘못되며

무엇이 죄악이며 무엇이 사탄이란 말
이더냐?
108 감나무에서 그저 먹지 못하는 과일이
열리며, 그리고 사과나무에서 먹지 못
하는 과일이 열리며, 포도나무에서 먹
지 못하는 그것을 우리가 바로 세우자
는 것이 나 여호와요,
109 너희와 같이 손을 잡고 그 역사를 이
루고자 함이니라.
110 그 역사를 이루었을 때, 천국에 와 너
희가 나와 덩실덩실 춤을 추는 그 아
름다운 영광을 생각하라.
111 이제 정녕 너희는 지치지 말며, 용기
를 잃지 말며, 두려워하지 말라.
112 지치고 지쳐 힘들어 정녕 견디지 못
할 때, 두 무릎 꿇고 하늘을 바라보라.
113 그러면 내가 너희의 눈빛의 마음을
읽을 것이며 그를 알 것이며 너희에게
용기를 줄 것이니라, 사랑하는 나의
아들딸들아!
114 말로 달라 하지 말며, 울고불고 무엇
을 이루어 달라 말하지 말라.
115 그리하지 않아도 내가 다 앎이니, 그
저 무릎 꿇고 나를 쳐다보아라, 사랑
하는 나의 아들딸들아!
116 하늘을 바라보라.

부 록

【하나님께서 가르쳐 주신 운동】

천재지변이 일어날 때, 동물이나 미물들은 미리 알고 대피하지만, 인간은 알지 못하고 큰 화를 당합니다. 하나님께서 인간에게 가장 높은 지혜를 주시고 완벽하게 창조해 주셨기에 동물들보다 더 잘 알 수 있지만, 욕심으로 마음이 혼탁해져서 한 치 앞을 보지 못하는 것입니다.

마찬가지로, 인간은 누구나 스스로 필요한 운동을 해서 건강을 지킬 수 있도록 하나님께서 만들어 주셨습니다. 우리의 머리에서 우리 몸에 필요한 동작을 해 달라고 끊임없이 신호를 보내지만, 인간이 혼탁하게 살아서 그 신호를 알아채지 못합니다. 그러니 자연스럽게 자기 몸이 원하는 그 신호를 따라서 운동하는 것이 하나님께서 가르쳐 주신 운동 방법입니다. 바로, 우리의 영이 육을 이끄는 운동입니다.

▶ 하나님 운동법

1. 눈을 감고, 발을 어깨너비로 벌리고 바르게 선다.
2. 몸에 힘을 풀고, 허리를 숙이면서 손과 머리를 아래로 내린다.
3. 허리를 펴고 싶을 때, 천천히 펴면서 하고 싶은 동작을 하면 운동이 시작된다. (사람마다 다르다.)
4. 멈추지 말고, 어떤 동작이든지 자기 몸의 느낌대로 계속 이어서 한다.

▶ 참고 사항

① 눈을 감은 상태로 아무 생각 하지 않고, 자기 몸의 느낌대로 움직입니다.

② 마음을 비우고, 욕심을 버리고, 지난날의 잘못을 반성하면서 몇 차례 시도하다 보면, 자기도 모르게 하고 싶은 동작이 끊임없이 생깁니다.

③ 운동 장소는 방 안이든 운동장이든 관계없으며, 걷거나 달리고 싶을 때는 눈을 떠도 됩니다.

④ 매일 40분 이상, 주 4회 이상, 3개월 이상 하면 음식 조절에 들어갑니다.
- 음식으로 생긴 병은 음식으로 치료하게 되며, 어떤 음식을 먹어야 하는지 스스로 알게 됩니다.
(자기 몸에 필요한 음식만 먹고 싶어집니다.)

⑤ 사랑하는 사람과 함께 운동하면 서로 치료해 주기도 합니다.

⑥ 운동을 하다가 몸의 어느 한 부분을 계속 손으로 자극한다면 그쪽에 이상이 있는 것이니, 의사에게 상담을 받고 적절한 치료를 받으면 됩니다.

⑦ 다이어트 및 기타 건강관리에 효과적입니다.

⑧ 꾸준히 운동하여 영이 맑아지면, 자신의 과거와 미래를 스스로 보게 됩니다.

누구나 스스로 하실 수 있습니다.

간행사

《새로운 성경》은:

· 새로운 성경은, 하나님께서 선량하고 선한 자를 선택하여 십계명을 암송하도록 하시고, 십계명을 암송한 다음에 음성으로써 들려주시는 말씀을 듣고 그대로 카세트테이프에 녹음해서 받아쓴 책입니다.

· 90분짜리 녹음테이프 700여 개에 달하는 말씀으로, 1999년 8월부터 2004년 7월까지 총 160권(권당 288쪽)을 완성하였으며, 그 이후에도 현재까지 계속 말씀을 내려 주고 계십니다.

· 새로운 성경은 "하늘을 두루마리 삼고 바닷물을 먹물 삼아 쓰고 써도 다 못 쓴다"는, 끝없이 방대한 하나님의 말씀이 두루마리로 직접 내려오는 것입니다. 이러한 새로운 성경은 구약과 신약을 폐하려는 것이 아니라 "인봉된 성서의 비유의 뜻"을 상세히 설명하여 완성하고자 하나님께서 직접 내려 주신 말씀입니다.

《새로운 성경》의 구성:

· 제 목: 2013년, 160권 모음집을 발간하면서, 본 도서의 제목을 "하나님! 말씀하옵소서"에서 《새로운 성경》 으로 명해 주셨습니다.

· 단행본: 각 권당 288쪽(신국판) 책이 160권까지 시리즈로 출판됩니다.
(모음집은 단행본을 16권씩 묶어서, 총 10부로 구성됩니다.)

《새로운 성경》의 성경적 근거:

· 신약 성경 [요한복음] 16장 13절에 "진리의 성령이 오시면 그가 너희를 모든 진리 가운데로 인도하시리니 그가 자의로 말하지 않고, 오직 듣는 것만을 말하며" 하신 말씀처럼 하나님의 음성을 들은 것만 기록하였으며,

· "장래 일을 너희에게 알리시리라" 하신 말씀과 같이 개인, 나라, 인류의 "장래"일을 하나님께서 알려 주시는 것만 기록하여 책으로 만들었습니다.

《새로운 성경》의 기록 방법:

· 1999년 8월부터 하나님께서 저에게 들려주시는 음성을 기록하였습니다. 처음에는 제가 들은 말씀을 불러 주면 저의 아내가 기록하여, 2000년 1월 29일에 1권 초판이 세상에 나왔습니다. 2000년 4월부터는 주시는 말씀을 받아 녹음기에 기록하여 시리즈로 출간하기 시작하였습니다.

· 녹음을 시작하면서 하나님의 말씀을 받는 데 가속도가 붙었고, 2001년 5월 3일에 1부(1~16권까지)를 인쇄하여 출판하였으며, 2004년 7월까지 총160권 분량의 말씀을 받아 기록하였습니다.

하나님께서 저에게 주신 것은:

· 첫째, 만백성을 상대로 내려 주시는 "기도", 둘째, 수시로 내려 주시는 "묵상", 셋째, 개인의 과거, 현재, 미래를 알려 주시는 "개인 기도", 넷째, 개인의 건강을 위해서 내려 주시는 "음식 처방", 다섯째, 하나님께서 가르쳐 주신 "운동"등이 있습니다. 이 중에 첫 번째, "기도"를 책으로 편찬하였습니다. 사람의 생사, 개인의 미래에 관한 천기는 수록하지 말라 하셨습니다.

강론 안내:

· 하나님께서는 지금도 매일 저에게 새로운 하늘의 비밀의 말씀을 내려 주고 계십니다. 수시로 내려 주시는 말씀을 정리해서 제자를 육성하라는 말씀에 따라 매주 강론을 하고 있습니다. 누구나 무료로 들으실 수 있습니다. (book160.com)

《새로운 성경》을 읽는 분들에게 드리는 선물:

· 개인 기도: 개인의 과거, 현재, 미래에 관하여 말씀을 내려 주십니다.

· 음식 처방: 사람은 음식을 먹고살다가 건강을 잃으니, 음식과 운동으로 건강을 되찾는 방법을 알려 드립니다. 단, 하나님이 계심을 믿고, 십계명을 지키겠다고 진실로 서약하는 분들께 알려드립니다.

《새로운 성경》의 은혜와 기적:

· 새로운 성경 전160권은 16권씩 묶어서 총 10부의 모음집으로 구성됩니다. 모음집 한 부를 읽고 깨우치는 자에게 하나님께서 다음과 같은 기적이 있다고 하셨습니다.

· "첫째, 그가 죽어 하늘에 갔을 때 그의 죄를 묻지 아니하며, 구원을 받는 위대한 은혜가 있으며, 둘째, 그의 소원과 소망이 이루어지고, 셋째, 죽은 자(부모, 형제, 자식, 사랑하고 은혜 입은 분)의 이름으로 구입한 책을 읽고 누군가 한 사람이 깨우칠 때, 그 죽은 자가 지옥에서 천국으로 구원을 받게 되며, 넷째, 유산, 중절 수술 등으로 태어나지 못한 아이를 위하여 구입한 책을 보고 한 명이 깨우쳤을 때, 그 아이가 사람으로 다시 한 번 태어나는 은혜를 받는다."

· "새로운 성경"을 3회 이상 정성을 다해 정독하는 자, 성서의 비밀을 알게 되고, 세상의 이치를 알게 되며, 세상을 지배하고 통제할 수 있는 지혜를 다 얻게 된다고 하셨습니다. 이 책은 만백성이 정독하고 이웃에게 전하여, 평생 가슴에 묻은 슬픔과 고통의 짐을 벗고 미래를 위한 힘찬 삶을 살아가도록 하는 책입니다.

끝으로

· 하나님께서는 흰 눈이 세상을 덮듯이 새로운 성경을 온 세상에 전하라고 하셨습니다. 《새로운 성경》을 각국어로 번역해서 온 인류에게 구원의 길을 깨우쳐 주고, 그 수익으로 가난하고 어려운 백성을 구제하여, 만백성의 영과 육을 함께 구원하는 선지자의 임무를 수행하라고 저에게 명하셨습니다.

· 하늘에서 내려 주신 말씀의 보화를 만백성에게 나누어 주는 것이 선지자의 임무라고 하셨습니다. 새로운 성경을 통해서 얻는 재물을 사용할 곳도 하나님께서 일일이 명해 주십니다. 모든 재물은 저의 자의로 쓸 수 없고, 하나님께서 명하시는 대로만 쓰여집니다.

· 어떤 명분으로든 십일조나 각종 헌금을 거두어들이지 말라 하셨으며, 국내뿐 아니라 각국에 성전과 단독 서점을 운영하며, 한국의 많은 젊은이들을 전 세계에 지도자로 내보내라고 하셨습니다.

· 우리는 세계적으로 새로운 성경을 보급하며 어려운 이들을 돕는 역사를 해 나갈 것입니다. 지금까지 비록 몇 명 안 되는 제자들과 함께 이러한 일을 역사했지만, 앞으로도 계속 하나님께서 기뻐하시는 일들을 해 나갈 것입니다. 부족한 저희에게 여러분들의 지혜와 성원을 보내 주시기를 바랍니다. 많은 분들의 참여와 도움을 간절히 기다립니다. 감사합니다.

한국어로 내려온 《새로운 성경》 단행본을 출간하며
2016년 4월 10일

발행인 **김 용 철**

한국어로 내려온

새로운 성 경 · 7부 · 제99권

지은이 하나님 말씀
대역자 김용철

초판인쇄 1쇄 2017년 4월 3일

펴낸 곳 도서출판 하얀마음
등록번호 제 10-2107호 (2001년 2월 14일)
주소 서울시 노원구 덕릉로86길5, 2층
전화번호 02) 313-1114
팩스 02) 393-5554
전자우편 book160@hanmail.net
편집위원 조나영 김미향 이석교
제작지원 김남태 이은미 김보라 조옥순

도서상담 1600-7527
ISBN 978-89-5875-199-1 (04230)
978-89-5875-100-7 (세 트)

값 10,000원
잘못된 책은 구입하신 곳에서 바꾸어 드립니다.

※이 책은 10부로 제작되며, 각 부 16권씩 총160권으로 구성됩니다.※

1부	2부	3부	4부	5부	6부	7부	8부	9부	10부
1권	17권	33권	49권	65권	81권	97권	113권	129권	145권
2권	18권	34권	50권	66권	82권	98권	114권	130권	146권
3권	19권	35권	51권	67권	83권	99권	115권	131권	147권
4권	20권	36권	52권	68권	84권	100권	116권	132권	148권
5권	21권	37권	53권	69권	85권	101권	117권	133권	149권
6권	22권	38권	54권	70권	86권	102권	118권	134권	150권
7권	23권	39권	55권	71권	87권	103권	119권	135권	151권
8권	24권	40권	56권	72권	88권	104권	120권	136권	152권
9권	25권	41권	57권	73권	89권	105권	121권	137권	153권
10권	26권	42권	58권	74권	90권	106권	122권	138권	154권
11권	27권	43권	59권	75권	91권	107권	123권	139권	155권
12권	28권	44권	60권	76권	92권	108권	124권	140권	156권
13권	29권	45권	61권	77권	93권	109권	125권	141권	157권
14권	30권	46권	62권	78권	94권	110권	126권	142권	158권
15권	31권	47권	63권	79권	95권	111권	127권	143권	159권
16권	32권	48권	64권	80권	96권	112권	128권	144권	160권